"太原科技大学博士启动基金"

"太原科技大学 1331 工程重点马克思主义学院建设研究丛书"资助

A.麦金太尔的现代性批判思想研究

骆　婷/著

A.MAIJINTAIER DE
XIANDAIXING PIPAN SIXIANG YANJIU

人民出版社

总　序

　　为切实巩固马克思主义在高校的指导地位,不断提升马克思主义学院建设的科学化、规范化、现代化水平,打造马克思主义理论教学、研究、宣传和人才培养的坚强阵地,使之成为办好高校思想政治理论课的坚强战斗堡垒。2015 年,中共中央宣传部、教育部下发了《关于加强马克思主义学院建设的意见》(中宣发〔2015〕26 号)。依据中共中央宣传部、教育部《关于加强马克思主义学院建设的意见》和山西省人民政府《关于实施"1331 工程"统筹推进"双一流"建设的意见》(晋政发〔2017〕4 号),中共山西省委宣传部、中共山西省高等院校工作委员会结合我省实际,研究制定了《山西省建设重点马克思主义学院实施方案》,并于 2017 年 7 月 17日联合下发了《关于印发〈山西省建设重点马克思主义学院实施方案〉的通知》。

　　2017 年 10 月,经中共山西省委宣传部、中共山西省高等院校工作委员会组织专家评审,太原科技大学马克思主义学院与山西大学、太原理工大学、山西财经大学、山西师范大学等四所马克思主义学院被评为山西省重点马克思主义学院,并列入山西省"1331 工程"予以重点建设。

　　太原科技大学马克思主义学院现有专任教师 43 人,行政干部 5 人。其中,教授 9 人,副教授 25 人,博士和在读博士 28 人。专任教师中,山西省宣传文化系统"四个一批"人才 1 人,山西省"1331 工程"人才 1 人,山西省中青年拔尖人才 1 人,教育部联系的专家 1 人,全国思想政治理论课教学能手 1 人。山西省研究生教指委委员 1 人,山西省思想政治理论课教指委委员 3 人。

学院现有马克思主义理论、哲学两个一级硕士点;一个省级研究中心,九个研究生社会实践基地。在校研究生一直保持二百人左右。拥有哲学研究所和思想道德修养与法律基础、中国近现代史纲要、马克思主义基本原理、毛泽东思想与中国特色社会主义理论体系概论、形势与政策五个教学与研究中心。

学院重视对外交流工作。在国际方面,学院注重教师的出国访学,且每年都要培训来校的美国奥本大学、美国佛罗里达大学等交流生。在国内方面,组织教师赴北京大学、清华大学、上海交大、浙江大学、四川大学等国内知名大学学习、考察、调研,并邀请国内知名专家学者来校讲学。

为进一步推进马克思主义学院的建设与发展,太原科技大学马克思主义学院决定从重点马克思主义学院建设经费中拨出部分经费用于资助学院教师在教学研究与学科建设方面研究成果的出版。

是为序。

太原科技大学马克思主义学院

2018 年 11 月

目　　录

导　　论

一、研究背景与意义

在本书中，笔者所关注的主要问题是阿拉斯戴尔·麦金太尔（Alasdair MacIntyre）有关现代性批判的思想研究。本书试图将麦金太尔的哲学思想放置在现代性的问题图景下，以及马克思主义的理论视域中进行理解，并将其思想视为对现代性的一种批判。在对麦金太尔的现代性批判思想展开研究之前，笔者将首先阐述一下本书的选题背景及其意义。

（一）选择麦金太尔作为研究对象

阿拉斯戴尔·麦金太尔作为当代西方伦理学界的泰斗，他的思想对当代西方道德哲学的发展有着重要的影响，甚至使西方道德哲学实现了由规范伦理学向德性伦理学的范式转换。与此同时，中国伦理学界自20世纪80年代以降，陆续翻译麦金太尔的主要代表著作，引介给国内学者，掀起了研究麦金太尔的热潮，产生了不少研究成果。但是，与麦金太尔道德哲学思想的深刻影响相比，这些翻译和研究还远不足以全面了解麦金太尔，关于麦金太尔及其思想的研究工作还有待深入。

目前，国内学界对麦金太尔的研究主要侧重于他的后期道德哲学思想。这种研究立场容易导致一个误区,那就是人们普遍将麦金太尔仅仅视为一名道德哲学家,认为他是伦理学界的标杆。殊不知,如果将麦金太尔的早期思想纳入研究范畴,就会发现麦金太尔还是一名马克思主义者。他曾经坦言,马克思主义将会一直对他产生影响。事实也的确如此。回望麦金太尔的哲学之路,无论是早期对马克思主义的崇拜,还是身为英国新左派对斯大林主义的痛斥,马克思主义思想始终是他批判的武器。以至后来的学者,结合麦金太尔的独特性,将他定义为"亚里士多德式的马克思主义者"①。因此,从马克思主义哲学的视角研究麦金太尔将是一种新的尝试,因为"如果忽略他的早期思想研究,将会错失他后期思想的本质"②;而研究麦金太尔的道德哲学思想,也可以为马克思主义伦理思想研究提供另一种有力的补充。

(二)选择现代性作为研究的核心问题

"世俗趣味的高涨和自由秩序的扩展,将我们卷入了一个旋涡,在它的裹挟下,我们已不能悠闲地漫步,而只能拼命狂奔。我们的创造力被激发了,我们的选择越来越自主了,我们的私人生活空间越来越大了,但那个由货币符号抽象地编织出来的象征着'成功人士'的远景,却使任何雄心勃勃的个人发展规划暴露出本质性的欠缺;在用种种现代手法编码的无尽流动的景观世界面前,消费民主的诱惑也给我们带来了不断加大强度的眩晕。这就是我们所感受到的现代性。"③"现代性"让人们感受到前所未有的自由与独立,同时也让人们陷入无限的物化束缚之中。"现代性"体验既是快乐的也是苦恼的。如何看待"现代性",这是一个问题。

"现代性"曾被青年恩格斯描述为"那些不求甚解的人处处都神秘地搬弄出来的这样一个模糊不清、毫无内容和似是而非的术语"④。然而,

---

① 有关麦金太尔的亚里士多德式的马克思主义思想,将在本书的第六章予以详细阐述。
② Peter McMylor, *Alasdair MacIntyre: Critic of Modernity*, London: Routledge, 1994, p.4.
③ 张凤阳:《现代性的谱系》,江苏人民出版社 2012 年版,第 12 页。
④ 《马克思恩格斯全集》第 1 卷,人民出版社 1956 年版,第 522 页。

如今的"现代性",已全然不是"毫无内容"的术语,而是成为人文社会科学领域的一个核心词汇。无论从哪种专业角度去探讨"现代性"话语,人们都会罗列一串形容词,试图为当下世界的社会做共识性的解释,但始终没有一个确定的定义告诉人们究竟什么是"现代性"? 概念的模糊性必将带来内容的不确定性。现代性究竟是何种现象? 利奥·施特劳斯曾在《现代性的三次浪潮》中为人们描绘了这样一幅有关现代性的情境:现代人再也不知道他想要什么,也不知道什么是好,什么是坏;什么是对,什么是错。要言之,现代人的道德话语处于无序混乱的状态,现代性体征为道德秩序的崩溃。面对这样一幅图景,如何重新定义现代性的道德话语,重构现代性道德生活秩序成为人们无法回避且迫于解决的问题。

(三)研究麦金太尔的现代性批判思想的意义

如果说麦金太尔的精神世界受到马克思主义的熏陶,那么"现代性"便是麦金太尔,也包括我们,必须面对的现实世界。马克思与麦金太尔一个最大的共同点是,对他们所处时代的政治、经济、文化等表示不满,"现代性"成为他们二者思想本源性的理论视域,"现代性批判"则构成他们二者共同的思想主题和实践主题。因此,本书从麦金太尔的"现代性批判"出发,不仅是站在麦金太尔的立场进行叙述,而且也从另一个侧面呈现马克思主义在当代的"现代性批判"。那么,研究麦金太尔的现代性批判思想的具体意义何在?

首先,麦金太尔最具代表性的著作《追寻美德》便是从批判当代西方社会道德无序的现实状况出发,从而展开对西方现代道德社会的全面检省与批判。在《追寻美德》一书中,他将现代性的病症归结为启蒙运动的失败,并为人们重新指出倡导亚里士多德德性传统的道路。麦金太尔的这一举措,动摇了西方世界的伦理学研究传统,改变了现代性伦理话语基调,促使其完成从规范伦理学向德性伦理学的范式转换。麦金太尔理所当然地成为西方伦理学界关注的焦点和论争的热点。因此,研究麦金太尔有关现代性的思想,可以为我们提供一面窥探西方现代道德世界的知识镜像。

其次,中国学界自 20 世纪 80 年代以降一直热衷于对现代性话题的探讨。随着中国逐步跨入现代世界的行列,其所面临的现代性病症与西方社会无异。历史的发展往往具有惊人的相似性。现代性作为一个不断发展的复杂的社会过程,每一个现代性社会的经历也似乎呈现某种非偶然的相似性。那么,早在 18 世纪就开始现代化的西方社会,它们的现代性经验也会成为中国的现代性经历。同时,西方社会的现代性顽疾,也将会以各种形式在中国现代化历程中重复出现。或许中国社会与西方社会的现代性问题意识有所区别,但是麦金太尔对西方社会现代性的批判,仍然可以视为构建中国现代性的借鉴之镜。

二、麦金太尔与马克思主义

阿拉斯戴尔·麦金太尔(1929—)于 1929 年诞生于苏格兰格拉斯哥的一个医生家庭,从小接受苏格兰的现代教育,并且受到苏格兰山地居民盖尔特族的文化熏陶。正是这两种不同文化的巨大张力为他的思想发展奠定了基础。1949 年,他在伦敦大学玛丽皇后学院获得古典学学士学位;1951 年后于曼彻斯特大学和牛津大学获文学硕士学位。同年,任教于曼彻斯特大学,由此开启他的学术生涯。而后,他在英国的牛津大学、利兹大学和埃塞克斯大学都曾执教过,此间,还做过牛津大学和美国普林斯顿大学的特约研究员。直到 1971 年,他赴美国开始新的学术之旅。布兰迪斯大学是他踏上美国热土的第一所大学,此后他在多所大学都留下了印迹:从波士顿大学到威尔多、斯利学院,从范德堡大学到杜克大学。从 2000 年至今,他一直担任美国圣母大学哲学系的奥布赖恩高级教授,以及伦理学和文化中心的终身高级研究学者。2005 年他有幸被选为美国哲学协会成员,继而担任美国哲学协会主席。2010 年,获得美国天主教哲学协会颁发的阿奎那奖章。

　　麦金太尔作为当代英美世界最负盛名的思想家在伦理学、宗教学、政治学诸领域都有所建树,且著述颇丰。1950 年,年仅 21 岁的麦金太尔公开发表了他的第一篇论文《形而上学中的类比》(*Analogy in Metaphysics*)。紧接着,在 1953 年,麦金太尔出版了他的第一部著作《马克思主义:一种阐释》(*Marxism:An Interpretation*)。随后,他在马克思主义、神学、形而上学、哲学史以及伦理学等诸多领域开展研究,先后出版了近二十部著作,发表了数百篇论文及书评。

　　诚然,麦金太尔首先是作为当代西方道德哲学家被学者们所熟知,但是他的另一个身份——"马克思主义者"却常常被人忽略。凯尔文·耐特(Kelvin Knight)将麦金太尔称为革命的亚里士多德主义(revolutionary Aristotelianism),皮特·麦克迈耶尔(Peter McMylor)则提出了亚里士多德式的马克思主义(Aristotelian Marxism)、马克思主义的麦金太尔(the Marxist MacIntyre)、后马克思主义的亚里士多德主义的麦金太尔(the post-Marxist Aristotelian MacIntyre)等。克里斯托弗·斯蒂芬·卢兹(Chistopher Stephen Lutz)在其著作《阿拉斯戴尔·麦金太尔伦理学的传统:相对主义、托马斯主义和哲学》(*Tradition in the Ethics of Alasdair MacIntyre:Relativism,Thomism and Philosophy*)中曾这样评价过麦金太尔的思想:"麦金太尔是作为一个马克思主义者和自由的新教宗教哲学家、作为一个无神论的休谟式的学者和伦理学的历史学家、作为一个不满足的亚里士多德主义者、作为一个天主教的托马斯主义者而发表著述的。"[1]麦克迈耶尔在《阿拉斯戴尔·麦金太尔:对现代性的批判》(*Alasdair MacIntyre:Critic of Modernity*)一书的扉页上也明确指出:对麦金太尔影响最大的三个思想资源,即基督教、马克思主义和古典世界。[2] 从英语世界学者对麦金太尔学说的称谓与概括,不难发现麦金太尔与马克

① Chistopher Stephen Lutz, *Tradition in the Ethics of Alasdair MacIntyre:Relativism,Thomism and Philosophy*, Maryland:Lexington Books,2004,p.2.

② 参见张言亮、李义天:《试论马克思对麦金太尔美德伦理学的影响》,《道德与文明》2012 年第 3 期,第 32 页。

思主义之间存在着非常特殊的关系。

正是因为他与马克思主义之间的这种特殊关系,在马克思主义语境中研究他的现代性批判思想才显得更加有意义。从别样的视角对马克思主义的研究也显得更加客观与合理。

(一)反思中成长的马克思主义者

1.马克思主义与基督教

20世纪50年代,麦金太尔作为一名虔诚的基督徒和一名马克思主义者出版了一系列的作品:《马克思主义:一种阐释》(*Marxism:An Interpretation*,1953)、《无意识:一种概念分析》(*The Unconsciousness:An Conceptual Analysis*,1958)、《基督教信仰的困境》(*Difficulties in Christian Belief*,1959),以及一篇当时尚未发表的硕士学位论文《道德判断的意义》(*The Significance of Moral Judgements*,1951)。在这些早期著作中,麦金太尔将马克思的政治理论与基督教的神学理论相交汇,认为"马克思主义作为一种由绝对教义构成的世俗主义,具有极其重要的神学意义"①,并且认为"马克思主义是和基督教一样有着相同形而上学和道德范围的学说,只有马克思主义才是拥有这种道德范围的后启蒙时代的世俗学说"②。他相信马克思的政治学可以解决基督教中神圣和世俗的难题,基督徒应当阅读马克思的《1844年经济学哲学手稿》,并会从中获益。

麦金太尔的第一部著作《马克思主义:一种阐释》(*Marxism:An Interpretation*,1953)便是阐释马克思主义与基督教的关系。他认为基督教对资本主义的批判在很大程度上所依赖的概念都来自于马克思主义的理论,如在如何对待资本主义及社会正义的问题方面。从《圣经》和亚里士多德那里我们知道:贪婪并不是美德,而是一种罪恶,它的对立面是正义。但是在资本主义的现实世界中,我们却惊讶地发现贪婪似乎逐渐成为人

---

① Alasdair MacIntyre,*Marxism:An Interpretation*,London:SCM Press,1953,p.18.

② Alasdair MacIntyre,*Marxism:An Interpretation*,London:SCM Press,1953,p.18.

们的一种美德,因为贪婪驱使人的欲望不断膨胀,它迫使人们不得不占有更多的东西。这种永不满足的占有欲成为资本主义社会的性格标签。资本主义社会中的个人和群体以为他们追求的是某种善,如幸福,但事实上他们却被错误地引导,他们为自己贴上消费者的标签,他们的物质生产活动和社会实践也呈现出一种消费式的样态,他们的成功以消费品的无限占有为衡量标准。《圣经》说,财富是苦难,是进入天堂不可克服的障碍。从这一点来看,资本主义世界是坏的。显然,大多数人,甚至是牧师和神学家也未能认识到这一点。基督教所批判的是资本主义社会对穷人和被剥削者的压迫,却没有看到资本主义社会中的人都是被异化的人,更别说对政治实践的意义了。而马克思却敏锐地捕捉到了资本主义消费生活方式的本质,认识到资本主义自身的繁荣并不能提升社会正义,反而使资本主义制度本身滋生出这种不正义。麦金太尔在1953年时提出马克思主义和基督教要互相学习,但这对一般的实践和特殊的政治实践而言意味着什么,当时的麦金太尔并没有找到满意的答案。

在麦金太尔看来,这一时期他对马克思的研究与解释填补了马克思主义学说的一项重要空白。可惜的是,他的这种对马克思的神学世俗化的阐释并没有激起太大反响,直至新左派的出现才为其提供了真正的听众,正如麦克迈耶尔所说:"如果没有新左派,麦金太尔的计划仍是抽象的,是与实际的政治脱节的。"①

2. 英国新左派与斯大林主义

随着1956年苏共二十大的"秘密报告"、波兰波兹南事件、匈牙利十月事件的相继爆发,英国国内的社会主义者们掀起了一场寻谋第三条道路的新左派运动。恰如彼得·赛奇维克所言:"新左派与其说是一个连贯的运动,倒不如说是许多不同的政治观点得以传播的舞台。"②而争论的主题则是对斯大林主义进行道德批判。其中以汤普森、萨维尔等人为

① 张亮编:《英国新左派思想家》,江苏人民出版社2010年版,第178页。
② 张亮编:《英国新左派思想家》,江苏人民出版社2010年版,第178页。

代表的英国新左派思想家运用马克思主义的人道主义对斯大林主义进行道德批判。麦金太尔在此间再一次表达了他对马克思主义的拥护,正如保罗·布莱克利奇所言:"麦金太尔关于人道主义马克思主义的性质的讨论非常重要,因为它为新左派的讨论提供了哲学上最缜密和政治上最机敏的贡献。"①

新左派阵营中对斯大林主义最深刻的道德批判来自爱德华·汤普森。在他的《社会主义人道主义:致菲利斯人的信》中,他呼吁要"更加灵活地理解马克思的历史理论"和"拒斥列宁主义的政治组织形式"②。麦金太尔在 1958 年撰写了一篇题为《道德荒野笔记》的论文对汤普森的观点进行了捍卫,但同时也含蓄地提出了自己的批评。麦金太尔认为斯大林主义者将马克思的历史理论视为一种机械的历史进步论,并借助历史进步的目的论模式"把道德上正确的东西等同于历史发展的现实结果,以至于'应当'原则被淹没在历史的'是'之中"③。另外,斯大林主义者认为历史是可以预测的观点完全是对马克思理论中经济基础与上层建筑隐喻的误解。麦金太尔认为:"人们在创造经济基础的同时,也创造上层建筑。这不是两种活动而是一个活动。"④因此,"向社会主义转变的根本特点不是经济基础的变革而是经济基础和上层建筑之间关系的革命性变革"⑤。由此看来,斯大林的历史进步模式与马克思的历史理论相距甚远。

同时,麦金太尔在看到斯大林主义历史进步论的错误时,还觉察到这一错误背后更深刻的根源。麦金太尔认为,斯大林主义的错误不仅是它对马克思历史理论的机械理解,还来源于马克思主义的科学转变。在麦金太尔看来,黑格尔的"异化"和费尔巴哈的"人的类本质"都为马克思主

---

① 保尔·布莱克雷治:《道德和革命:英国新左派中的伦理论争》,林育川、林清新、林菁菁译,《现代哲学》2007 年第 1 期,第 28 页。
② 张亮编:《英国新左派思想家》,江苏人民出版社 2010 年版,第 179 页。
③ 张亮编:《英国新左派思想家》,江苏人民出版社 2010 年版,第 182 页。
④ 张亮编:《英国新左派思想家》,江苏人民出版社 2010 年版,第 182—183 页。
⑤ 张亮编:《英国新左派思想家》,江苏人民出版社 2010 年版,第 182—183 页。

义的人道主义解释提供了有力的支持。在《马克思主义：一种阐释》中，麦金太尔认为马克思《1844 年经济学哲学手稿》的主要贡献在于用一种历史的分析提出了人的异化以及消除异化的问题。在《关于费尔巴哈的提纲》中，麦金太尔肯定了马克思的实践观，并将马克思提出的"人的本质是一切社会关系的总和"作为自己思想的历史基础。而在《德意志意识形态批判》中，麦金太尔认为马克思完成了从预言家向理论家的转变。意即从预言到预测的根本转变，从对人类社会的道德关注，转向了对共产主义的科学描述。而到了《共产党宣言》，马克思的思想已然成为一个关于未来社会的理论王国。"当理论被预言性地对待的时候它就变成了坏的理论，这就是马克思主义从预言变成科学的时候能够教给我们的东西。"①麦金太尔明确指出，马克思对道德学说的强调转而以一种社会科学的分析方法取而代之的后果，就是导致将马克思主义还原为机械论和决定论，而这最终致使斯大林主义产生和以波普尔为代表的自由主义者对历史唯物主义的误解。这一点，在麦金太尔看来是马克思理论走向虚无的开始，他建议马克思主义者应该将目光投向亚里士多德，并且引入"欲望"的概念研究人。

（二）走向道德反思的马克思主义立场

20 世纪 60 年代的麦金太尔仍然是革命左派的一员，随后在托洛茨基主义的国际社会主义阵营中活动，发表了数篇论文，从而使其"托洛茨基主义者"的形象丰满起来。其中最有影响力的是《自由和革命》，这篇论文被认为"在很大程度上是他以前对马克思主义人道主义再解释的继续和深化"②。虽然在文章结尾处，麦金太尔表达了对托洛茨基主义的忠诚，但实际产生的效果并不明显。20 世纪 60 年代初期，保持对托洛茨基主义的忠诚，意味着信奉教条，而麦金太尔是拒绝用这种拙劣的方式表达

---

① 邵永选：《基督教、道德与马克思主义——麦金太尔对马克思主义的人道主义解读》，《马克思主义研究》2012 年第 10 期，第 13 页。

② 张亮编：《英国新左派思想家》，江苏人民出版社 2010 年版，第 190 页。

对马克思主义的忠诚的。相反,他认为托洛茨基主义后期的政治观点已经被历史驳倒,但这并没有使他与革命左派决裂。麦金太尔认为,如果要保持对正统马克思主义的忠诚,就必然与托洛茨基主义的词句,甚至是他们的革命精神决裂开来。这种对非正统的托洛茨基主义的捍卫并没有使他避免从"国际社会主义"的编辑名单中被删除。于是,这种对马克思主义的疏离在1968年达到顶点,麦金太尔离开了任何形式的马克思主义团体。

保罗·布莱克利奇和尼尔·戴维森在《麦金太尔与马克思主义:1953至1974年文选》(*Alasdair MacIntyre's Engagement with Marxism:Selected Writings* 1953-1974,2008)中,将20世纪60年代的麦金太尔与马克思主义的关系作了非常简明的概括:"首先,他反对马克思关于经济危机的理论;其次,他论证现代资本主义会瓦解工人的斗争,而不是把工人的斗争联合起来;最后,他反对任何从人性的概念出发来指控资本主义。"①这一系列的反对似乎在向人们证明麦金太尔在这一时期与马克思主义的决裂,但是从另一个角度,人们也能明显地察觉出麦金太尔对马克思主义的持续关注与反思。

1968年捷克斯洛伐克的布拉格之春运动拉开帷幕,五月风暴由巴黎席卷至法国全境。在这一年,麦金太尔重新修订了他的第一部著作《马克思主义:一种阐释》(*Marxism:An Interpretation*,1953),在做了部分删除和充实后以《马克思主义和基督教》(*Marxism and Christianity*,1968)的名字再版。在1968年的版本中,麦金太尔删除了1953年第一版第一章中关于哲学和实践的探讨,这一章在当时是作为麦金太尔认为最根本的问题进行叙述的,但后来却被整体删除,因而很多学者据此认为这标志着麦金太尔与马克思主义的彻底决裂。直到1995年该书的第三版修订后,麦金太尔坦言,当时对这一章节进行删除是错误的。因为1968年的他不知

---

① 张言亮、李义天:《试论马克思对麦金太尔美德伦理学的影响》,《道德与文明》2012年第3期,第35页。

道如何合适地提出这个问题,更别说如何解决这个问题了,但后来他认识到这个问题无法避免。据此判断,20世纪60年代末的麦金太尔虽然在行动上远离了马克思主义团体,思想上却仍然深受马克思主义影响。显然,这个时期的麦金太尔对马克思主义的态度已经转向了深刻的反思。

1953年,麦金太尔试图在作为一个马克思主义者的同时做好一个基督徒,但在1968年,他认为这个设想很天真,所以当时他觉得这两者他都不是。虽然他能够认识到这两种立场都有各自的真理,但却不知道如何在两者之间进行妥协。然而,反对自由主义的立场,从1953年至今从未发生改变。对此,麦金太尔给出了三个理由:其一,马克思的理论预见无产阶级将引导革命。其二,自由主义政治掌握在少数精英知识分子手中,政治被资本绑架,从而排除大多数人理性参与政治的可能性。其三,自由主义的个人主义在道德上要求个人追求自己所认为的善,并且通过强调个人权利来加以保证,这就使得共同善的理念在自由主义环境中无所适从。虽然麦金太尔表明了反对自由主义的基本立场,但在当时由于未能找到马克思主义与基督教和解的药方,也未能找到一个恰当的哲学术语用以概括问题,所以他的思想一直没有一个明确的发展方向。加之20世纪60年代末,苏联进入勃列日涅夫时代,苏联军队对布拉格之春运动的镇压,法国的五月风暴,以及意大利、法国的马克思主义群体应对这些事件时的苍白无力,似乎都在向麦金太尔证明马克思主义理论在政治上的失败。尽管南非共产党的马克思主义者仍然发挥作用,但在麦金太尔看来,这种与马克思主义相联的方式也是"松散和间接"的。

面对思想的困顿和现实的残酷,麦金太尔并没有离弃马克思主义,而是以批判的眼光重新反思,以一种更为深沉的方式理解马克思主义。

1971年,麦金太尔移居美国,新思想伴随着新生活由此生发。据麦金太尔本人回忆:"从1971年移居美国之后,到1977年是一个过渡时期,在这一时期我有时痛苦地进行自我批判……从1977年到现在,我从事于一项专一的谋划,《追寻美德》、《谁之正义?何种合理性?》和《三种对立的道德探究观》是这一谋划的中心。"①从麦金太尔对自己思想的回溯可以看出,在对马克思主义进行深刻反思的同时,他也陷入了深刻的自我批判。这种批判既有针对马克思的,也有关于基督教的;既关注理论问题,也更多关注社会实践。这种自我批判的结果就是将麦金太尔引向道德哲学,走向道德反思的马克思主义立场。

在《关于马克思主义的三种观点:1953年,1968年,1995年》这篇文章中,麦金太尔站在1995年的立场上,分别回顾了1953年和1968年他对马克思主义的态度和看法,并且指出1995年的观点,即应该在社群和实践的基础上对资本主义的政治经济制度进行批判。麦金太尔认为,当代意识形态中各种互竞的道德话语都是"实践和评价话语碎片化的产物","为了理解并且修正这一点,我们需要恢复亚里士多德视角中的社会和道德理论以及重建实践"②。这一点在《追寻美德》一书中得到最早阐释和论证,并且在2007年《追寻美德》第三版"序言"中,麦金太尔指出:"我过去和现在一直深深受益于马克思对资本主义经济、社会和文化秩序的批判、受益于后来的马克思主义者对这种批判的发展。"③为了能够再次从马克思主义那里得到灵感,麦金太尔认为应该重新审视马克思在19世纪40年代的思想,"尤其是他关于理论和实践之间关系概念的转变"④。然而,现在马克思主义的困境并不是来自于外界的舆论压力,而是受困于自身,最核心的困难便是"马克思拒绝或未能进一步探讨他在《关于费尔巴哈的提纲》中提出的问题"⑤,为此,麦金太尔还专门撰文

① 张言亮、李义天:《试论马克思对麦金太尔美德伦理学的影响》,《道德与文明》2012年第3期,第32页。
② [美]阿拉斯戴尔·麦金太尔:《关于马克思主义的三种观点:1953年,1968年,1995年》,张言亮译,《马克思主义与现实》2011年第1期,第66页。
③ 邵永选:《基督教、道德与马克思主义——麦金太尔对马克思主义的人道主义解读》,《马克思主义研究》2012年第10期,第11页。
④ [美]阿拉斯戴尔·麦金太尔:《关于马克思主义的三种观点:1953年,1968年,1995年》,张言亮译,《马克思主义与现实》2011年第1期,第67页。
⑤ [美]阿拉斯戴尔·麦金太尔:《关于马克思主义的三种观点:1953年,1968年,1995年》,张言亮译,《马克思主义与现实》2011年第1期,第67页。

《马克思的"关于费尔巴哈的提纲"一条未走之路》讨论了市民社会如何不能被超越的问题,并提出自己的共同体社群概念。他认为:"如果理解基督教和马克思主义及其两者关系的人去建构这种社群,那么这种社群的政治以及建构和维持这种社群的努力会更为有效。"①这些思想在麦金太尔后期的系列"追寻美德谋划"中得到完美体现。正如张言亮博士所言:"麦金太尔以一种反思马克思主义的态度把马克思主义的真正精神给继承了下来。"②他认为马克思至少在三个方面对麦金太尔的德性伦理学思想产生影响。

第一,麦金太尔的德性概念启蒙于马克思的实践。1981年《追寻美德》问世,强有力地推动了规范伦理学向德性伦理学的转向,成为当代伦理学研究的转折点,也成为学界争议的焦点。从《追寻美德》中,我们不难发现马克思主义的身影依然无处不在。

麦金太尔在《追寻美德》中关于何谓德性的见解,就是从实践的角度进行阐发的。麦金太尔在《追寻美德》中将实践定义为:"任何连贯的,复杂的并且是社会性地确立起来的,协作性的人类活动形式,通过它在试图获得那些既适合于这种活动形式又在一定程度上限定了这种活动形式的卓越标准的过程中,那种内在于活动形式中的利益就得以实现,其结果是,人们实现卓越力量以及人们对于所涉及的目的与利益的观念都得到了系统的扩展。"③这意味着实践首先是一项社会性的、协作性的人类活动形式,这与马克思的实践概念一致;其次,实践的最终目的是获取"内在善",而这种"内在善"是与德性相联的。因为麦金太尔认为"美德是一种获得性的人类品质,对它的拥有与践行使我们能够获得那些内在于实践的善,而缺乏这种品质就会严重地妨碍我们获得任何诸如此类的利

① ［美］阿拉斯戴尔·麦金太尔:《关于马克思主义的三种观点:1953年,1968年,1995年》,张言亮译,《马克思主义与现实》2011年第1期,第67页。
② 张言亮、李义天:《试论马克思对麦金太尔美德伦理学的影响》,《道德与文明》2012年第3期,第35页。
③ ［美］阿拉斯戴尔·麦金太尔:《追寻美德》,宋继杰译,译林出版社2008年版,第237页。

益"①。通过"内在善",麦金太尔将德性与实践合二为一,使实践成为一种具有德性蕴意的实践,只有拥有德性,实践才能获得"内在善"。由此开启了他的德性伦理学之幕。而实践性正是马克思主义哲学区别于其他哲学的最重要的特征之一。大家最熟知的莫过于马克思在《关于费尔巴哈的提纲》中明确提出的:"哲学家们只是用不同的方式解释世界,问题在于改变世界。""全部社会生活在本质上是实践的。凡是把理论引向神秘主义的神秘东西,都能在人的实践中以及对这个实践的理解中得到合理的解决。"②等等。从马克思对实践的强调和麦金太尔在《追寻美德》中对德性与实践关系的阐发,可以看到麦金太尔深受马克思实践观的影响,尽管他的实践和马克思的实践在理解方面仍略有不同。

第二,麦金太尔的道德探究方式来源于马克思的思想。麦金太尔指出:"目前吸引了学院哲学家们特别关注的某些问题的根源,与占据我们日常的社会生活、实践生活核心问题的根源是同一的。"③这说明哲学问题来源于社会生活。正如麦金太尔一如既往地强调:"道德哲学与其产生的历史传统是内在相关的,对于历史上的伦理思想,我们不可能将其与它赖以产生的社会历史时代分离开来研究。每个时代、每个社会的伦理思想,一方面有着历史传统的继承性;另一方面,更重要的是要看到,它是那个时代社会生活的反映。因此,如果离开道德概念所赖以存在和发生变化的背景条件,我们就没有办法对这些道德概念予以准确的理解。"④换言之,任何道德的探究都要将其置于历史的情境当中,在历史的脉络中把握道德探究的准确性。这与麦金太尔后期的德性伦理学研究方式是统一的。显然,这种将道德探究放置于历史与现实的情境中进行考察的方式也是深受马克思影响的。正如《反杜林论》中所说的:"人们自觉地或

---

① [美]阿拉斯戴尔·麦金太尔:《追寻美德》,宋继杰译,译林出版社 2008 年版,第 242 页。
② 《马克思恩格斯选集》第 1 卷,人民出版社 1995 年版,第 56—57 页。
③ [美]阿拉斯戴尔·麦金太尔:《追寻美德》,宋继杰译,译林出版社 2008 年版,第 46 页。
④ 张言亮、李义天:《试论马克思对麦金太尔美德伦理学的影响》,《道德与文明》2012 年第 3 期,第 34 页。

不自觉地,归根到底总是从他们阶级地位所依据的实际关系中——从他们进行生产和交换的经济关系中,获得自己的伦理观念。"①

第三,麦金太尔的共同体实践深受马克思的影响。"市民社会"的最早使用,是用来翻译亚里士多德的"公共政治"。黑格尔用它来指谓"一个完满的、内部相互依存的系统,在其中,个人的生活、幸福和法律状况是与所有人的生活、幸福与权利息息相关的"②。因而市民社会通常被视为契约社会,在市民社会中,功利、契约和个人权利就成为其核心概念。马克思认为:"只有在共同体中,个人才能获得全面发展其才能的手段,也就是说,只有在共同体中才可能有个人自由。"③而市民社会中的个人只看到自我,是个人自由主义的表征,是虚假的共同体。在麦金太尔看来,市民社会也确实存在着"分裂与自我矛盾",即"人们真实地和本质地存在与人们如何理解自己这二者间的分离。"由此,市民社会形成一个社会秩序,"人们在其中普遍丧失了对自己和自身社会关系的正确理解,它也就是费尔巴哈所诊断出的虚幻的根源",而"对这种幻象进行矫正的唯一良药,就只能选择实践形式"④,这种实践形式显然是与市民社会立场不相容的。麦金太尔在《马克思的"关于费尔巴哈的提纲"一条未走之路》中提出,马克思对超越市民社会立场的论证运用的是亚里士多德的语言,而不是黑格尔的用语。因为黑格尔的"市民社会"概念明显逊于亚里士多德的"城邦共同体"。而且麦金太尔对马克思关于"人的本质是一切社会关系的总和"的判断极为赞赏,但是他又同时认为:"给马克思增光的是他认识到,市民社会的立场是不会仅借助理论就能被超越的,但不幸的是马克思没有对能够克服市民社会局限的实践的性质

① 《马克思恩格斯选集》第3卷,人民出版社1995年版,第435页。
② [美]阿拉斯戴尔·麦金太尔:《马克思的〈关于费尔巴哈的提纲〉一条未走之路》,《国外社会科学》1995年第6期,第21页。
③ 转引自高国希:《麦金太尔:亚里士多德式的马克思主义?》,《马克思主义与现实》2011年第1期,第59页。
④ [美]阿拉斯戴尔·麦金太尔:《马克思的〈关于费尔巴哈的提纲〉一条未走之路》,乔法容译,《国外社会科学》1995年第6期,第24页。

给出更多的哲学思考。"①这或许就是马克思和我们的一条"未走之路"。

面对西方自由主义社会所带来的道德纷争与无序,麦金太尔认为要克服自由主义和情感主义所带来的道德混乱,最好的实践形式就是复兴亚里士多德的共同体传统。对于亚里士多德的共同体传统而言,个体只有将自身放置于共同体之中,才能明确自己的位置,个体的特性由共同体中的社会关系决定。这个观点与马克思关于共同体的见解是一致的。因此,麦金太尔认为"马克思的实践思想是冲破市民社会立场局限,进行变革的最好方向,是至今仍然要循此去走的路子"②。

三、国内外研究现状与文献综述

(一)国外研究现状及文献综述

麦金太尔作为享誉全球的思想家,从 20 世纪 50 年代至今,笔耕不辍,著作等身。自 20 世纪 50 年代麦金太尔的第一部著作《马克思主义:一种阐释》问世以来,就引起了英语世界学者的广泛回应。几乎每一本麦金太尔的著作都会引起学者的热烈评论。仅对《谁之正义? 何种合理性?》和《三种对立的道德探究观》的书评就多达数十篇,研究麦金太尔的著作和文献更是浩如烟海。通过爬梳剔抉国外有代表性的著作和文献,发现国外学者对麦金太尔的研究大致遵循以下四种路向:

1. 综合性的研究

这种综合性的研究文集通常是由相关领域的专家学者集中对麦金太尔的某个思想进行论述与评论,再由麦金太尔本人进行回应,在这种

---

① 高国希:《麦金太尔:亚里士多德式的马克思主义?》,《马克思主义与现实》2011 年第 1 期,第 60 页。

② [美]阿拉斯戴尔·麦金太尔:《马克思的〈关于费尔巴哈的提纲〉一条未走之路》,乔法容译,《国外社会科学》1995 年第 6 期,第 21 页。

思想互动中,推进问题的理解,以此整理成集出版。这方面的主要文献有约翰·霍顿(John Horton)和苏珊·曼德斯(Susan Mendus)于 1994 年出版的《追随麦金太尔:对阿拉斯戴尔·麦金太尔的批判性视角》(*After MacIntyre: Critical Perspectives on the Work of Alasdair MacIntyre*)。这本研究文集收录了当代重要的思想家们对麦金太尔思想的批判性研究。其中包括著名的社群主义者查尔斯·泰勒(Charles Taylor)、新共和主义者菲利浦·佩迪特(Philip Pettit)和政治学家戴维·米勒(David Miller)。泰勒在这部文集中主要探讨麦金太尔有关"正义"与"美德"的关系。他将麦金太尔的正义观与罗尔斯、诺齐克等人的正义观相比较,指出罗尔斯忽略了共同体的终极目的,从而导致自身理论的重要缺憾。这一观点与麦金太尔的立场一致,也表达了同为社群主义者对麦金太尔的支持。罗伯特·斯特恩(Robert Stern)在《麦金太尔与历史主义》的文章中,从共同体主义者的立场出发,指出缺乏历史性和情境性维度的自由主义是有问题的。这些都与麦金太尔的现代性思想有着某种程度的暗合。

　　另外一部比较重要的研究文集是由美国学者马克·C.墨菲(Mark C. Murphy)于 2003 年编辑出版的《阿拉斯戴尔·麦金太尔》(*Alasdair MacIntyre*),这部著作已于 2013 年由复旦大学出版社翻译出版。这部文集囊括了当今对麦金太尔深有研究的知名学者和大学教授撰写的研究性论文,研究范畴主要是针对麦金太尔的伦理学论述,如贾·加西亚的《现代主义的道德哲学与麦金太尔的批判》、大卫·所罗门的《麦金太尔与当代道德哲学》。其中让·波特的《麦金太尔近期研究中的传统》一文对本书的启发很大。这篇论文主要以麦金太尔的三部德性巨作《追寻美德》、《谁之正义?何种合理性?》、《三种对立的道德探究观》为研究文本,讨论"传统"在麦金太尔思想脉络中的发展,指出"传统"作为麦金太尔思想的核心词汇,其重要性不言自明,但关于"传统"的定义,麦金太尔却从未给出确定的指示。让·波特称,虽然"麦金太尔广泛地讨论了传统这个概念,但他却从来没有定义这个术语,也没有把他对传统的解说置于近期讨论的其他语境中"。① 换言之,在麦金太尔的著作中,"传统"并不是一成不变的概念,而是一个发展的概念,尤其在后期著作中,麦金太尔在两种传统间徘徊,更让人们理解麦金太尔对传统的解说增添了疑虑,但正是这种发展的理解"传统",才能让人们更好地把握麦金太尔对道德和合理性的整体解说。遗憾的是,让·波特对麦金太尔的"传统"解说缺乏哲学内涵,而这正是本书要努力的方向。还有一篇值得关注的文章是特里·平卡德的《麦金太尔对现代性的批判》。该文将麦金太尔的现代性批判视为对波兰尼和韦伯的批判继承,并将其置于雅各比以降的现代性之反思者的序列之中。这种行文逻辑与本书截然不同,但其中作者对麦金太尔的实践观及相关探讨可以帮助本书更好地回答麦金太尔是如何理解现代性问题的。

保罗·布莱克利奇认为,麦金太尔作为早期马克思主义者的时期(20世纪50年代末至60年代初)被他著作的研究者不适当地忽略了。以上这两本关于麦金太尔思想的论文集除了离题式触及之外都没有探讨他的早期马克思主义思想。这种缺憾在其他研究麦金太尔的著作中也比比皆是。

2. 专题性的研究

专题性的研究路径主要是针对麦金太尔的思想整体或某一主题进行论述。这部分的代表作有托马斯·德·安德瑞(Thomas D. D'Andrea)于2006年出版的《传统,合理性,德性:麦金太尔的思想》(*Tradition, Rationality, Virtue: The Thought of Alasdair MacIntyre*)、克里斯托弗·斯蒂芬·卢兹(Chistopher Stephen Lutz)于2004年出版的《阿拉斯戴尔·麦金太尔伦理学的传统:相对主义、托马斯主义和哲学》(*Tradition in the Ethics of Alasdair MacIntyre: Relativism, Thomism and Philosophy*)、1996年约翰·安德鲁·索罗斯基(John Andrew Soroski)的博士论文《麦金太尔的共同体

---

① [美]马克·C.墨菲:《阿拉斯戴尔·麦金太尔》,胡传顺、郭沙译,复旦大学出版社2013年版,第45页。

主义视角：一种对现代性有意义的道德替换》(*Alasdair MacIntyre's Communitarian Vision：A Meaningful Moral Alternative for Modernity?*)、1994 年皮特·麦克迈耶尔(Peter McMylor)撰写的《阿拉斯戴尔·麦金太尔：对现代性的批判》(*Alasdair MacIntyre：Critic of Modernity*)。安德瑞在书中对麦金太尔的思想从传统、合理性、德性三个方面进行阐释，是近年来比较全面解析麦金太尔思想的著作。由于此书是在与麦金太尔本人亲身对话的基础上，引用大量麦金太尔本人未曾发表的论文写就而成，因此该书中很多资料对研究麦金太尔而言都是可资借鉴的。卢兹的著作一目了然，是对麦金太尔的"传统"概念进行分析的，他的特点是将其与相对主义问题相联，并提出如何克服相对主义的难题。索罗斯基在文中详细梳理了麦金太尔有关现代性道德困境的解决方案，继而对麦金太尔所给出的回答提出质疑。麦克迈耶尔的著作则着墨于麦金太尔的现代性批判议题。作者首先评述了麦金太尔思想中对基督教和马克思主义的接受与拒绝，并讨论了麦金太尔作为一名亚里士多德主义的马克思主义者的可能性。其次，作者分析了麦金太尔的价值性历史和波兰尼历史性的社会学，及二者相遇后所产生的理论效应。再次，作者讨论了市场道德性与权威危机，以及科层制与个人官僚主义文化等现代性问题。最后，作者的结论是通过叙事性与共同体来应对现代性危机。其中对麦金太尔思想中有关马克思主义背景的介绍为本书提供了资料。在此需要指出的是，麦克迈耶尔对麦金太尔道德理论的介绍虽然涉及了他的早期马克思主义，但这仅仅是对他 20 世纪 50 年代末 60 年代初成果的一种非常有限的解读。此外，麦克迈耶尔对麦金太尔的现代性批判议题主要涉及的是韦伯及科层制管理，从而大大缩减了现代性的问题域。

3. 收录性的研究

这种路径主要是将麦金太尔的部分重要论文按主题或年代收集、整理，而后结集出版。其中最具影响力的是由凯尔文·耐特(Kelvin Knight)于 1998 年编辑出版的《麦金太尔读本》(*The MacIntyre Reader*)。这本文集收录了麦金太尔各个时期重要的文章或著作节选，以麦金太尔的"谋划"为主线展开,共分六个主题:建立一种谋划、融合社会科学与道德理论、建立实践之合理性的传统、挑战当代哲学、挑战当代政治学和反思这一谋划。值得一提的是,其中收录了一篇麦金太尔20世纪90年代最重要的作品《马克思的"关于费尔巴哈的提纲"一条未走之路》,正是这篇论文重新开启了麦金太尔与马克思的对话,为麦金太尔的实践理论找到了可靠的理论支撑。另外,还有一篇麦金太尔在1958—1959年的重要论文《道德荒野笔记》也被收录进来,这是值得庆贺的。可惜耐特并没有意识到这篇论文的重要性,只是简单地把它视为一种误导性的先兆,从而遮蔽了这篇论文应有的影响力。

2006年剑桥出版社编辑出版了麦金太尔的两卷本论文集,收录于《哲学的任务》和《伦理学与政治学》(*The Task of Philosophy*:*Selected Essays*,*Volume* 1、*Ethics and Politics*:*Selected Essays*,*Volume* 2)中。这两卷本文集分别收录了麦金太尔有关认识论、真理、实践等表明"哲学立场"的文章和麦金太尔有关道德哲学与政治哲学主张的文章。编辑的主要线索侧重于对麦金太尔道德哲学与政治哲学的思想溯源,表明了亚里士多德、阿奎那和马克思对麦金太尔道德思想和政治主张的影响。这部分对本书有着极为重要的参考价值。

4.比较性的研究

通常在哲学研究某一领域中,将麦金太尔与其他思想家进行比较研究。比如,蒂莫西·莫斯特勒(Timothy Mosteller)的《当代美国哲学中的相对主义:麦金太尔,普特南与罗蒂》和史蒂芬·D.加登(Stephen D.Garden)的《德性伦理学:杜威与麦金太尔》。由于这些著作并不是对麦金太尔进行专一的研究,通常只涉及麦金太尔的部分思想论述。通过对比研究,可以让人们更全面地理解麦金太尔的思想,也是具有启发性的。

另外,还有学者在其著作的论述中涉及社群主义时,通常将麦金太尔作为代表人物进行单独介绍,并与其他的社群主义者和自由主义者进行比照研究。例如在史蒂芬·缪哈尔与亚当·斯威夫特合著的《自由主义者与社群主义者》中,将麦金太尔另立一章重点阐释。文章通过解经式的介绍,阐述了麦金太尔三个核心概念:实践、人类生活的叙事性统一以及传统,以期说明何以麦金太尔的著作被认为构成了对罗尔斯自由主义的批评。同时,还将麦金太尔与桑德尔对自由主义的批评相比较。文中特别指出,在桑德尔"把自由主义的个人主义看作是它对于先验个性化的自我观念的逻辑结果的地方",麦金太尔却认为"自由主义的自我观念是自由主义没有觉察到共同体在个人道德生活中的重要性的结果"①。从这种比较对照中,人们可以轻松获得关于自由主义与社群主义的异同及麦金太尔与其他社群主义者之间的区别。安娜·玛丽·史密斯在《拉克劳与墨菲——激进民主想象》中也专辟一节介绍麦金太尔的社群主义思想,并从拉克劳与墨菲的视角将其与桑德尔和杨进行比较。文章认为麦金太尔、桑德尔和杨为现代社会中关于平等、自决和公共利益原则的调和提供了多样的解决办法。这些解决办法有着相异和不足之处,但是他们的共同点都是多元的局部调和。

除以上四种路向外,还有许多单篇论文,由于笔者精力有限不能全面研读,只接触了其中与本书有关的部分论文。如 1997 年,盖理·基钦(Gary Kitchen)在《哲学与社会批判》(*Philosophy and Social Criticism*)期刊第 23 期上发表的《阿拉斯戴尔·麦金太尔:现代性的墓志铭》("Alasdair MacIntyre:the epitaph of modernity"),文中指出麦金太尔的现代性批判的核心是道德真理的问题。作者认为麦金太尔对现代道德哲学的批判虽然强有力,并且也有助于澄清什么是现代性,但是他的所谓理性进步是没有说服力的。又如,露丝·格罗夫(Ruth Groff)于 2012 年在《哲学与社会批判》(*Philosophy and Social Criticism*)期刊第 38 期发表了题为《亚里士多德式的马克思主义或马克思主义者的亚里士多德主义:麦金太尔,马克思和抽象的分析》("Aristotelian Marxism/Marxist Aristotelianism:MacIntyre,Marx and the analysis of abstraction")的文章,该文指出麦金太

---

① 　[美]史蒂芬·缪哈尔、亚当·斯威夫特:《自由主义者与社群主义者》(第 2 版),孙晓春译,吉林人民出版社 2011 年版,第 36 页。

尔提出亚里士多德主义者们同情自由主义的道德范畴的批判,应该利用《资本论》第一卷中马克思对资本主义的分析。对这个论断作者认为有两个理由可以予以支持,并声称马克思的思维方式具有明显的亚里士多德主义倾向。

综上所述,国外学者对麦金太尔的研究主要集中在道德哲学领域和政治哲学范畴,而麦金太尔作为马克思主义者的身份却被大大忽略了。虽然有部分文章和著作对麦金太尔的早期马克思主义思想有所涉及,但也局限于对其思想来源的追溯性介绍,并没有深入探究马克思主义对麦金太尔德性伦理学的实质意义。另外,尽管有研究麦金太尔对现代性批判的著作问世,但该书作者们不是着墨于麦金太尔与韦伯、波兰尼理论的激烈争锋和对科层制及个人官僚主义的批判,就是仅从麦金太尔的一个思想主题出发去探究现代性的出路。笔者认为,韦伯和波兰尼只是现代性的一个代表,共同体只是现代性困境的出路之一,麦金太尔对科层制和个人官僚主义的批判也只是现代性批判的冰山一角。麦金太尔对现代性的批判还有更多值得我们去发掘的地方,而这正是本书所要努力完成的工作。

(二)国内研究现状及文献综述

相比国外学者对麦金太尔的持续关注,国内对麦金太尔的学术研究主要从 20 世纪 80 年代肇始。随着麦金太尔的著作陆续翻译成中文,麦金太尔的思想魅力吸引了大批中国学者的关注,并逐渐成为国内学界研究的热点。

目前对麦金太尔的译介成果主要有:龚群、戴扬毅译的《德性之后》或宋继杰译的《追寻美德》、万俊人等翻译的《谁之正义?何种合理性?》与《三种对立的道德探究观》、龚群译的《伦理学简史》以及最新翻译出版的《依赖性的理性动物——人为什么需要道德》(刘玮译,2013 年)。另有一本《神、哲学和大学》的著作由台湾学者翻译出版,但目前还未有大陆版本。麦金太尔的某些重要论文也被国内学者相继译介并发表在各类学术期刊上,比如:《道德困境》(莫伟民译,《世界哲学》1992 年第 2 期)、《评"偶然性、冷嘲和协同性"》(莫伟民译,《国外社会科学》1992 年第 7期)、《三种对立的道德探索观:百科全书、谱系学、传统》(高国希译,《国外社会科学》1992 年第 12 期)、《马克思的"关于费尔巴哈的提纲"一条未走之路》(乔法容译,《国外社会科学》1995 年第 6 期)、《道德与爱国主义》(傅娉译,万俊人校,《开放时代》1995 年第 6 期)、《不可公度性、真理和儒家及亚里士多德主义者关于德性的对话》(彭国翔译,万俊人校,《孔子研究》1998 年第 4 期)、《关于"三种对立的道德探究观"》(《读书》1998年第 9 期)、《论人的脆弱性和依赖性》(《伦理学研究》2003 年第 3 期)、《论德性与独立的实践推理者》(龚群编译,《伦理学研究》2003 年第 4期)、《麦金太尔论社会关系、共同利益与个人利益》(龚群编译,《伦理学研究》2004 年第 3 期)、《关于马克思主义的三种观点:1953 年,1968 年,1995 年》(张言亮译,《马克思主义与现实》2011 年第 1 期)、《道德荒野笔记》(张言亮译,《伦理学与公共事务》2014 年第 5 期)、《论 20 世纪学院派道德哲学之困局》(张言亮译,李义天校,《世界哲学》2015 年第 3 期)。

伴随译介工作的陆续展开,国内学者对麦金太尔的研究也呈现欣欣向荣之势,其文献数量空前浩繁,恕笔者能力有限无法面面俱到,现仅从本书的需要、目的出发,综观国内学者的研究成果,对麦金太尔的研究方向大致沿袭了以下三种路径。

1. 麦金太尔德性伦理学研究

自《追寻美德》面世以来,麦金太尔被视为扭转了伦理学的研究方向,成为德性伦理学的代表人物。国内学者对麦金太尔的研究也主要依据《追寻美德》一书,其研究成果最丰富。万俊人在 2008 年连续发表的两篇论文《关于美德伦理研究的几个理论问题》(《道德与文明》2008 年第 3 期)和《美德伦理的现代意义——以麦金太尔的美德理论为中心》(《社会科学战线》2008 年第 5 期)最具代表性。本书均将麦金太尔视为美德伦理学的代表人物进行美德伦理学的研究。万俊人认为,麦金太尔向我们全方位揭示了美德伦理的本性、依存基础、传承方式、构成特征以及美德实践的社会语境。与万俊人将 virtue 翻译成"美德"不同,龚群译为"德性",他认为如果将其译为"美德",实际上是为"德性"披上了褒奖的外衣,赋予其赞美之意。故此,在龚群的文章中几乎都是用"德性"替代"美德",如 2003 年第 7 期《哲学动态》发表题为《德性思想的新维度——评麦金太尔的"依赖性的理性动物:人为什么需要德性"》的论文,该文作为对麦金太尔最新著作的书评向中国学者介绍麦金太尔的思想动向。刊载于 2009 年第 4 期《伦理学研究》的论文《麦金太尔的德性伦理观》,指出麦金太尔是一个"反理论"的德性伦理学家,并着重介绍了麦金太尔有关德性和实践的关系,以及德性与个人叙事性统一的关系。秦越存在 2007 年《道德与文明》第 4 期发表的《麦金太尔美德概念的建构及其启示》、2008 年《哲学动态》第 6 期发表的《麦金太尔美德思想的新进展》,都是以美德为中心介绍麦金太尔的思想。①

　　近年来,随着国内学者对麦金太尔研究的深入,解经式的介绍与评介已经无法满足学者的好奇心。对麦金太尔认识的逐步深刻,使越来越多关于麦金太尔的研究走向了批判性。马雪影的《浅析希腊传统德性的内在分裂——兼论麦金太尔的德性复兴》(《哲学动态》2012 年第 6 期),主要对麦金太尔要求重归希腊传统德性的主张是否可能作出尝试性的分析与回答。通过对希腊德性传统的回溯,作者认为麦金太尔要求重返希腊德性传统的主张注定会失败。在现代性条件下,对道德问题的思考,不可能重返传统模式。姚大志在《麦金太尔的善观念批判》[《四川大学学报》(哲学社会科学版)2013 年第 1 期]和《德性与实践——评麦金太尔的德性观》(《社会科学辑刊》2013 年第 9 期)以姊妹篇的形式对麦金太尔的德性思想作了批判性研究。前文指出,虽然"善"在麦金太尔的道德话语中占有重要地位,但关于何谓"善"的问题,却一直没有给予回答。作者尝试从麦金太尔的德性理论提炼出有关"善"的概念,认为麦金太尔的

---

① 本书倾向于龚群的解释,将"Virtue"译为德性,但是在涉及具体的某种特殊的德性时,尤其是与恶行相对而言时,则使用"美德"。另外,在引用《追寻美德》文本时,还是以尊重原文本为前提,依然使用"美德"。

"善"有三个层面的含义:内在于实践的善、个人生活的善和共同体的善。这三层善观念在作者看来都是存在问题的。第一层面的善由于是内在于实践的善,因而在实践中获得的善就会有"内在善"与"外在善"的冲突,实践行为本身也可能相互冲突,这样就需要善观念过渡到第二层面。这一层面善观念的主要问题在于无法解决善的主观性。即使将善从复数善过渡到单数善,个人生活的善仍然是因人而异的,那么这种单数的善也仍然是主观的。为了解决善的主观性问题,就需要过渡到第三层面。第三层面共同体的善,在此需要区分政治共同体的善和价值共同体的善,现实生活中这两种共同体的善是无法相包容的。依作者所言,"这种矛盾体现为:人们生活于其中的共同体应该很小,从而才能拥有共享的善;但是现代社会的共同体(国家)太大,无法包容共享的善"①。姚大志在后文中主要探讨了德性与实践的关系。与前文叙述程序相反,本文从实践出发解释德性概念,认为作为个人活动的实践、作为个人整体生活的实践和作为传统的实践分别为德性的意义提供了解释。行文最后,作者提出了一个尖锐的问题,即麦金太尔的传统能否解决道德理论的相对主义问题?在作者看来,由于时代的更迭,传统变得复杂多样,不同的传统对德性的理解也不尽相同,有的甚至是互相冲突,因而建立在传统之上的德性并不能摆脱相对主义的困扰。依作者所见,"传统只能帮助麦金太尔拖延相对主义的问题,而不能彻底解决相对主义的问题"②。

2. 麦金太尔政治哲学研究

麦金太尔不仅在德性伦理学领域深有造诣,其政治哲学主张也具有较大影响力。关于麦金太尔的政治哲学研究主要集中在他的社群主义思想以及共同体主张。这方面的研究主要有王婷的《对于现代性的质疑——麦金太尔社群主义思想述评》[《扬州大学学报》(人文社会科学

---

① 姚大志:《麦金太尔的善观念批判》,《四川大学学报》(哲学社会科学版)2013 年第 1 期,第 19 页。
② 姚大志:《德性与实践——评麦金太尔的德性观》,《社会科学辑刊》2013 年第 5 期,第 9 页。

版)2007年第5期]。该文对麦金太尔的社群主义思想分别从其理论渊源、思想特点出发进行介绍,认为麦金太尔在继承亚里士多德、黑格尔等人关于社群思想的基础上,构建了自身独特的社群主义理论。强调善优先于权利的价值观,并提出由公益政治学代替自由主义权利政治学的主张。张惠娜与卢风合写的论文《共同体与道德——试析麦金太尔对共同体伦理传统的追求》(《社会科学》2010年第1期)另辟蹊径,从基督教修道院的发展简史说明圣·本尼迪克特所创立的修道院制度对基督教的修道院传统的重大影响,从而说明修道院作为亚里士多德式共同体在传承道德传统方面的作用。从学理的角度阐释了麦金太尔回归亚里士多德共同体传统的理论依据,并将其放在社群主义与自由主义相争的理论背景中加以定位和评价。该文的重大价值在于具体论述了圣·本尼迪克特在实践和传承亚里士多德共同体传统方面的重要贡献,弥补了麦金太尔著作未能对其详尽的遗憾。

姚大志的《麦金太尔的自由主义批判》(《社会科学辑刊》2012年第1期)一文是对麦金太尔自由主义批判的批判。作者指出了麦金太尔理论的四个盲点,认为麦金太尔由于对自由、自主和政府中立性的承认,使其批判具有局限性;无法提出共同善的具体内容;也无法提出替代自由主义的可行性方案;即使自由主义国家不是中立的,也不意味着其理论的中立性不成立。这几个盲点或许是关于麦金太尔对自由主义批判最好的解读。姚大志在另一篇《"小社群主义"——麦金太尔社群主义研究》(《求是学刊》2013年第1期)论文中,对麦金太尔的社群主义思想给予了有力的补充。该文首先解释了麦金太尔为何拒斥社群主义,接着对麦金太尔与一般社群主义者进行区分,将他的社群主义思想定义为建立在小共同体(邻里、村镇)之上的"小社群主义",有别于国家的大共同体,这种小共同体既是实践共同体,也是道德和政治共同体。但是这种小共同体存在两个无法回避的缺点:第一,麦金太尔无法确定小共同体的性质,所以在《追寻美德》末尾,他写道:"我们正在等待的不是戈多,而是另一个圣·本尼迪克特。"第二,小共同体与国家的关系含糊不清。小共同体不是国家,它作为国家的对立物存在但又必须在国家内生存,如果国家不消失,麦金太尔只有一种选择:"国家只是共同体存在于其中的框架,其功能仅限于防止外部侵略和内部犯罪,而所有的价值理想和善观念都体现在小共同体之中。"①这个观点与极端自由主义者诺齐克可谓是殊途同归,这对终生致力于自由主义批判的麦金太尔而言是一个"莫大的讽刺"。这个问题值得人们深思。姚大志在 2015 年第 9 期的《哲学动态》上发表题为《麦金太尔的共同体:一种批评》的论文,从自我理论、道德理论和正义理论三方面进一步深化了关于麦金太尔共同体思想的研究,并指出其存在的问题。为人们理解麦金太尔的社群主义思想提供了一面可鉴之镜。

3. 麦金太尔马克思主义思想研究

关于麦金太尔马克思主义思想的研究,在我国开展得比较滞后。通常以麦金太尔与马克思的思想比较为主。比如:高国希的《走出伦理困境——麦金太尔道德哲学与马克思主义伦理学研究》(上海社会科学院出版社 1996 年版)、杨述刚的《论麦金太尔与马克思主义实践观的异同——对麦金太尔实践概念三大本质特征的考察》[《内蒙古农业大学学报》(社会科学版)2008 年第 2 期]、程颖的《麦金太尔实践范畴解读兼与马克思主义的比较》(《经济研究导刊》2015 年第 1 期)。但这都不是麦金太尔的马克思主义思想,更毋宁说是将麦金太尔作为一名马克思主义者进行研究了。

可喜的是,自高国希的《麦金太尔:亚里士多德式的马克思主义?》(《马克思主义与现实》2011 年第 1 期)发表以来,麦金太尔的马克思主义者身份被越来越多的学者所关注,陆续有研究者发表了数篇相关文章,但仍然屈指可数。比如,邵永选在 2012 年第 10 期《理论月刊》上发表的《基督教、道德与马克思主义——麦金太尔对马克思主义的人道主义解读》一文,这是最早对麦金太尔早期马克思主义思想的解读,该文主要关

---

① 姚大志:《"小社群主义"——麦金太尔社群主义研究》,《求是学刊》2013 年第 1 期,第 54 页。

注麦金太尔早期对马克思主义的人道主义的理解。2013 年至 2014 年，张晓集中发表了三篇有关麦金太尔早期马克思主义思想的文章:《德性与科学的交轨——麦金太尔早期的基督教化马克思主义观评析》(《山东社会科学》2013 年第 6 期)、《麦金太尔早期的本土化马克思主义探索:历程与归宿》(《马克思主义与现实》2014 年第 9 期)、《"未知的麦金太尔"及其再发现》(《国外理论动态》2014 年第 12 期)。这三篇文章比较全面地介绍了麦金太尔早期马克思主义思想的发展、变化与特征，并将其置于英国新左派运动的历史情境下进行研究。主要是为了探讨麦金太尔早期马克思主义思想与英国新左派运动的相互影响。张永刚、刘卓红的《麦金太尔早期马克思主义伦理思想的批判与建构》(《现代哲学》2015 年第 5 期)同样将其视作英国新左派的代表人物之一，梳理了麦金太尔早期马克思主义的思想，只不过将其对斯大林主义的批判以及对英国人道主义的马克思主义的反思视作其早期马克思主义伦理思想罢了。可惜的是，他们只是对麦金太尔的早期马克思主义思想进行了提要钩玄，并没有深入分析麦金太尔是如何深受早期马克思主义的思想影响，逐步走向道德反思的。这些问题为本书留下了可继续探究的空间。

张言亮、李义天的《试论马克思对麦金太尔美德伦理学的影响》(《道德与文明》2012 年第 6 期)则是国内首篇明确论述马克思对麦金太尔后期道德哲学的影响，但文章如标题所示，只是试论没有深述，只浅显地提出麦金太尔的德性伦理学深受马克思的影响，由于篇幅所限，仅以《追寻美德》为例，并没有深入麦金太尔的整个思想全貌，因而其论述也具有局限性。

综上所述，国内学者对麦金太尔的研究主要集中在德性伦理学和政治哲学领域，都是关注麦金太尔道德思想的某一部分，并且更多地集中于麦金太尔后期道德哲学思想，对其早期马克思主义思想的研究挖掘不深，略显不足。本书尝试打破学界目前对麦金太尔的横向问题域研究，试图在现代性的问题图景之下，将麦金太尔的哲学思想进行纵向整合研究，并且努力为马克思主义伦理思想研究注入麦金太尔的新鲜血液。

四、研究主要思路与结构安排

（一）研究主要思路

如果将现代性看作是时间轴上的一点，那么，在现代性的两端便会出现后现代与前现代两个节点。于是，麦金太尔对现代性的批判，既包括对现代主义的批判，也包括对后现代主义的批判。如果将现代性视为现代主义的阐释，那么自由主义便是它的显著特征。麦金太尔对现代性的批判，首先便是对自由主义进行抨击。如果有解决现代性问题的方案，那么，麦金太尔提供的道路没有走向后现代，而是回到前现代，主张前现代的亚里士多德主义的德性思想。

因此，研究麦金太尔对现代性的批判，需要遵循以下几点思路：

首先，研究眼光不仅要聚焦于对现代社会的各种批判，而且还要看得更远，对后现代主义论断的批判也不能忽视。在麦金太尔的现代性批判中，一方面对康德以来的规则伦理学提出质疑，认为正是规则导致现代社会的道德危机；另一方面，又指出无论是福柯的相对主义，抑或尼采的视点主义都无法解决现代社会的道德危机。既然现代主义和后现代主义都无法完美解决现代性危机，那么，出路只有一条，就是转身面向前现代。麦金太尔为什么会选择前现代的解决路径呢？在这里，就会产生有关传统合理性的问题。麦金太尔将道德历史探究分为三种相互对立的道德探究观，即百科全书派、谱系学和亚里士多德主义。它们分别代表三种不同的道德传统。哪一种传统具有合理性，也就是说，哪一种传统更优越呢？麦金太尔通过对百科全书派、谱系学的批判，最终指出只有亚里士多德主义的德性传统才能真正挽救现代性。

其次，对自由主义的批判始终是麦金太尔一直热衷的话题。无论是早期作为马克思主义研究者，还是后期转向亚里士多德主义式的马克思主义,无论其身份如何转换,自由主义批判是麦金太尔不变的主题。在麦金太尔学术生涯的各个阶段,关注的问题对象各有不同,理论资源也各有所异,但是,毫无例外的,所有的理论资源都服务于麦金太尔对自由主义的批判。其中马克思主义是麦金太尔对自由主义进行批判的最重要的理论支柱。此外,需要注意的是,社群主义是现当代对自由主义进行攻伐最直接、最猛烈的对手。麦金太尔通常被视为社群主义的中坚力量以抵御自由主义的攻击。然而,麦金太尔本人却明确申言,他并非社群主义者。这是个非常有意思的现象,值得探讨。

再次,麦金太尔在其学术生涯中历经数次的思想洗礼。从早期的马克思主义,到后期的亚里士多德主义,还有托马斯主义,这不仅表明麦金太尔的研究对象发生变化,而且也表明麦金太尔的立场转变。因此,西方学者对麦金太尔的学术身份一直是模棱两可的,他究竟是马克思主义者,亚里士多德主义者,还是托马斯主义者? 他所信仰的究竟是神圣的还是世俗的? 综合麦金太尔的学术经历以及西方学者的评价,本书认为麦金太尔更倾向于亚里士多德式的马克思主义。亚里士多德式的马克思主义成为麦金太尔对现代性批判的理论资源,同时也是其一个重要特征。

最后,任何思想批判,其目的并不是批判本身,不是为了批判而批判。任何批判的最终指向都将是重新建构,或是建构一种新的学说,或是建构一种新的体系。麦金太尔对现代性的批判也不例外。麦金太尔提出对现代性批判的最终出路是倡导一种彰显德性的探究传统,其实践指向则是要建构一种地方实践形式的共同体。不难看出,这里明显地区分出麦金太尔对现代性的批判实际上有两个部分,一部分是道德批判,一部分是政治批判。但是,二者并不是截然分开的,而是有机地交揉在一起。其中,德性、传统、善、目的是其共享的关键词。它们的最终追问都是有关人类的美好生活、人类的本质及其目的。

总而言之,麦金太尔的现代性批判思想,包括道德的批判和政治的批判。本书的写作思路也将从这两条进路展开,主要围绕自由主义批判、传统、共同体对麦金太尔现代性批判思想展开研究。本书试图指出麦金太尔现代性的批判主题,以及麦金太尔对现代性的救赎及重新建构,并适时地指出麦金太尔的现代性批判所遭遇的理论困境及现实挑战。另外,亚里士多德式的马克思主义是理解麦金太尔现代性批判的关键性理论资源,也是本书所要突出的麦金太尔现代性批判思想的特色之一。

(二)研究结构安排

遵循以上几点写作思路,本书将依循一个主题、两条线索、三点特征进行结构安排。

首先,概括简介。

第一部分导论。该部分主要介绍研究的背景及意义。为什么要研究麦金太尔及其现代性批判思想?麦金太尔与马克思主义的关系是什么?国内外对该研究主题的研究现状如何?第二部分,通过阐述何为麦金太尔的现代性及其现代性批判,为读者呈现一幅麦金太尔的现代性思想图景。

其次,一个主题。

第三部分围绕麦金太尔现代性批判的主题——自由主义批判展开论述。该部分主要讨论自由主义的三个话题:自我、正义和制度。通过对自由主义的自我批判、正义批判和制度批判,麦金太尔揭示了现代性之弊。

再次,两条线索。

第一条线索构成第四部分,即从传统的视角出发对现代性进行道德批判与救赎。通过传统的动态演变,指出麦金太尔关于传统的内涵意指;通过对传统合理性的探究,指明如何进行传统的选择;通过对规范伦理学和谱系学传统的批判,指向传统的最终选择是倡导亚里士多德的德性探究传统,并以此来对抗现代性危机。

第二条线索构成第五部分,即以共同体为核心对现代性进行政治批判与重建。从共同体的概念与起源出发,指出共同体的自由与个人的自由并非冲突;通过回顾麦金太尔的两种基本共同体类型,指出另一个圣·本尼迪克特是否值得等待?从麦金太尔关于地方性共同体的构想中,推出现代性的社会主义走向。

最后,三点特征。

第六部分对麦金太尔的现代性批判思想进行评判,认为其深受马克思主义影响,主要具有三点特征。特征一:创造性。麦金太尔将亚里士多德主义的思想融入马克思主义理论中,为当今马克思主义理论奠定了一个德性的基础。这是麦金太尔对现代性进行批判的理论创造。特征二:革命性。麦金太尔继承了马克思主义的革命传统,坚持对现代性批判的革命路线,肯定了马克思主义理论在当今对抗资本主义革命斗争中的积极意义。特征三:建设性。麦金太尔提出在地方性共同体内进行马克思主义的革命任务。这是对马克思主义理论的道德建设,也是祛除现代性之弊的革命实践。它是引领人们走出现代性迷雾的建设创举,也为人们重拾了马克思的共产主义理想信念。

第一章　A.麦金太尔的现代性图景

理解麦金太尔的现代性批判思想,除了要清楚现代性及现代性批判的相关确认之外,还需要厘清何为麦金太尔的现代性,以及麦金太尔视野中的现代性批判。只有准确把握麦金太尔对现代性及其现代性批判的理解,才能更好地梳理其现代性批判思想。

第一节　现代性及现代性批判的相关确认

查尔斯·泰勒将现代性视为现代哲学和社会科学的母题。这意味着,自文明时代始,与人类有关的文化精神、自我意识、社会制度和生活方式等都是围绕着现代性问题展开。社会生活的各个领域都离不开现代性,有关现代性的认识也是莫衷一是。如果要对现代性进行批判,那么如何理解现代性成为首先要解决的问题。本书从定义现代性的界域开始去把握现代性。

一、现代性的界域

有关"现代性"的界定一直以来是学术界悬而未决的难题,对它的思考也涵盖了几乎所有的学科。如何定义"现代性"成为理解现代性、批判现代性首先需要直面的话题。本书将从历史内涵、结构内涵、认识论内涵、价值内涵等几个维度阐释"现代性"内涵,试图勾画出"现代性"的界域。

1."现代性"的历史内涵

"现代性"无疑与时间和历史相关联,但又不能完全从年代学的意义来理解。如果按照年代学来理解"现代性",有可能出现刘小枫所说的:"找到的只是随时间而推移的生存样式的服装更换。追踪每一时代都可能出现的这种'现代'现象,有如夸父追日。"①因为每一个"现代",不过是人类历史上的一段时间域,而每一个被称作"现代"的时间域都会成为过往,而未来世界也将成为"现代"世界。因此,理解"现代"必须跨越年代学。而"现代性"则可理解为是对"现代"现象的一种抽象描述,这种抽象描述具有具体的时间规定。那么,"现代性"描述的究竟是一种什么样的"现代"现象呢?

西方文化史上,"现代性"一词最早出现在法国文学家波德莱尔于1863年发表的《现代生活的画家》评论中,文中开篇写道:"现代生活中的画家驰骋想象,不断地追索一个比纯粹漫游更高级和更普遍的目标,寻觅一种'我们可以称为现代性的东西'。"②在波德莱尔的笔下,"现代性"更多的是意指人或事物所具有的一种状态或性质。然而,对"现代性"的哲学思考远远早于1863年。

在哈贝马斯看来,黑格尔是西方近代哲学史上最早意识并认真思考"现代性问题"的哲学家。他说:"黑格尔不是第一个属于现时代的哲学家,但他是第一个意识到现代性已然成为一个问题的哲学家。"③尤其是黑格尔所提出的"主体性",使得整个现代哲学获得了"主体性哲学的凯旋",随着结构主义的兴起,才渐渐走向"主体性的黄昏"。而主体性原理的实践正是通过启蒙运动体现的。伊曼努尔·康德尝试从当下与过去的差异性中寻找现代性的定义,更确切地说是寻找启蒙。1784年,康德写

---

① 刘小枫:《现代性社会理论绪论》,上海三联书店1998年版,第62页。
② [法]波德莱尔:《波德莱尔美学论文选》,人民文学出版社1987年版,第484页。
③ Habermas,*The Philosophic Discourse of Modernity*,MIT:Polity Press,1987,p.43.

了一篇短文《何谓启蒙》,认为所谓启蒙就是变得成熟,进入成人状态,不再依赖他人的权威,自由并为自己的行动负责。也就是说,启蒙意味着人类能够成熟地运用自己的理性,有公共运用自己理性的自由,特别是公民自由。这样启蒙不仅仅是精英或知识分子的事业,它与每一个人息息相关。但并不是说,我们每一个人都已经获得启蒙,正如康德所言,我们不是生活在一个启蒙的时代,而是生活在一个启蒙运动的时代。① 或许正是在这个意义上,哈贝马斯说:现代性是一项未竟的事业。由此,西方学界广泛认为"现代性"的界碑应立于启蒙运动。比如,齐格蒙特·鲍曼将"现代性"视为"一个历史时期,它始于西欧 17 世纪一系列深刻的社会结构和知识转型,后来达到了成熟"②。又如安东尼·吉登斯认为"现代性谓指大约从 17 世纪的欧洲起源,而后程度不同地在世界范围内产生影响的一种社会生活或组织的模式"③。与吉登斯等人将"现代性"视为一种社会制度安排不同,利奥塔等学者则倾向于从文化精神层面理解"现代性",他认为"理性、自由、解放的允诺等'元叙事'或'宏大叙事'是现代性的标志"④。毫无疑问,无论何种层面的"现代性"都根植于启蒙运动,启蒙运动是"现代性"的历史原点和思想源泉。

2. "现代性"的结构内涵

现代性的建构是一个复杂的历史过程。从本体论的角度理解,学界通常将现代性视为多元现代性。有关多元现代性的理解,学界通常有两种解释:一是认为现代性为单数,即现代性只有一种,但实现现代性的方式有多种。多元现代性往往指谓的是不同的现代化模式或路径。二是认为现代性为复数,即认为东方的现代性和西方的现代性是不同的,需要区

---

① 参见[印度]帕沙·查特吉:《我们的现代性——帕沙·查特吉读本》,杜可柯译,上海人民出版社 2013 年版,第 77 页。
② Zygmunt Bauman, *Modernity and Ambivalence*, Cambridge: Polity Press, 1991, p.4.
③ Anthony Giddens, *The Consequences of Modernity*, California: Stanford University Press, 1991, p.1.
④ 参见[法]让弗朗索瓦·利奥塔:《后现代状况:关于知识的报告》,岛子译,湖南美术出版社 1996 年版。

别对待。本书主要从第一种意义上去理解多元现代性。这里的多元现代性在更多意义上恐怕已经不能再简单地理解为本体论所谓的"一元与多元"的关系,而应该从方法论角度将"多元"理解为"普遍与特殊"的关系。即现代性是社会发展必须经历的一个历史过程,这是普遍性;但是实现现代性的方式和道路却是林林总总,这是特殊性。

多元现代性肯定了现代性是现代社会追求的统一目标。建设现代性社会,成为世界性的潮流。这种统一追求表明现代性的某些结构特征是人们所公认的。乔瑞金教授就将现代性视为一种结构存在,认为现代性是一个自主的系统,这个系统包含工业、资本、权力、文化和人五个参量。从现代自组织理论的角度分析,工业、资本作为快变量,促使现代性总是处于不断的变化之中;权力、文化和人作为慢变量使系统发生最终的本质改变。由此可以看出,现代性是一个复杂的自主系统,其结构内涵可以帮助我们认识当代现代性社会何以呈现不同的发展路径和不同样态。

3."现代性"的认识论内涵

把握"现代性"的认识论内涵,需要回答两个问题:现代性如何认识主体与客体的关系?以及现代性如何看待主体与客体的同一性?

有关第一个问题的回答,实质上就是要回答现代性是如何看待人与自然的关系问题。启蒙运动作为现代性的原点,理性是它的旗帜。理性认识将人们从古代神话和传统宗教束缚中解放出来,让人们摆脱了一切以神和上帝为事物本质的认识。在理性的驱使下,世界实现了祛魅,人们对世界的认识回到了人性与自然性,从此开启了主体与客体二分的认识局面。在这种局面下,自然获得了独立性,也就是承认了自然的客观性。正是因为自然是客观存在的,是不以人的意志为转移的,因而自然的存在是有规律的。人类只有在遵循规律的前提下改造自然、利用自然,而绝不是无节制地掠夺自然、摧毁自然。现代性受人诟病之处,正是因为人类将自身视为自然的主人、万物的衡量尺度,全然忘却人类也是自然的一部分。一切发展以人类的利益为中心,这才有了现代世界的生态危机和环境悬崖①。

面对独立存在的自然,人类如果想要利用它,改造它,就需要从真理性上去认识它。这就回答了第二个问题:现代性认为主体与客体是同一的,意即客体是可以被主体认识的。也就是说,人类有能力认识世界,并把握它的内在规定性。现代性社会追求合理性,这种合理性即科学的合理性。科学合理性作为现代性社会的思想基础,使得人类可以借助真理,在主体意识下对对象世界进行审视,而不是依据主观臆断。从古希腊的一般理性,到近代的科学理性,都是人类认识对象世界的工具。与科学理性相伴生的便是技术理性。所谓技术理性,意即在理性的指导下应用技术,解决人类困境、发展人类事业。从启蒙运动以降至19世纪中叶,技术乐观主义一直认为技术给人类社会带来财富的增加、生活的改善,对人类的存在和社会的进步具有巨大价值,尚且没有意识到技术的消极后果。伴随着技术的日益发展和突飞猛进,在19世纪,技术与人的存在之间开始出现裂缝,异化问题日益尖锐。人们渐渐从技术进步主义的狂妄自大中清醒。19世纪至20世纪,技术恐怖主义开始蔓延。人类从两次世界大战中看到技术所带来的灾难性后果,渐渐对技术产生忌惮,技术又被妖魔化。第二次世界大战后,技术控制主义告诉人们要理性对待技术,既不能将其视为无所不能,又不能盲目抵制。技术是一把双刃剑,运用得好就能造福人类,否则就会毁灭地球。现代性诸多问题无不是从科学理性和技术理性中生发出来的,正确把握"现代性"的认识论内涵,能够帮助人们更加科学、理性地处理现代性问题。

4."现代性"的价值内涵

"现代性"的价值内涵,要言之,以人为本。人作为自然存在的一部分,决定了人具有独立性。自马基雅维利提出人的自然状态的问题以来,

---

① "环境悬崖"是指环境因持续增强的外力推动,突破生态临界点而滑向自我崩溃的进程状态。这一概念最初是由国内著名伦理学家唐代兴教授提出,主要目的在于揭示现代社会以经济发展为中心,以环境牺牲为代价,经济每发展一步,环境就倒退一步的社会现实。试图通过话语重构,再次警醒人类,保护自然已迫在眉睫。

霍布斯、洛克等人也提出了人的自然状态。在自然状态下的人，天生拥有行善或行恶的权利，这个权利是天赋的，任何人都无法剥夺。人权思想是现代性有关人的核心理念和根本看法，以人为本也是现代性的价值诉求。

天赋人权思想孕育了个人主义思想。西方现代性社会中，人的价值正是通过个人主义表现的。在《英国个人主义起源》一书中，作者将个人主义的出现看作是现代性的必然产物，并且认为如果个人主义发展得越充分，就越能推动社会的发展，越能彰显个人的潜能。但是随着现代性社会的不断发展，极端个人主义给社会带来了巨大危害。正是在这种背景下，社会主义的思想应运而生。霍布斯鲍姆提出社会主义的产生是对个人主义思想的遏制。社会主义最初并不是与资本主义相对立，而是针对个人主义，要用集体价值理念来遏制无限的个人价值诉求。

天赋人权和个人主义必然要求平等与自由。平等源自天赋人权，那么何谓自由？自由的思想最初可追溯至文艺复兴时期。文艺复兴运动强调人的价值，以人道主义思想反抗中世纪基督教思想，以人的价值对峙上帝的价值。上帝权威的崩塌，动摇了王权的合法性，随之而来的是世俗世界的权力归属问题，人民自由与权利成为启蒙运动中重大的政治问题。自由的母题发展到洛克和卢梭，就演变为早期自由主义思想与社群主义思想。洛克将权利视为政治的基础，因而自由主义的自由观必然赋予个人权利以先在性，即认为"个人权利先于社会、先于个人所在的共同体而具有一种奠基性"①。社群主义对此提出质疑，并提出具有先在性的应该是共同体，而不是个人权利，共同体应当优先于个人。至此，自由主义与社群主义关于自由的分歧从此产生。然而，无论自由观具有何种多面性，显而易见的是，自现代性产生以来，人们从未停止过对自由的向往。基于自由的人权与民主，逐渐成为现代性社会的价值诉求。

现代性社会要达成一种有效运行的机制，自由与民主是其基本保障。现代性社会发展历程所凸显出的矛盾与问题都折射出当代价值诉求的缺

---

① 龚群：《自由主义与社群主义的比较研究》，人民出版社2014年版，第12页。

失,强调人的价值,追问何种自由,谁之民主,才能引领现代性走上良序美好的发展坦途。

二、现代性的危机

现代性无论从历史内涵、结构内涵、认识论内涵,还是价值内涵来看,都让人不难意识到现代性面临的重重矛盾。正是每个界域无法统一又不可避免的现代性现象,才使得"现代性"成为当今最时髦的哲学词汇,同时又是具有多副面孔的复杂语词。要对现代性进行批判,首先就需要明确指出现代性的诟病所在,也就是人们通常所说的现代性的危机。本书在引鉴凯瑟琳·扎科特和迈克尔·扎科特对现代性的描述之基础上,将现代性的危机大致归为以下五类:

1.现代性与人性的简化

尼采常说现代性带来了"末人"(the last man),所谓"末人"指的是变得孱弱之人。这样的人难以承受社会压力,因而常用"知足常乐"、"安逸生活"等说服自己,让自己变得庸俗不堪,毫无理想信念,没有卓越追求。颇有中国宋代黄庭坚《牧童诗》①中所抒发的向往清闲恬适、不为名利所逐的出世情怀。但是这份悠然自得却为尼采所唾弃。列奥·施特劳斯也常常提起尼采的担忧,认为现代性本是为自由而生,但却走向了媚俗,走向了大众文化,反而冲击了自由。麦金太尔在《追寻美德》中也表达了此类担忧。现代性在使人类摆脱自然奴役,提高人类地位的同时,却悄然降低了世人的眼界,从而简化了人性。人们往往接受的是"人之所是",而从来不问"人之所求"。于是,现代社会便呈现出这么一副道德图景:现代人普遍追求舒适安逸的生活,已无心区分活下去与活得好的不同;理想与信念被现代人所埋没与抛弃;高洁、勇敢、公正这类美好又崇高的道德品质在如今的社会也越来越受轻视和鄙夷。

---

① 黄庭坚(1045—1105),中国北宋诗人。《牧童诗》:"骑牛远远过前村,短笛横吹隔陇闻。多少长安名利客,机关用尽不如君。"

2.现代性与德性的丧失

从卢梭、康德到马克思和尼采,他们都用自己的哲学方式挺身反抗现代性。这些哲学家们指出现代哲学的缺失,否定布尔乔亚的生活(bourgeois life),呼吁人们拥有更崇高的生活目标。那么,究竟何种人类生存方式才是真正道德和幸福的,才是真正合乎人性的呢?尼采肯定"末人"就是现代人的最终宿命,他反抗"末人",呼吁一个"超人"的诞生,以此来"重估价值"。马克思批判资产阶级,批判资本主义,为实现共产主义的理想信念而摇旗呐喊。但是超越欲望的要求有时却被错误地理解或盗用。后卢梭时代的思想在时刻告诫人们温良恭俭不再是美德,他们在生活上的安逸追求,转化成了政治上的欲望野心。打着为了实现合乎人性的生存方式的旗号,政治家们开始谋划各种社会制度安排,于是就有了政治野心家们假以崇高理想之名实施政治恐怖运动的极权主义、法西斯主义等。即使在相对和平的现代社会,政治家们的抱负通常也是以诋毁温良恭俭的道德品质来实现的。消费主义的盛行,给现代社会带来一片虚假繁荣的幻象。人们不再以节制为美德,而是陷入无限循环的消费模式。在消费时代,人们已经不再单纯地享受消费,而是将消费视作自我身份的认同与自我价值的体证。人们"逻辑性地从一个商品走向另一个商品"①,完全被现代大众媒体和网络宣传所蛊惑,在各种商家预言的狂欢中尽情消费而逐渐丧失自我。中国电商们在成功推销了"双11"之后又接连出现了"128"和"双12",西方的"黑色星期五"、圣诞节也是各大商家屡试不爽的营销噱头。"买买买"成为最火热的网络词,据说仅某宝2015年"双11"的商品成交额就高达几百个亿,但是反观这火爆网络交易的背后,到底有多少是人们真实需求的表达?又有多少商品是值得人们购买的呢?如果将物质享受等同于幸福体验,就会异化为只追求物质享受而丧失精神追求的"单向度的人"——"我们可以把真实的需要与虚假的需要加以区别。为了特定的社会利益而从外部强加在个人身上的

---

① [法]鲍德里亚:《消费社会》,刘成富、全志钢译,南京大学出版社2000年版,第3页。

那些需要,使艰辛、侵略、痛苦和非正义永恒化的需要,是'虚假的'需要……现行的大多数需要,诸如休息、娱乐、按广告宣传来处世和消费、爱和恨别人之所爱和所恨,都属于虚假的需要这一范畴之列"①。中国的《孟母三迁》亦有言:"物有本来,事有终始,以温良恭俭让之德,五者乃圣德光辉。"现代性如若抛却了温良恭俭之德,恐怕现代社会道德已陷困境之域。

3.现代性与政治的意识形态化

现代性带来社会不断发展的同时,思想也随之变迁。现代性的多面性也反映了现代思想的复杂性,尤其是政治思想的不统一,导致多种政治实体和政治意识互相诘难,它们之间斗争激烈,同时也在力求自身的普遍化。现代性的政治危机在施特劳斯看来,正是由于现代政治信条的多样性而产生。施特劳斯发现,古代和中世纪的哲人有着共同的政治信条,他们解决政治问题的哲学方案具有唯一性;而现代人的政治信条各异,他们解决政治问题时的哲学方案总是充满多样性和不确定性。之所以会出现"诸种现代方案",原因在于现代政治哲学思想自古代以降不断遭到批判与更正,正是一波又一波的批判与更正,形成了施特劳斯笔下的"现代性浪潮"。

现代性的第一波浪潮由马基雅维利掀起,其特质在于"将道德问题与政治问题还原为技术问题,以及设想自然必须披上作为单纯人口制品的文明产物之外衣"②。如此一来,道德教育让位于制度安排,而这种开化的自然观,必然将自然排除在人类社会之外,自然对人类而言只不过是一个可以为之利用的物质工具,人类不再对自然保持敬仰,不再将自然之物当作自然的馈赠,而是理所当然地进行利用、糟蹋和损毁。因而,现代人便有了远离自然、人为建构社会的思想,比如洛克的社会契约论。而以这一思潮作为意识形态的结果便产生了自由主义民主运动。

---

① ［德］马尔库塞:《单向度的人》,刘继译,上海译文出版社 1989 年版,第 6 页。
② 贺照田:《西方现代性的曲折与展开》(上),吉林人民出版社 2011 年版,第 89 页。

现代性的第二波浪潮以卢梭为代表。对现代性第一波浪潮的两个特质,卢梭首先加以批判。卢梭积极主张"德性"以反对前人自甘堕落的理论学说。同时,卢梭还发现"人之人性并不归因于自然,而是归因于历史,归因于历史过程,这个独一无二的过程并不是目的论的"①。将普遍意志与历史过程联系在一起,是由卢梭提出的,他的伟大后继者康德、黑格尔与马克思对这一思想进行了淋漓尽致的发挥。尤其是黑格尔与马克思,他们引入历史的概念,将历史视作实现自身的能动主体,从而表达了"现代人渴望最高秩序现实化的强烈愿望"②。以这一愿望作为意识形态的结果便诞生了共产主义运动。

现代性的第三波浪潮在尼采对第二波浪潮的拒绝中产生。尼采明确反对卢梭所谓美好的"生命的情感动力",他认为人类的生存体验从来都是充满"恐惧和焦虑的",他认为:"所有哲人的共同缺陷是,他们都是从当今之人(present-day man)出发的,他们全都相信,可以通过分析当今之人达到自己的目标。历史感的缺乏乃是所有哲人的遗传缺陷。"③而"当今之人"即现代人却是人类降格的结果。虽然尼采与马克思在为实现终极理想方面有着相似之处,但与马克思认为无阶级社会的必将到来不同,尼采认为唯一可以肯定的是"上帝死了",未来社会出现的不是"超人"即为"末人","超人的到来依赖于人的自由抉择"④。马克思的未来人在尼采眼中显然属于"末人",他们只追求安逸富足的生活,没有更高的理想和追求。尽管尼采的"超人"与马克思的"未来人"之间鲜有相似之处,但对他们而言,社会发展的最终阶段,毫无疑问,人将成为决定自己命运的主人。将"超人"思想作为意识形态的结果便发动了法西斯主义运动。

现代性的三次浪潮带来了三种意识形态各异的政治运动。随着现代

① 贺照田:《西方现代性的曲折与展开》(上),吉林人民出版社 2011 年版,第 89 页。
② [美]凯瑟琳·扎科特、迈克尔·扎科特:《施特劳斯的真相:政治哲学与美国民主》,宋菲菲译,商务印书馆 2013 年版,第 88 页。
③ 贺照田:《西方现代性的曲折与展开》(上),吉林人民出版社 2011 年版,第 93 页。
④ 贺照田:《西方现代性的曲折与展开》(上),吉林人民出版社 2011 年版,第 94 页。

性的不断发展,必将会有一波又一波的新浪潮不断涌现,而以此为意识形态的政治运动还会继续发生。

4.现代性与技术之忧

自培根喊出"知识就是力量"以后,科学就被推到至高无上的地位。以现代人的眼光看来,"现代工程不再把哲学或科学的本质理解为沉思默想,而视其为行动"①,即科学改变生活,由此开启了技术化的认知模式。人类自此通过技术掌控自然,成为自然的主宰者,技术也确实改变了人们的生活。但是,技术造福人类生活的同时也在时刻威胁着人类生存。恐怖主义横行、生物技术泛滥、核武器的运用等都不再仅仅是麦金太尔一个人的担忧。尤其是在现代性的图景中,政治与技术的暴力组合,使康德所希冀的"永久和平"变得毫无希望,倒是"永久战争"更具危险。现代世界的第一次和第二次战争给世界人民带来永久的伤痛,近来的恐怖主义袭击也在时时提醒着人们,科耶夫所向往的"普世均质的国家"只能是现代迷梦。或许,在现代性早期,技术的确推动了生产力的发展,带来了物质富裕,但物质财富的满足永远代替不了人类精神世界的追求,"富裕并不能消解骨子里的邪恶"②。

5.现代性与实践智慧的缺失

实践智慧(phronesis)是亚里士多德理论体系的一个核心术语。每一个有德性之人都依靠实践智慧来为人处世。麦金太尔的德性伦理将实践智慧视作达至德性的必经之路,施特劳斯认为实践智慧是政治领袖应当具备的德性。然而,反观现实,任何现代性模式都拒绝这种"实践智慧",而是转向理性选择。现代人所倚重的是所谓的科学或理论,比如学校,通常开设的课程都是有关博弈论、决策论等研究,而很少诉之个体的德性塑造。殊不知,比起上述的理论训练,实践智慧的培养、德性的建塑更为重

---

① [美]凯瑟琳·扎科特、迈克尔·扎科特:《施特劳斯的真相:政治哲学与美国民主》,宋菲菲译,商务印书馆 2013 年版,第 89 页。
② [美]凯瑟琳·扎科特、迈克尔·扎科特:《施特劳斯的真相:政治哲学与美国民主》,宋菲菲译,商务印书馆 2013 年版,第 90 页。

要。尤其是在现代世界,任何一个决策、一个谋划都可能牵一发而动全身,如果做决策的主体没有实践智慧,缺乏德性素养,一旦他的决策行为失误,其后果更加不可想象。

总而言之,人性的简化、德性的丧失、政治的意识形态化、技术的危害与实践智慧的缺失共同构成了现代性的危机,也是我们这个时代的危机。究其缘由,信念的丧失是最关键的。由于人们不再怀有平等、正义、善良等信念,认为任何价值判断不再具有真值,那么,作为一个国家的公民就不会再相信国家事业的正义性。他们宁愿将看得到的现实利益作为自己的追求,也不愿再去关心国家事务。没有了共善的目标,人们慢慢地也开始相信共善只是一个真值为空值的神话。而这一切,正是现代性的危机所在——自我瓦解。

三、现代性批判的两种路向

面对纷繁复杂的现代性,赞扬它的人看到的是现代性的进步,蔑视它的人看到的是现代性的堕落。但无论如何,现代性已是现代社会不可忽视的一种表现形式。如若将现代性本身看作是一个动态的辩证发展过程,就不会莫衷一是地对它进行简单评价。任何一句赞美和批评都不适合现代性,看待现代性应该用否定之否定的眼光去分析。因此,批判地理解现代性,虽指出现代性的弊端,却是为了更好地发展现代性。综观有关现代性批判的题作,其批判内容虽各有轻重,但对现代性的批判路向仍大致可归纳为以下两个方面:

1.现代性批判的路向之一:理性批判

对现代性进行理性批判的中坚力量非法兰克福学派莫属。在现代性三次浪潮的冲击下,法兰克福学派的理论家们继承了马克思对资本主义的批判传统,以韦伯的工具理性为中介,走向了具有西方马克思主义特点的社会批判之路。他们不再沿着传统马克思主义的批判路径——以阶级和经济为基础的理论分析——进行反思,而是转向社会文化意识形态领域。在霍克海默看来,这种批判模式是"用自由世界的概念本身去判断自由世界,对这个世界采取一种批判的态度然而又坚决地捍卫它的思想,保卫它不受法西斯主义、斯大林主义、希特勒主义及其他东西的侵害,就成为每一个有思想的人的权利和义务"①。阿多诺在《否定的辩证法》中对现代性的理性启蒙进行了进一步颠覆式的全盘否定。这种对理性的全面拒斥和对现实否定的绝对钟情,使得阿多诺最终只能在美学中寻找自己的乌托邦。至此,法兰克福学派的社会批判理论因其对理性的绝对否定,缺乏理论批判的合理性基础,而走向了历史的终结。

作为第二代法兰克福学派的领军人物哈贝马斯首先需要解决的问题便是,如何帮助传统社会批判理论走出其理论困境,如何重新评估理性批判。哈贝马斯通过交往行为理论对传统社会批判理论进行了修订。他说:"工具理性批判坚持的依然还是主体哲学的前提,它表现为一种缺憾,对此,它自身是无法解释的,因为它缺乏足够灵活的概念来归纳被工具理性摧毁的一切。"②因此,面对现代性的理性困境,哈贝马斯指出:现代性是一项未竟的事业。这项事业的完成需要对理性进行重新诠释,并且厘清现代性与理性之间的错综关系以完成现代性的自我确证,最后通过交往行为理论对现代性进行重新建构。由此可见,交往理性成为哈贝马斯完成现代性重构的肯綮。如此一来,现代性不再是空中楼阁,而是真真切切地成为了人类生活世界的一部分。

2.现代性批判的路向之二:后现代批判

面对现代性的后果:科学主义、理性主义、个人主义和消费主义,后现代主义发动了新一波的现代性批判浪潮,由此宣告现代性的终结。

"随着尼采进入现代性的话语,整个讨论层面发生了翻天覆地的变化。"③从尼采开始,非理性开始全面取代理性,由此开创了后现代主义解

① [德]马克斯·霍克海默:《批判理论》,李小兵等译,重庆出版社1989年版,"序言"第5页。
② [德]哈贝马斯:《交往行为理论》第1卷,曹卫东译,上海人民出版社2004年版,第373页。
③ [德]哈贝马斯:《现代性的哲学话语》,曹卫东等译,译林出版社2004年版,第98页。

构现代性的批判路向。紧接着,存在主义大师海德格尔用存在论继续批判现代性。海德格尔认为柏拉图曾经以为人人都熟悉的"存在",其实并没有人真正懂得它的真实意蕴。现代社会由于对存在(Being)的遮蔽,使得存在被遗忘,而技术理性对存在的遮蔽,更使得整个世界陷入一片虚无主义的阴霾之中。海德格尔正是在对技术的批判、对虚无主义的批判和对形而上学的批判中,对存在之思的反复追问下批判现代性的。另一位现代性的批判大师德里达通过"解构"对传统结构主义的整体论进行拆解,以消解主体,消解传统的理解模式,从而对现代性展开了更加彻底的否定性批判。

凡是想了解 20 世纪后期现代性的人,都必须考虑福柯。福柯在《词与物》中宣告"人之死",引来了极大的反响,不是赞誉有加,就是愤然声讨。福柯认为历史的每个阶段其知识型构规则都不同,他通过考察前期认识型和现代知识型的比较,发现现代知识型是以"人"为中心,如此而言,"人"只是现代知识型的结果,并不是先验的存在,那么它也会如同海边沙滩留下的印迹一样,终有一天将被抹去。现代性在"人死了"的预言下再次受到批判。

利奥塔作为后现代主义大师站在知识合法化危机的角度对现代性展开了自己的批判。在他看来,由科学、理性、人性解放构成的元叙事是现代性的标志。对元叙事的消解实质上就是对知识合法化的消解。正是出于对元叙事的批判,才有了利奥塔"重写现代性"的要求。

要言之,现代性批判的后现代路向,基本上都是以"解构"为特点,以消解主体、颠覆理性为诉求。如此激进的"解构"式的批判,忽略了现代性的积极成果,对现代性加以全面否定,其结果不仅不能为现代社会提供一剂救世良方,反而容易导致一幅支离破碎、混乱嘈杂的世界图景。

综上所述,现代性批判的两种路向:理性批判和后现代批判,虽然各自从自身的理论基点出发对现代性的病症进行了严厉的批判和无情的揭露,但是都只是停留在现代性的意识形态批判层面,留下的也只是"理性的消解"、"人的终结"等文化层面的结论。面对依然强大的现代性逻辑,要么容易陷入悲观主义的惆怅之中,要么容易陷入虚无主义的缥缈之中。

这二者都无法成为解决现代性困境的有效方案。

第二节　麦金太尔的现代性

在梳理清楚现代性及现代性批判的相关确认后,有必要阐释一下麦金太尔是如何理解现代性,又是如何对现代性展开批判的。

麦金太尔所理解的现代性尽管没有囊括上述现代性的所有意涵,但仍然是在现代性的问题图景之下作出追问的。他对现代性的解读,有其独特的理解视域,并给予了独到的分析与见解。对麦金太尔现代性的确认,同时也为本书划定了问题域。

一、麦金太尔的现代性理解视域

麦金太尔在其问鼎之作《追寻美德》中,将现代性的危机归咎于启蒙谋划的失败。在他看来,启蒙运动之后,理性、自由、博爱成为"现代性"的代名词。在理性的驱使下,世界实现了"祛魅",一切不能用科学言说的"神秘之域"消失,一切坚固的东西烟消云散;以自由的名义,个人对自身的主观偏好达到极致,任何道德选择都基于自由的个人主义,情感成为道德判断的基础,道德情感主义开始泛滥。耶路撒冷的艾希曼或许是道德情感主义的最好代表。无论是普遍理性主义,还是道德情感主义,在麦金太尔看来都是启蒙谋划的失败,也是"现代性"危机产生的根源。很显然,麦金太尔对现代性的认识绕不过启蒙的谋划。18世纪的启蒙运动成为麦金太尔现代性的理解视域。

1. 历史背景:英国启蒙运动

1929年,麦金太尔诞生于苏格兰格拉斯哥的一个医生家庭。早在18世纪的格拉斯哥便是英国启蒙运动的活动重镇,亚当·斯密曾在格拉斯哥大学任道德哲学教授,许多启蒙哲人也聚集在格拉斯哥进行思想交流,从而开启了英国的启蒙时代。从小接受苏格兰的现代教育,并且受到苏格兰山地居民盖尔特族文化熏陶的麦金太尔,正是在这两种不同文化的巨大张力中形成了自己的道德思想。麦金太尔对现代性的认识自然也会深深带着英国启蒙运动的痕迹。英国启蒙运动毫无疑问成为理解麦金太尔现代性思想的一个历史背景。

18世纪的欧洲最引人注目的历史莫过于那场声势浩大的启蒙运动。如果将启蒙运动的光环仅仅聚焦于法国会不免落入窠臼,甚或遗漏那段历史所留下的其他瑰宝。诚如彼得·盖伊所言,法国人只是启蒙运动的宣传家,其真正的先驱导师是英国人,英国元素深深地影响着18世纪的欧洲启蒙运动。

一方面,18世纪早期,英国启蒙运动便已拉开序幕,相比法国启蒙运动,它在时间上已具有天生的领先性。法国和英国的启蒙思想家们在18世纪来往密切,法国思想家对英国的倾慕之情更是溢于言表。法国启蒙运动的先驱伏尔泰曾为自己是个“崇英狂”而感到无比内疚,同时又引以为荣。他的《哲学通信》并不是在法国问世,而是在英国伦敦首版,他在英国居住期间,曾与乔治·贝克莱交流,并拜读了洛克、沙夫茨伯里的作品,还特别对伊萨克·牛顿表达敬意。孟德斯鸠则显得与英国人更为亲近。为了研究英国的政治制度,他专门前往英国旅居三年,其间他拜见辉格党领袖,参加下议院会议,成为皇家学会的一员,获得英国最高赞誉。卢梭因《爱弥儿》在法国遭到逮捕后,便避难到英国,接受休谟的帮助,并在这时期撰写了《忏悔录》。在《忏悔录》中,卢梭回忆自己年轻时在法国南部居住期间就曾读过英国的《闲谈者》和《观察者》杂志,认为这些杂志让他快乐并受益。狄德罗的第一部译作是沙夫茨伯里的《论功德与美德》,孔多塞为斯密的《道德情操论》和《国富论》法语版撰写摘要。正如格里姆所认为的,“如果没有英国人,法国的理性和哲学可能会停留在最粗鄙的幼稚状态”①。基于此,英国应当被视为启蒙的真正发源地。

---

① 〔美〕彼得·盖伊:《启蒙时代:现代异教精神的兴起》(上),刘北成译,上海世纪出版集团2015年版,第9页。

另一方面,众所周知,启蒙运动是现代性开启的界碑,自启蒙运动以降,欧陆国家陆续迈入现代性的新纪元。英国由于开启了自由贸易和重商主义的模式,使其迅速成长为世界上第一个现代国家,率先进入现代世界。由于"现代性"本身是一个不断发展的概念,它既与时代紧密相连,又跳出时间之外。在历史的更迭中,"现代性"不断完成一系列的范式转换,比如信仰转换、实践转换和社会转换,在这些范式的不断转换中,"现代性"体现了一种现代的精神气质,即通常所说的社会伦理。因而"现代性"无疑是从道德问题开启的。作为现代性开启的界碑——启蒙运动,通常被冠以"理性、自由、科学、进步"等系列之名,但不管这个列表多长,"理性"总是排在首位,道德哲学最引人注目的条目"德性"在此缺位。然而,英国启蒙运动表现出与其他欧洲大陆启蒙运动完全迥异的方式——不是关注理性,而是将视野投射进启蒙运动"每一个所明示或蕴含的社会伦理"①中。

2.理论背景:以道德感为基奠的英国启蒙运动

道德感是 18 世纪英国道德哲学的社会伦理基础。以道德感作为基奠的英国启蒙运动既没有"理性"的革命情怀,也没有实用主义的谨慎性情。因而它没能像法国那样发动一场文化战争,也没有废除英国国教和君主制度,而是将英国的现代性走向规制为温和的、改良的。这与英国国家中决定并影响那个时代性情的每一个思想家的观念和态度密切相关,正是他们的道德主张才决定了英国现代性与众不同的精神气质及其走向。

（1）沙夫茨伯里与道德感

沙夫茨伯里作为英国启蒙运动的先驱,是以"道德感"学派创始人身份为世人铭记的。他的《人、风俗、意见与时代之特征》自 1711 年首印以来,是整个 18 世纪英国再版次数最多的一部著作,其影响力风靡全欧洲,

---

① ［美］格特鲁德·希梅尔法布:《现代性之路:英法美启蒙运动之比较》,齐安儒译,复旦大学出版社 2011 年版,第 3 页。

堪与洛克的《政府论》相媲美。此书字里行间无不透露着沙夫茨伯里对道德感的尊崇。

道德判断是基于理性还是情感,这是启蒙时代人们最爱追问的话题。沙夫茨伯里认为:"一个生物或善或恶,适当地说,只能源自其自然的性情。"①如果一种行为不是因任何情感而驱动,那么这个行为既不能认为是善的,也不能认为是恶的。因此,人只有通过情感才能被确证为是善或是恶、自然或非自然。在区分哪些是善的和自然的情感,哪些是恶的和非自然的情感时,沙夫茨伯里引入了"物种之利"的概念,并成功地将德性与利益契合。沙夫茨伯里认为每一个人都有"私有之善"和"自身利益",它们自然地指向一个目标,利于达成这个目标的欲望或情感对他而言就是善的;反之则被视为恶的。这就是"物种之利"。此外,一个人使其自身成为善的同时,也对他人构成善,那么这种善,不仅使他成为一个对他人有用的人,同时对他自身而言也是一种善和利益。这样,德性与利益就有可能彼此契合了。正是因为有了"物种之利",当一个人趋向这种物种之利或共同本性的情感时,就被认为是自然的、合宜的。

沙夫茨伯里进一步将这种情感分为三类,即"指向公众利益的自然情感"和"指向个人利益的自利情感",还有一类是"非自然的情感"。第三种非自然的情感在沙夫茨伯里看来是"全然缺陷的"、"完全不正常的情感"②。前两种情感依据情感强度的不同来判定是为善或为恶。一般而言,"指向公众利益的自然情感"太弱或"指向个人利益的自利情感"太强,这两种情感都不能称之为善;而"指向公众利益的自然情感"太高或"指向个人利益的自利情感"太低,虽然通常被视作一种德行,但严格说来也是一种不完善,甚或是恶。显然,德行与节制有关。"哪怕是最自然

---

① [英]沙夫茨伯里:《人、风俗、意见与时代之特征——沙夫茨伯里选集》,李斯译,武汉大学出版社2010年版,第152页。
② [英]沙夫茨伯里:《人、风俗、意见与时代之特征——沙夫茨伯里选集》,李斯译,武汉大学出版社2010年版,第185页。

的一类仁慈与爱，假如没有节制而超越了一定的程度，它无疑也会是有缺陷的。"①正如溺爱是母爱过分的表达，柔弱是过分怜爱的结果，吝啬与怯懦则是对自存的过度关注。如何把握"自然情感"与"自利情感"之间的张力关系呢？沙夫茨伯里运用了"系统"的眼光加以审视。沙夫茨伯里在讨论道德感时，几乎都是将个人融入社会整体中进行考察，在判断一个人道德情感时，也没有脱离社会情感。在他看来，如果一种趋向自我利益的情感只有利于他的个别利益，但有悖于公共利益，那么这种情感就是有缺陷的情感。相反，如果这种趋向自我利益的情感，有助于增进公共利益，且让每个大众都能分享其利益，即使这种情感是非常自私的，它也不会被视为恶的。

　　总而言之，自然情感不仅要符合个人利益，同时还要增进公共利益，只有这样才能被视作是善的，否则便是恶的。因而，只有拥有指向公共利益的自然情感，才能获得快乐，如果缺乏这些情感，则是不幸的。因此，德行是这样一种品质：它不仅给每一个个体带来幸福与快乐，与此同时还能增进社会和整个人类的福祉。正如沙夫茨伯里的结语所言："德行是所有卓越与美好情感中最主要和最令人愉悦的，它是人类事务的支柱与装饰，它支撑人类社会的存在，维持彼此之间的团结、友情与来往，家庭与国家都借助德行而发达和幸福，而缺乏德行的话，任何美好、出色、伟大和有价值的东西都会消失并走向毁灭。"②就这样，沙夫茨伯里向世人证明作为人之本性的"道德"是一种社会伦理。

　　沙夫茨伯里有关道德与自然情感的关系论述奠定了整个 18 世纪英国启蒙运动期间哲学世界的道德话语基调。紧随其后的一批英国启蒙思想家无不受其影响。对沙夫茨伯里思想最直接的继承者便是弗兰西斯·哈奇森。

---

① 　[英]沙夫茨伯里：《人、风俗、意见与时代之特征——沙夫茨伯里选集》，李斯译，武汉大学出版社 2010 年版，第 153 页。

② 　[英]沙夫茨伯里：《人、风俗、意见与时代之特征——沙夫茨伯里选集》，李斯译，武汉大学出版社 2010 年版，第 234 页。

（2）哈奇森与仁爱

作为18世纪"英国经验主义伦理学之父"①的哈奇森十分赞同沙夫茨伯里有关道德与自然情感的哲学观点,并且进一步断言:道德判断的基础不是理性而是感觉,只有具有道德美的行为才能给人带来愉悦。在回答如何知晓事物之美的问题上,哈奇森指出,我们通过"内在感官"来感觉美,这里的"感官"指的是"确定我们的心灵独立于意志而接收思想,并感知快乐与痛苦"②。哈奇森强调,美感的真正来源正是这种"感官"③。在《论美与德性观念的根源》中,哈奇森通过审美将善与快乐连接起来。首先,外部事物通过外在感官在我们内心产生有关这一事物的基本观念;然后,内在感官与这些基本观念结合,形成关于这一事物美的观念,这种美的观念与我们从这一事物中所体会的快乐相连。当某种行为旨在为他人谋幸福,促进社会福祉时,则这种行为在人们的头脑中会形成美的观念,与这种美的观念相连的快乐之感便有了德行的色彩。在哈奇森看来,道德感与外在感官类似,它通过情感回应来指导行为。因此,道德判断的基础是感觉而不是理性。

英国教会史学家、乔治一世的牧师伯尼特之子吉尔伯特·伯尼特在1725年曾与哈奇森互致公开信讨论道德基础的话题。伯尼特否认道德感是进行道德判断的基础。他指出,虽然人们行为的目的是仁爱,道德感能使人产生发现真理后的愉悦。但是,当人们质疑"仁爱或道德感是否合理"时,就已经预设了道德判断来自理性。④ 在伯尼特看来,思辨理性让人们认识到多数人的幸福大于一个人的幸福,而实践理性则让人们在

---

① William T. Blackstone, "Objective Emotivism", *The Journal of Philosophy*, Vol. 58, 1958, p.1054.

② Francis Hutcheson, *An Essay on the Nature and Conduct of the Passions*, introduced and annotated by Andrew Wand, Manchester:Clinamen Press, 1999, p.4.

③ 参见 Francis Hutcheson, An Essay on the Nature and Conduct of the Passions, introduced and annotated by Andrew Wand, Manchester:Clinamen Press, 1999, p.4。

④ 参见 Alexander Broadie, *The Cambridge Companion to The Scottish Enlightenment*, Cambridge:Cambridge University Press, 2003, pp.140-141。

即使毫无仁爱之心的前提下也会选择多数人的幸福而舍弃一个人的幸福。对此,哈奇森予以回击道:"把行为终极目的的缘由弄清楚是毫无意义的",因此"仁爱的理由,或基础,是道德感,而道德感却无须进一步证明,这与味觉无须理由来辨别甜苦是一个道理"①。在《论激情与情感的本性与表现,以及对道德感官的阐明》一书中,哈奇森进一步坚持,理性虽然可以帮助我们修正道德感与外部感觉,但却不能因此断言,是理性才让我们能够感知到德性。如果理性对我们判断终极目的的价值无用时,就必须求助于道德感。

　　《论美与德性观念的根源》和《论激情与情感的本性与表现,以及对道德感官的阐明》以及在他去世后出版的《道德哲学体系》共同构成了哈奇森的道德体系。在哈奇森的道德哲学中,仁爱是德行的基础。因为仁爱是一种"本能",它"先于理性而始于利益",但又弱于自爱,它"驱使我们去发现自然之善和寻求他者的幸福"②。可以看出,哈奇森将仁爱视为道德行为的动机。但仁爱是否能够成为道德行为的动机呢?对此霍布斯等学者曾提出,仁爱似乎更像是另一种微妙的、精明的、自爱的疑问,对哈奇森而言,人们通常会不加思索地依据自身善来行动,这是毫无疑问的事实,所以仁爱与自爱并不矛盾。同哈奇森一样,巴特勒主教在谈到仁爱和自爱的关系时,也认为它们之间并不存在矛盾,两者分别构成公共情感和私人情感,都是人之本性。③ 休谟也涉及很多关于仁爱概念的问题探讨,同样认为仁爱是人类天性中不可或缺的品质,并将同情看作是它的同义词。④

---

① Alexander Broadie, *The Cambridge Companion to The Scottish Enlightenment*, Cambridge: Cambridge University Press, 2003, pp.140–141.

② Alexander Broadie, *The Cambridge Companion to The Scottish Enlightenment*, Cambridge: Cambridge University Press, 2003, p.137.

③ 参见 Alexander Broadie, *The Cambridge Companion to The Scottish Enlightenment*, Cambridge: Cambridge University Press, 2003, pp.132–133。

④ 参见 Alexander Broadie, *The Cambridge Companion to The Scottish Enlightenment*, Cambridge: Cambridge University Press, 2003, p.137。

哈奇森通常被认为是"第一个提出功利主义原则的人"①,但是与边沁和爱尔维修从效用的理性算计出发点不同,哈奇森从"道德感即仁爱"的角度推导出"最大多数人的最大幸福"原理,将满足社会需求视作人之本性,并且认为诸如勇气、节制、正义的道德品质要想获得道德感的认同,必须用以推动公共福祉。这种仁爱的道德感成为 18 世纪英国哲学的社会伦理基础。

(3)休谟、斯密与同情

在有关道德来源的问题上,休谟认同哈奇森的学说,他在《人性论》第三卷"道德学"中明确指出:"道德准则既然对行为和感情有一种影响,所以当然的结果就是,这些准则不能由理性得来。……道德准则刺激情感,产生或制止行为。理性在这一点上是完全无力的,因此道德规则并不是我们理性的结论。"②那么,一种行为是依据什么加以区别善恶的呢?休谟又一次和哈奇森站在同一阵营,他指出:在我们感觉某种行为在特定情形下令人愉快时,我们就能感到它是善的。要言之,"发生德的感觉只是由于思维一个品格感觉一种特殊的快乐"③。但是在确定道德判断的基础是感觉后,休谟便与哈奇森分道扬镳了。

哈奇森将仁爱作为所有德行的基础,认为道德感即仁爱。哈奇森的仁爱是一种自然情感,它是道德行为的核心。当这种仁爱的道德感被激发且不被个人私利扭曲时,个人行为与道德判断将会有助于推进社会福祉和人类共同利益。而正义恰恰是推动这种仁爱道德感的重要力量,因而正义也是人类的一种自然德行。这种观点遭到来自休谟的严峻挑战。

休谟认为任何德行都具有"效用",意即对他人和社会有用的品质,并将这种"效用"品质区分为"社会性的自然情感"与"社会性的人为设计"。"社会性的自然情感"统称为仁爱,仁爱依照人与人之间的亲近关

① James N.Loughran, "Francis Hutcheson.Benevolence as Moral Motivation", *History of Philosophy Quarterly*, Vol.3, No.3, 1986, p.298.

② [英]休谟:《人性论》,关文运译,商务印书馆 2009 年版,第 493 页。

③ [英]休谟:《人性论》,关文运译,商务印书馆 2009 年版,第 507 页。

系不同区分为特定的仁爱和一般的仁爱。特定的仁爱是以血缘为纽带的亲情,一般的仁爱则是对与己无关的其他人的慈悲心。仁爱这种社会性的德行因其促进人类利益和造福人类社会的趋向而更加凸显其价值。"社会性的人为设计"则包括正义、忠诚、贞洁等。作为人为设计的正义德性,一部分归因于资源的稀缺和易于传递性,一部分则源自心灵的倾向,即我们的仁爱只对亲近的人表现,对与己无关的人则表现出自私的倾向。因此,正义旨在调整人与人之间的所有权关系,维持人与社会之间的和谐秩序。在有关仁爱与正义的关系问题上,休谟认为仁爱是人类幸福和繁荣的起源,通过每一个人的努力促进人类共同的福祉;而正义是人类幸福的基础,通过人与人之间的相互协作和联合才得以促进。然而,社会性的德行无论是自然情感还是人为设计,都是借助"同情"得以确立的。

同情,作为一种自然情感,在休谟看来其本质是"一种与他人的同胞感",它类似于文学作品中通常所说的移情现象,即"乐他人之乐,而忧他人之忧"。但休谟同时也指出,同情虽然出于人们对事物一种"身临其境"的共感想象,但是这种共感想象会因人们的亲疏远近而产生强弱不一的同情。因而,我们对自身的关怀要强于对他人的同情,对亲近的人的同情要强于对远离的人的同情。譬如,面对同样的空难、沉船和地震事件,人们对罹难的人群都会表现出同情,但如果不幸人员的名单中出现自己的同胞,甚或是亲人时,人们所表现的同情也会有不同程度的激情区分。因此,休谟强调"我们在对于人们性格的平静的判断和讨论中必须忽略所有这些差异,使我们的情感变成更公共和更社会的"[1]。情感如何才能更公共和更社会? 这其实就是强调在感性的情感世界中,还需要理性的引导,只有站在感性和理性相融合的中立立场上,情感才有可能更公共和更社会。对此,亚当·斯密提出做一名"公正的旁观者"[2]。

亚当·斯密认为人们出于"人道"的本性,会"乐他人之乐,而忧他人

---

① ［英］休谟:《道德原则研究》,曾晓平译,商务印书馆 2009 年版,第 80 页。
② ［英］亚当·斯密:《道德情操论》,蒋自强等译,商务印书馆 1997 年版,第 21 页。

之忧",旁观者会设身处地地想象自己处于对方的情境感受,并将产生同情的处境完善地描述出来。他接受老师哈奇森的观点,同意休谟将同情视作一种天然的感情,并认为这种情感是每个人与生俱来的。不同于休谟广而言之的同情,斯密的"旁观者的同情"更多了理性的色彩。它不仅仅只是设身处地地使自己身临其境,还会"用健全理智和判断力去思考,自己会是什么感觉"。这种同情"与其说是因为看到对方的激情而产生的,不如说是因为看到激发这种激情的境况而产生的"①。因此,斯密的"公正的旁观者"的同情比休谟的同情更加理性,它不是一味地深陷对方的境遇不可自拔,而是在适当的感同身受后,跳出对方的境遇,站在旁观者的角度,采取中立的态度去理性评判这种情感是否合宜。对情感的合宜判断正是斯密与休谟对待"同情"的区别所在,也是斯密对休谟"同情"思想的超越。于是,"同情"、"公正的旁观者"、"合宜"成为斯密道德哲学的基石。

3.社会背景:道德改造下英国启蒙运动的现代性特征

英国启蒙思想家们的"仁爱"与"同情"的道德感,有别于"理性"的激进,因而在英国的现代性转型中更多偏向的是道德改造,而不是革命颠覆。这就决定了英国的现代性走向具备一些独特的、专属的特征。

(1)充满"公共感"的"仁爱时代"。"道德感"、"仁爱"、"同情"这些词汇经由沙夫茨伯里、哈奇森、休谟和斯密的传播,逐渐成为英国启蒙运动的道德主题。这些启蒙思想家们都将道德情感视作天然的,并且认为个人德性的旨归在于促进社会福祉和人类共同利益。这种带有"公共感"的社会精神特质在18世纪的英国主要表现在慈善事业和改革运动中,于是,18世纪的英国被福音派作家汉娜·莫尔描述为"仁爱的时代"。

据记载,这个世纪中,大约建立了一百多个民事社团和协会,它们的目的都是为了帮助那些不幸的人、被抛弃和被忽视的人。这些慈善事业被一一载入了1739年出版的《伦敦史》中。对穷人的教育是英国启蒙运

---

① [英]亚当·斯密:《道德情操论》,蒋自强等译,商务印书馆1997年版,第9页。

动的重要文化构成。1699 年,基督徒知识促进会发起慈善学校运动。30
年内,有 1400 所慈善学校共招收了 22000 名学生。这些学校被爱迪生和
斯蒂尔称作"时代的光荣",是"时代所产生的公共精神的伟大实例"①。
它也可视作是沙夫茨伯里及其追随者潜在影响的延伸。虽然曼德维尔批
评这些学校"对穷人有害",因为让穷人去上学、不工作,实际上是鼓励懒
散,而懒散将增长恶行。对此,亚当·斯密批驳曼德维尔的观点才是"彻
头彻尾的有害"。弗里德里克·默顿·艾登爵士在《穷人的状况》中赞成
亚当·斯密对穷人施加教育的观点,他提出:接受教育对社会各个阶层的
人而言都是有利无害的,通过教育,穷人的孩子同样能成为国家栋梁。②
无论如何,教育穷人,不仅是为了让他们获得知识和谋生的技能,更重要
的是培育他们的公共精神,做一个对社会有用的人。这无疑是英国启蒙
思想家们所倡导的"公共感"的真实体现。

　　(2)盛行感伤主义的文化潮流。在文化艺术领域,沙夫茨伯里、哈奇
森、休谟或斯密的道德哲学由于充满情感和感性,因而使他们的哲学容易
蒙上浪漫主义的色彩。这种浪漫主义的感性造就了感伤主义小说的鼎盛
时期,"同情"思想主导了感伤主义的潮流。伯克认为"社会情感激发的
同情感觉,也适用于艺术",因为"正是主要按照这种原则,诗歌、绘画和
其他感人的艺术才从一个人的心灵渗透到另一个人的心灵,它们也经常
能够给悲惨、不幸和死亡带来一种快乐。"因此,我们首先应该理解"我们
如何被我们处于真实苦难境况中的同类生灵的感情打动"③,才能真正理
解文学上的悲剧。理查德森的《帕梅拉》即是一部典型的感伤主义的道
德说教小说。它通过书信体的形式讲述了一位身处社会下层的年轻女子
是如何反抗当时英国社会流行的只有上层女孩才有贞洁的偏见,并以自

---

① [美]格特鲁德·希梅尔法布:《现代性之路:英法美启蒙运动之比较》,齐安儒译,复旦
　　大学出版社 2011 年版,第 81 页。
② 参见[美]格特鲁德·希梅尔法布:《现代性之路:英法美启蒙运动之比较》,齐安儒译,
　　复旦大学出版社 2011 年版,第 80—83 页。
③ [美]格特鲁德·希梅尔法布:《现代性之路:英法美启蒙运动之比较》,齐安儒译,复旦
　　大学出版社 2011 年版,第 79 页。

己的行动对这一社会道德准则予以反抗,表达了作者对当时英国社会价值观的颠覆以及对阶级、权威的挑战。18世纪的英国人正是通过阅读感伤主义的小说产生同情的共鸣,从而激发追求德性之心。

(3)心怀自由宽容的社会风尚。英国在对待宗教自由方面的宽容,更加凸显了道德改造的深入人心。与法国要求废除教会、拒绝宗教的启蒙运动不同,英国没有"需要消灭的丑类","没有必要去推翻宗教本身,因为这里没有教皇,没有宗教裁判所,没有耶稣会会士,没有专断的教士"。① 英国启蒙思想家与宗教本身没有矛盾冲突,他们反对的只是愚昧与迷信的宗教和反社会的宗教,而对宗教派别却抱有极大的宽容。沙夫茨伯里和弗卢姆就曾对当时最狂热的美以美教派表示容忍。在支持宗教派别多样化的呼声中,亚当·斯密的声音最引人关注。在1776年出版的《国富论》的结尾处,斯密引用休谟的《英格兰史》中的论点,为国家应为非国教派发牧师薪水的主张进行辩解。他认为通过给非国教派牧师发固定薪水,可以使他们懒散而不作为,从而削弱他们去扩大自己教派的动力和热情。同时他对休谟的主张也进行了补充,他认为,社会中如果存在多个教派,就不会有哪一个派别会强大到威胁公共秩序,每一个教派都会在衡量相互利益后作出妥协。② 这很容易让人想起伏尔泰在半个世纪前曾提出的主张:"如果在英格兰,只允许有一种宗教,那么政府很可能会变得专断;如果只有两种宗教,人们会互相割断对方的喉咙。但正因为有如此多的宗教派别,他们都活得幸福而平静。"③这就是托克维尔笔下18世纪的英国:"在英国,我还欣赏我很久以来一直都失去的东西——宗教与政治世界的结合,公共德性与私人德性的结合,基督教与自由的结合。"④

---

① [美]格特鲁德·希梅尔法布:《现代性之路:英法美启蒙运动之比较》,齐安儒译,复旦大学出版社2011年版,第19页。

② 参见[美]格特鲁德·希梅尔法布:《现代性之路:英法美启蒙运动之比较》,齐安儒译,复旦大学出版社2011年版,第13—15页。

③ [法]伏尔泰:《哲学通信》,高达观等译,上海世纪出版集团2005年版,第27—28页。

④ [美]格特鲁德·希梅尔法布:《现代性之路:英法美启蒙运动之比较》,齐安儒译,复旦大学出版社2011年版,第20页。

英国不仅在宗教方面表现出极大的自由和宽容,而且在社会各个领域都渗透着这种自由、宽容的态度。在法国、德意志的启蒙思想家遭受本国制度的排斥和驱遣之时,18世纪初的英国就有了出版自由和言论自由。在英国,1695年便废止了《审查法》,每个人都能自由地发表他对社会公共事务的看法。政治上,英国的光荣革命和平地解决了专制问题,建立了君主立宪的国家,确立了平等的人权观念和君权限制,成为当时世界上最自由的国家,被欧陆国家的知识分子所仰慕。埃利·哈勒韦惊呼这是"英国的奇迹"。经济上,英国鼓励自由贸易和商业冒险,使英国经济呈现繁荣昌盛的景象,也使英国成为第一个走进现代化的国家,开启了现代性的序幕。

综上所述,从沙夫茨伯里到哈奇森,"道德感源于自然情感"的观点渐趋明朗,道德感的衡量天平始终偏向情感,理性在他们的哲学中始终被谨慎对待。从休谟到斯密,理性不再被拒绝,情感的世界渐渐让渡给理性一席之地,但始终没有被理性所超越。因而,在英国的道德哲学话语中,理性的声音从来就不高亢。正是这种微弱的理性之音,使英国的启蒙运动不似法国理性所张扬的权威,挑战所有制度,具有天生的颠覆性。它尊重过去,关注现在,企盼未来。英国的启蒙思想家们以"道德感"、"仁爱"和"同情"为核心开启了英国的"仁爱时代",这是一个比"理性时代""更实用、更有抱负的时代"①。他们视社会德性为和谐社会的基础,他们引领着英国以温和的态势走进了现代性的新纪元。罗伊·波特认为是英国启蒙运动创造了现代性的基本思想,赞扬英国启蒙运动为"现代世界的创造"。

英国启蒙运动的道德观在法国启蒙运动的理性遮蔽下一度被人们所忽视。然而,埃德蒙·伯克在1790年就曾诟病法国启蒙思想家们过于追求理性,将自由抽象化,从而消弥了个体的道德意识和价值判断。如果仅

---

① ［美］格特鲁德·希梅尔法布:《现代性之路:英法美启蒙运动之比较》,齐安儒译,复旦大学出版社2011年版,第85页。

仅是用理性乌托邦替换宗教乌托邦,启蒙运动无疑是失败的。反观英国启蒙运动,它对道德的关注,使其更加贴合世俗世界,它不是构建道德乌托邦,而是实实在在地关切人们的内心世界,让人们遵从自己内心的声音作出道德的行为。麦金太尔对启蒙运动的诟病和当年的伯克一样,他是站在英国道德启蒙的立场来批判法国的启蒙理性,他所认为的现代性失败根源具体而言应该是法国的启蒙运动,而不是英国的启蒙运动。同样地,他也主张用德性而不是用理性来拯救现代性危机。

二、麦金太尔的现代性解读

在探究了作为现代性的理解视域之启蒙运动的背景后,本书尝试站在麦金太尔的角度对现代性进行解读。

1. 断裂的现代性

谈论现代性的概念,总是与"现代"密不可分。据考证,"现代"一词最早由基拉西厄斯(Gelasius)教皇一世用于区分先前教皇时代,用"现代"指称"当代",在当时并无比较现在与过去的优劣之意。在此,"现在与最近的过去属于一个连续体"①。当哥特人征服罗马帝国,建立新帝国,"现代"便代表了"一种根本性的分界,这种分界使得先前的经典文化有别于现代文化,而后者的历史任务在于对先前的文化进行再造"②。对于那个时期的知识人士而言,古人的文化是令人渴慕的,甚至有人因为无法超越古人而感到深深的忧郁。但这种情形从文艺复兴开始,便有了不同。现在如何理解"现代"术语呢?德里达曾经说过:"当我们要谈论时间时,总是太迟了。"③这意味着如果从时间模式谈论现代性,我们总会归于失败。

---

① 王逢振主编:《詹姆逊文集:现代性、后现代性和全球化》第4卷,中国人民大学出版社2004年版,第13页。

② 王逢振主编:《詹姆逊文集:现代性、后现代性和全球化》第4卷,中国人民大学出版社2004年版,第13页。

③ 王逢振主编:《詹姆逊文集:现代性、后现代性和全球化》第4卷,中国人民大学出版社2004年版,第13页。

麦金太尔认为现代性作为一种历史分期,这是毋庸置疑的。但是这种历史分期却呈现一种断裂的趋向,"它标志了一种新的和根本性的不同的开始,并呈现了对人类生活的崭新的各种选择"。① 但是"新的就是现代"的吗? 或者换言之,现代的就必然是新的吗? 在"新"的情形下,是不是就意味着"现在就是进步"呢? 5世纪的知识人士认为现代文化只不过是对古人文化的再造,古人文化经典是无法逾越的。20世纪西方传奇政治哲学家列奥·施特劳斯认为当代西方各学术流派无不认为"现代必然胜过古代","未来必然胜过现在",而这种观点是无法认识到现代性危机的。同样,麦金太尔也认为"现在未必就是进步"。正如斯威夫特所言:现代世界是小人国,而古典世界是巨人国。但也绝不能由此断言麦金太尔是具有怀旧主义的前现代思想家代表。毕竟在《追寻美德》一书中,麦金太尔曾清楚明白地对女权主义、少数族群权利诉求等这些带有明显"现代"印迹的社会活动表示支持和理解。而且也找不到些微线索指向麦金太尔有倒退历史,回到前现代社会的倾向。麦金太尔所认为的"现在未必就是进步",只不过是提醒人们,什么才是现代观念真正所需的,而不是号召人们要回到过去。因此,对于麦金太尔而言,现代性给人类及社会发展带来了各种可能性,现代性所代表的这种历史的断裂,可以被理解成某种错误。

现代性的断裂不仅将历史在时间概念上进行了分割,更为关键的是在历史承继上导致了传统的断代。在麦金太尔的语境中,传统谓指不断被重新建构的叙事。由于传统在历史承继上出现了断裂,现代社会便充斥着各种各样的传统。传统的多元,直接导致人们无法定义自身,无法在历史情境中找到自我的根源。这种自我认同的丢失,使得人们在面对纷繁的价值观时,无法在多元传统中找到自我确信的道德准则以指导自身行为。此时,传统的合理性便需要得到证明,即证明自身传统确实优越于

---

① ［美］马克·C.墨菲编:《阿拉斯戴尔·麦金太尔》,胡传顺、郭沙译,复旦大学出版社2013年版,第205页。

其他传统。这也是麦金太尔对现代性批判所贯之的一个核心线索,即对传统的追寻与复兴。

2. 否定的现代性

在《谁之正义? 何种合理性?》一书中,麦金太尔讨论了有关不同理论之间的不可通约性特征,并且将造成这种不可通约性问题的多元主义视为现代世界的构成要素。麦金太尔认为要克服现代性危机,首先就要解决多元主义难题,这样就使得现代性具有了"否定"的特征。这种"否定"的现代性在黑格尔那里可以表达为"现代的自我意识形式","即一种现代怀疑,认为被我们当作稳固的永恒的事物也许只是一种对偶然的甚至任意的观点的假定,或者只是某种对隐藏的力量或利益的表达"。[①] 这种现代怀疑表达了对现代自身的不满,对现代自身的不断否定与不断削弱。同时,也揭示了现代社会的一种根本的紧张关系,即黑格尔所描述的主观与客观不断冲突与和解的永恒产物。

罗伯特·皮平将黑格尔所强调的"绝对的知识"概括为"无尽的现代性",这也恰恰是对现代生活基本的、不可消除的紧张关系的描述。这种"绝对的知识",代表了某种极端,表达了一种被历史性限定的自我决定。然而,这种自我决定不具有自发性,它受到特殊的历史情境的制约。现代纯粹的个人主义便是深深植根于这种自我决定的历史境遇之中。麦金太尔认为,对现代性的批判必然牵涉其基础,即现代自由主义的个人主义。这种绝对的自我决定是现代个人主义失败的根源,因此,麦金太尔在《依赖性的理性动物:人类为什么需要德性》一书中强调了相互依赖的重要性,这是与绝对的独立性相对的。他强调只有通过相互依赖性,才有可能从根本上成为真正的独立的理性实践者。

麦金太尔将"现代的自我意识"视为现代性的"否定"特征,并用"依赖性"完成了对现代个人主义的批判。由此观之,尽管麦金太尔不断呼

---

① [美]马克·C.墨菲编:《阿拉斯戴尔·麦金太尔》,胡传顺、郭沙译,复旦大学出版社 2013年版,第221页。

唤回到亚里士多德,但是并不代表他完全拒斥现代社会。麦金太尔对现代性的理解乃至批判都是立足于现代性自身之内的。

3. 冲突的现代性

自休谟以来,"事实"与"价值"的对立一直困扰着哲学家们。"应该"的道德判断被认为是祸害西方思想的根源。

麦金太尔在《追寻美德》中,详细描述了荷马时期"应该"式的道德判断。在荷马史诗中的社会,"社会的基本价值是既存的、先定的,一个人在社会中的位置以及随其地位而来的特权与义务也是既存的、先定的"。① M.I.芬莱关于荷马史诗中的这段社会描述表明,每一个个体在其社会中,都有一个既定的角色与地位。通过认识这些角色,明确自己是谁;通过这种认识,了解自己的义务与责任。换言之,每一个人都清晰地知道自己应该做什么,因为他的社会角色与地位已经规定了他的行为。事实上,麦金太尔也认为,一个人的责任是由社会结构所赋予的,它包括亲属结构和家庭结构。正是这些社会结构创造了各种角色,提供了必要的道德词汇,赋予责任以具体内容。这意味着,人们对于如何履行义务,如何付出责任,以及什么行为不被允许,都有一个清楚明晰的认识。正如赫尔曼·弗兰克尔对荷马史诗中的人物描述:"一个人和他的行为是同一的,并且他使自己完全充分地表现在行为中;他毫无城府。……在史诗有关人物言行的记载中,人所具有的一切(或人所是的一切)都得到了表达,因为他们无非就是自己的言行与经历。"②因此,在英雄社会里,一个人的行为就是这个人本身。判断一个人的行为是否符合道德,只需看他在特定境遇中所表现的行为。由此,麦金太尔认为,英雄社会中的道德与社会结构是一回事,"评价的问题就是社会事实的问题"③。

---

① [美]阿拉斯戴尔·麦金太尔:《追寻美德》,宋继杰译,译林出版社 2008 年版,第136 页。

② [美]阿拉斯戴尔·麦金太尔:《追寻美德》,宋继杰译,译林出版社 2008 年版,第137 页。

③ [美]阿拉斯戴尔·麦金太尔:《追寻美德》,宋继杰译,译林出版社 2008 年版,第138 页。

18 世纪的休谟打破了英雄社会中"应该"的道德判断模式。他指出，"在我所遇到的每一个道德学体系中，作者们都从有关上帝或人性的陈述向道德判断跳跃，不再是命题中通常的'是'与'不是'的连接，相反，没有一个命题不是由一个'应该'或一个'不应该'联系起来的"。① 据此，休谟提出了这个著名的"休谟之问"：如何能从"是"推导出"应该"？即从事实如何推导出道德结论？然而，到了康德那里，这不再是以一个问题的姿态出现，而是成为一种申言，即"道德律的各种命令不能从任何有关人类幸福或上帝意志的陈述中推出"。② 这一主张被克尔凯郭尔运用于对伦理生活的解释之中。后来的哲学家们则走得越来越远，以至于他们将"事实"与"价值"截然分离开来，将"事实无法推出道德结论"的论点演变为一个"逻辑的真理"③。麦金太尔认为，"事实"与"价值"之间产生的鸿沟，在设计之初便被设定成对立的，而且也是无法消除的。"这不是一种普遍的逻辑现象，而是我们时代的一种历史独特性。"④

这种历史独特性的背后，呈现的是现代性的冲突特质。由于"事实"与"价值"被分离，道德实践行为被认为带有情感主义的特征，以至于各种派别之间引发相互的诘难，它们在无法证明自身立场正确性的同时，也深知自身立场无法被决定性地驳倒。这种矛盾冲突在贾·加西亚看来，是"绝望"与"自以为是"的表现⑤。与此同时，情感主义的核心观点被明确提出："任何宣称客观的、非个人的道德标准存在的主张都没有也不可能有任何有效的辩护。"⑥这种论调直接引发了现代社会各种互相冲突的论辩。相对主义应运而生，且不断漫延。其实，麦金太尔对这种相对主义

---

① ［美］阿拉斯戴尔·麦金太尔:《追寻美德》,宋继杰译,译林出版社 2008 年版,第 64 页。
② ［美］阿拉斯戴尔·麦金太尔:《追寻美德》,宋继杰译,译林出版社 2008 年版,第 64 页。
③ ［美］阿拉斯戴尔·麦金太尔:《追寻美德》,宋继杰译,译林出版社 2008 年版,第 64 页。
④ ［美］马克·C.墨菲编:《阿拉斯戴尔·麦金太尔》,胡传顺、郭沙译,复旦大学出版社 2013 年版,第 115 页。
⑤ ［美］马克·C.墨菲编:《阿拉斯戴尔·麦金太尔》,胡传顺、郭沙译,复旦大学出版社 2013 年版,第 115 页。
⑥ ［美］阿拉斯戴尔·麦金太尔:《追寻美德》,宋继杰译,译林出版社 2008 年版,第 21 页。

倾向早有察觉。他发现,虽然荷马时代的道德判断依据的是个人的行为,且个人行为依据的是社会所规定的角色与责任,但是,一个个体可能会占有多种角色。比如,阿伽门农,作为希腊迈锡尼国王,作为墨涅拉俄斯的兄弟,他应该去帮助墨涅拉俄斯夺回海伦。但是,作为克吕泰涅斯特拉的丈夫,作为伊菲格涅亚的父亲,他应该去保护这个家庭,保护他的女儿。显然,这两种社会责任产生了冲突。如何判断阿伽门农的行为是否"应该",是否符合道德?贾·加西亚认为,"在荷马时代的道德性中……没有什么是阿伽门农应该做的,没有什么美德应该是他的,这是社会所创造与规定的,并且,这就实现了其目的。这就是麦金太尔把我们的大多数规范性话语,特别是在道德性上的践行当作情感主义的主要原因"。[①] 因此,情感主义的盛行,必然使道德哲学陷入相对主义。各理论学派传统之间的这种不可公度性,使其各自的合理性无法得到证明。投射到现实社会,则表现为到处充斥着相互矛盾、相互冲突的价值判断标准,导致人们无法为自身行为的合理性作出明证。人们只能依靠自身的偏好,主观地作出道德判断。现代性的冲突展露无遗。

综上所述,麦金太尔认为现代性的特征表现为断裂、否定与冲突。这三种现代性的特质,引射的是现代社会中传统断裂、自我疏离、相对主义盛行的现代性危机。麦金太尔对现代性的这种解读,直接为现代性划定了问题域。本书也将在此问题域中展开讨论。

第三节　麦金太尔的现代性批判

目前,学界对麦金太尔的理解,大多来自于《追寻美德》及后续著作《谁之正义? 何种合理性?》与《三种对立的道德探究观》。其中,《追寻美

---

① ［美］马克·C.墨菲编:《阿拉斯戴尔·麦金太尔》,胡传顺、郭沙译,复旦大学出版社2013 年版,第 114 页。

德》被视作麦金太尔开启对现代自由主义批判的开山之作,也是奠基之作。这种认识的前提,忽略了麦金太尔的早期著作及其对马克思主义的研究成果。实际上,麦金太尔对现代性批判的意图在其第一部著作中便已经开始得到酝酿。本书将首先追溯麦金太尔现代性批判的起源。简而概之,本书将详细阐述自 20 世纪 50 年代以降至 80 年代期间①,麦金太尔与马克思主义之间的基本关系及其思想立场的变迁。通过他的立场转换,试图梳理出有关现代性批判思想的起源及其最初模型。以此为基础,本书将继续探讨何为麦金太尔特有的现代性批判。

一、麦金太尔现代性批判的起源

麦金太尔于 1952 年完成了他的第一部哲学著作《马克思主义:一种阐释》②。在该书中,麦金太尔站在神学本质的立场,用神学的语言特征,描述有关神学的各种问题。他在书中指出,西方思想普遍认为,人类生活划分为神圣和世俗两大部分。这种划分标志着基督教的起源,同时也见证了一种宗教文化的衰亡。③ 对麦金太尔而言,将人类生活的统一整体分离为神圣和世俗,也就是将宗教变成人类生活一个额外的部分。于是,宗教仪式本身成为一种神圣的目的,而世界不再被视作是神圣的。如果将神圣与世俗分离,也就说明宗教与政治无关,进而承认政治是上帝统治之外的领域。换言之,上帝并非主宰一切,其行使权力的范围具有局限性。麦金太尔认为,这种将神圣与世俗相分离的认识,已经发生在"资产

---

① 据麦金太尔自我介绍,他的学术生涯分为三个阶段,其中 20 世纪 50 年代至 70 年代是他的早期思想阶段,70 年代至 80 年代末是他的思想摸索时期,也是思想转型期;90 年代以后他的思想逐渐成熟,渐成体系。本部分主要探讨他的前期思想如何转换,故将研究范围圈定于 50 年代至 80 年代期间。

② 1952 年 10 月,麦金太尔完成《马克思主义:一种阐释》的写作,1953 年付诸出版。1968 年再版时,将书名更改为《马克思主义与基督教》,该书名更加贴切地表明了麦金太尔此书的主旨,即通过探究马克思主义与基督教之间的关系,表明麦金太尔在当时的思想立场,这也是麦金太尔对马克思主义最原初的立场。

③ Alasdair MacIntyre,*Marxism:An Interpretation*,London:SCM Press,1953,pp.9-10.

阶级"的宗教中。①

在此，我们可以明显感到，麦金太尔有关人们日常生活分离的焦虑，将引发麦金太尔后期伟大的道德计划。同时，麦金太尔将此断定为一种现代的资产阶级现象。这是麦金太尔非常早期的一种见解，也是日后麦金太尔将要广泛探讨的主题。可以说，有关神圣与世俗分离的焦虑，是麦金太尔对西方现代资本主义社会的批判雏形，而这种对西方社会现代性批判的最初意识带有强烈的宗教和神学色彩。正是这样一种独特的神学风格，成为理解麦金太尔与马克思主义最初关系的基本条件。

1.马克思主义与基督教的张力

麦金太尔为什么会选择研究马克思主义来开启他的学术生涯呢？原因在于，当时的麦金太尔认为，现代世界，如果说还存在对基督教有竞争力的世界观的话，那就是马克思主义和实证主义。马克思主义对麦金太尔而言，显然更为重要。因为，马克思主义相比实证主义，它对宗教的性质及功能，具有更为明确和积极的阐释。但是，与此同时，麦金太尔也指出马克思主义的矛盾之处。一方面，"马克思主义设想的人的全部生活，明确地拒绝承认世界是神赐的特征"②，由此可见，马克思主义是无神论的拥护者；另一方面，马克思主义理论以及马克思主义无神论者却有着宗教来源。对此矛盾，麦金太尔的回答是，这种矛盾体现了基督教传统中教会与国家、神圣与世俗之间存在的持续不断的张力。③ 皮特·麦克迈耶尔认为，马克思主义无神论的出现，可能是对基督教的一种潜在的保护。因为，它"有效地防止教会屈服于上帝或其他特定社会的偶像"④。麦金太尔是如何看待马克思主义与基督教之间存在的这种张力呢？

---

① Alasdair MacIntyre, *Marxism：An Interpretation*, London：SCM Press, 1953, pp.9-10.

② Alasdair MacIntyre, *Marxism：An Interpretation*, London：SCM Press, 1953, p.10.

③ Alasdair MacIntyre, *Marxism：An Interpretation*, London：SCM Press, 1953, p.10.

④ Peter McMylor, *Alasdair MacIntyre：Critic of Modernity*, New York：Routledge, 1994, p.5.

在此,麦金太尔对马克思主义进行了辩证的分析。一方面,麦金太尔认为,马克思主义在对宗教进行阐释的时候,试图寻求一种社会化的理解,意即对宗教进行功能性的阐释。但是,它又和18世纪理性主义一样,错误地将"宗教看作是纯粹的简单的神话"①;另一方面,麦金太尔又认为,由于马克思主义看到了科学以及强调科学方法的重要性,这一点使马克思主义超越了基督教。同时,马克思主义区别于基督教的独特之处在于,它不仅用科学解释世界,而且还积极倡导应用科学技术,用科学技术操纵物质世界。对麦金太尔而言,从第一版《马克思主义:一种阐释》到第二版《马克思主义与基督教》,这十五年间,将马克思主义作为主体思想的理解,并没有任何改变。然而,值得注意的是,在第二版中,麦金太尔的神学立场被移除,取而代之的是一种社会学的分析形式。麦金太尔似乎从马克思主义与基督教的张力中挣脱,逐渐转向了马克思主义。但是,这一转向仍然与基督教有着不容忽视的关联。

麦金太尔声称,"拒绝将外在的宗教与内心正义的身份认同,视为宗教信徒自以为是的根源。……因为耶稣已死,不再将教会视作救赎世界的共同体,而将其视为一个被救赎的共同体"②。这一主张表明,此时的麦金太尔已经对基督教产生质疑。从救赎到被救赎的身份转换,表明基督教不再高高在上,而是面向世俗,甚至同世俗世界一样成为被救赎的对象。这也意味着,麦金太尔开始转向马克思主义。然而,促使这一转向的原因,却又离不开基督教的影响。正如皮特·麦克迈耶尔所言,促使麦金太尔转向马克思主义的是"基督教承诺在穷人中实践,并遇见神"③。在麦金太尔看来,尽管马克思主义有着宗教根源,比如,麦金太尔将马克思主义视为福音的世俗化形式,并将内含于基督教教义中的五条社会政治原则从福音书中提取出来与马克思主义作对比,发现马克思主义与福音

---

① Peter McMylor, *Alasdair MacIntyre:Critic of Modernity*, New York:Routledge,1994,p.6.

② Peter McMylor, *Alasdair MacIntyre:Critic of Modernity*, New York:Routledge,1994,p.8.

③ Peter McMylor, *Alasdair MacIntyre:Critic of Modernity*, New York:Routledge,1994,p.8.

的立场和要求非常接近①。又如,马克思主义关于美好生活的愿景是受基督教的和平与和解的美好生活启发而来。但是,马克思主义相比基督教,更加关注的是世俗世界。

马克思主义向世俗世界的跳跃,离不开黑格尔。然而,在麦金太尔看来,黑格尔的重要性在于他对历史的强调,但其最终仍然根源于神学上的概念。比如黑格尔著名的"自我疏离"概念,它指人类辜负了自己创造的道德法则,在人类社会中表现为以自我为中心的利己主义。在麦金太尔看来,这是有关人类堕落的基督教阐释。马克思对黑格尔"自我疏离"的阐释,直接转化为有关异化与疏离的观点。尽管马克思试图取代黑格尔的哲学,但是,"即使在他关于如何超越黑格尔的问题构想中,马克思依然是个黑格尔主义者。因为,当他将黑格尔主义哲学视作思想的最后体系,并与其对立面相对照时……他便开创了黑格尔自己的辩证法新阶段"②。如果说黑格尔的思想带有神学色彩,那么,在麦金太尔看来,马克思比黑格尔更忠实于福音书的精神。他认为,马克思"在具体性和他将无产阶级、穷人、有关真善和伪善的寓言中'最少的那些人',视为承担救赎的标志。这些远比黑格尔更加合乎圣经。在福音书中,财富标志疏离;占有财富的人被财富所主宰。……马克思所做的便是,将耶稣对所有贫富对立的审判转换成他那个时代的对资本主义社会的即时审判"。③

马克思在现代性图景下,对现代资本主义社会的批判,主要表现为对

---

① 这五条社会政治原则从马太福音第 25 章第 31—35 页,从耶稣的最后审判中提取而来,这些原则是:第一,"在他面前,要把所有的国家都聚集起来"。不仅是个人,而且整个社会都要被救赎;第二,世界上有真正的邪恶力量,因为缺乏怜悯或同情,产生真正的痛苦和苦难;第三,由上帝去评判,而不是人在此去区分真善与伪善;第四,"我在牢狱中,你们来到我身边"。人类的任务是在实践中表达宽容;第五,在这个世界上,我们遇到神,他们以那些需要帮助的人的形式出现,我们永远无法知道我们何时会面对。在此,麦金太尔将马克思主义的相关主张与基督教相连,同时认为,在有关第三条和第四条原则中,马克思主义对基督教提出了最强烈的挑战。

② Karl Popper, *The Open Society and its Enemies*, (*Vol.* 2), London: Routledge&Kegan Paul, 1966, p.39.

③ Peter McMylor, *Alasdair MacIntyre: Critic of Modernity*, New York: Routledge, 1994, p.13.

资本的批判。简而言之,马克思认为劳动是私有财产的根源。由于人们的需求,只有通过出卖劳动才能得到满足。因此,作为劳动报酬的金钱,不仅成为人类生存的手段,而且成为自身的目的。结果,"金钱,人类疏离的抽象形式,统治了社会"①。在麦金太尔看来,这一观点和福音书对财富的理解趋于一致。但是,值得注意的是,福音书中提到的"占有财富的人被财富所主宰",它并不是对资本主义社会私有财产的指控,而是对所有人的劝诫。福音书教人不要在意财富,不要刻意追求财富,人心在哪里,财富就在哪里。所以它说:"不要积累财富在地上,地上有虫子咬,能锈坏,也有贼挖窟窿来偷,要积攒财富在天上,天上没有虫子咬,不能锈坏,也没有贼挖窟窿来偷,因为你的财富在那里,你的心也在那里。"其实,福音书劝诫人们不要被财富主宰的真实意图是要教人将自己的心,自己的信仰奉献给上帝,而不是迷失于财富之中。马克思对金钱的批判,显然与福音书抱持不同的立场。马克思对劳动异化、拜物教的批判是站在无产阶级立场,对现代资本主义社会的批判。马克思的最终诉求是克服异化,使人成为人本身。

即便如此,麦金太尔依然相信,关于人的异化、疏离与和解希望的问题,是马克思最初所关注的问题,也是宗教和形而上学体系所涉及的领域。这些问题在人类现实生活中表征为饥饿与欲望、痛苦和残酷、物质匮乏,等等。马克思主义与基督教的实践诉求都是解决上述问题,以获得人类的美好生活。然而,"马克思主义的目标是希望将形而上学的范围与自然科学的确定相结合"②。因此,马克思主义又不得不反对宗教。在当时的麦金太尔看来,马克思主义与基督教之间的这种张力是持续存在的。此外,面对马克思有关现代性的批判,麦金太尔十分强调马克思对黑格尔批判中的费尔巴哈元素,意即麦金太尔认为现代国家的错误在于没有将人的本质作为社会人。有关人的本质的概念将在麦金太尔后期有关现代

---

① Karl Popper,*The Open Society and its Enemies*,(Vol.2),London:Routledge & Kegan Paul, 1966,p.56.

② Peter McMylor,*Alasdair MacIntyre:Critic of Modernity*,New York:Routledge,1994,p.16.

性的批判中扮演重要角色。

2.斯大林主义的自由主义批判与第三种道德立场

20 世纪 50 年代末,麦金太尔在《新理性者》杂志上发表了题为《道德荒原笔记》的论文。该论文被广泛认为是其学术生涯的一个转折点。之所以称其为转折点,原因在于,在这篇文章中,麦金太尔作为英国新左派思想家,在左派学者们对斯大林主义进行普遍的道德批判的情境下,开始思考:左派唯一可行的选择是自由主义吗? 答案当然是否定的。

1957 年,以爱德华·汤普森为代表的英国新左派开启了对资本主义的规范性批判,其主要针对的是对斯大林主义的道德批判。汤普森写道:"这种斯大林主义的官僚体制是社会主义奋斗历程中的绊脚石,因此人们为巩固社会主义而进行的反抗变成了对斯大林主义的反抗。"①这种反抗是对意识形态和非人道的反抗。这种社会主义的人道主义思想,成为当时英国新左派对斯大林主义批判的主导思想。麦金太尔在推进汤普森对斯大林主义的人道主义批判中,进一步提出要与斯大林主义的战略遗产——改良主义,进行彻底的决裂。麦金太尔认为,道德批判们对斯大林主义的批判依赖的是西方盛行的自由主义道德观。这种"自由主义传统的精华就在于道德被当作自主的。……道德原则不可能有非道德基础。我们对特殊道德问题的判断也许可由援引更一般的原则而得到支撑。然而,我们最一般的终极原则——它们能证明其他原则——却不是理性证明能够证明的。尤其是,它们无法由诉诸事实来证明,无论是历史事实还是别的事实"②。因此,一方面,斯大林主义判断何为道德的"应该",个体的道德立场被历史所预定,"应是"原则被历史的"是"所淹没;另一方面,道德批判家们将自身置于历史之外,"应是"原则完全被置于历史的"是"之

① E.P.Thompson,"Socialist Humanism",*New Reasoner*,Vol.1(Summer 1957),pp.107-109.
② Alasdair MacIntyre,"Notes from the Moral Wilderness Ⅰ",*New Reasoner*,Vol.7,1958,pp.91-92.

外。① 在麦金太尔看来,这种自由主义的精神代表了斯大林主义的另一面。之所以认为自由主义行不通,原因在于,自由主义是对道德原则的呼吁,"它们诉诸道德原则的脆弱性在于其对这种呼吁的任意性。用以判断和发现斯大林主义不足的标准从何而来,它们何以对我们拥有权威?"②意即,自由主义在道德判断上体现的是西方多元主义的任意性和抽象性。道德批判家们对斯大林主义的道德谴责所依据的价值标准因人而异,它们没有统一的原则,相互攻伐。它们所展示的只是一系列个人的价值。

麦金太尔在此建议,除了斯大林主义或与之相排斥的学说以外,对这种自由主义道德的任意性的替代方案在于一个"更可靠的马克思主义的回归"③,这也是麦金太尔所努力表明的"第三种道德"立场。所谓更可靠的马克思主义是指,不接受广泛的斯大林主义版本的马克思主义。换言之,麦金太尔将沿着汤普森的社会主义人道主义的方向,对斯大林主义进行更深层次的批判。麦金太尔认为,斯大林主义对马克思的"经济基础与上层建筑"思想存在误读。马克思并没有将社会的物质基础与文化的上层建筑严格区分开来,而是认为这二者是同一活动过程。正如麦金太尔所指出的:"社会的经济基础并不是社会的工具,而是以对他们的使用而言,以必然性的方式合作使用那些特殊工具的人们,以及由被这种合作形式所塑造的社会意识构成的上层建筑。要理解这一点,就要谴责目的—手段式的道德观,因为以创造经济基础为手段来形成社会主义上层建筑绝无可能。创造经济基础的过程,就是在创造上层建筑。这里没有两种活动,只有一种活动。"④

---

① Alasdair MacIntyre, "Notes from the Moral Wilderness Ⅰ", *New Reasoner*, Vol. 7, 1958, p.91.

② Alasdair MacIntyre, "Notes from the Moral Wilderness Ⅰ", *New Reasoner*, Vol. 7, 1958, pp. 90–91.

③ Peter McMylor, *Alasdair MacIntyre: Critic of Modernity*, New York: Routledge, 1994, p.20.

④ Alasdair MacIntyre, "Notes from the Moral Wilderness Ⅰ", *New Reasoner*, Vol. 7, 1958, p.98.

　　麦金太尔在探寻更可靠的马克思主义的过程中,反对斯大林的历史进程目的论,同时也不赞成康德的历史的绝对命令。麦金太尔将马克思主义理论作为他的"第三种道德"立场。这种理论认为历史为标准提供了基础,但是历史过程既不是道德至上的,也不是自主的,它没有从人类选择和承诺中转移。在此,麦金太尔试图重新审视人的本质和道德观的传统问题,构建一种"我是、我能是、我想是和我应该是之间的关系"①。

　　比照《道德荒原笔记》与《追寻美德》,我们可以发现它们的论点结构非常相似。麦金太尔在《道德荒原笔记》中主张"道德表达了人类最永恒和最长远的欲望"②。这一观点在后期的《追寻美德》中得到发展,作为对"无知的人的本质"的引导,复苏德性是非常必要的。关于道德与欲望的话题,无论是亚里士多德将哲学作为追求的观念,还是《圣经》中,上帝满足人们的欲望,它们都认为道德生活与人对欲望的追求之间,通过满足人的本质,达成一致。然而,自由主义则打破了道德与欲望之间的联系。这一点对麦金太尔而言,即道德与欲望之间的鸿沟需要搭建一座桥梁。人的本质可以成功完成这一诉求。问题是,人的本质改变如何弥合道德与欲望之间的裂痕呢?

　　在此,麦金太尔提供了一种关于马克思历史观的片面认识。他认为,对大多数人类历史而言,长久的欲望无法得到实现满足,人道主义亦无法理解它现实的、长期的需求与欲望。只有当消灭了阶级的社会和新的人类共同体出现时,欲望才又回到道德观中。③ 这种马克思历史观认为,道德可以保护这些长远的欲望,这是人的本质的目的。但是,伴随着道德客观化,欲望发展为野蛮的和无政府主义。同时,麦金太尔又对这种马克思历史观如何与道德有关,给出了一种同样具有片面性的理解:"资本主义

---

① Alasdair MacIntyre, "Notes from the Moral Wilderness Ⅰ", *New Reasoner*, Vol. 7, 1958, p.100.

② Alasdair MacIntyre, "Notes from the Moral Wilderness Ⅱ", *New Reasoner*, *Vol.* 8 (Spring 1959), p.90.

③ 参见张亮、熊婴编:《伦理、文化与社会主义:英国新左派早期思想读本》,江苏人民出版社 2013 年版,第 86 页。

提供了一种让人通过许多途径重新发现欲望的生活方式。他们首先发现,他们最想要的东西就是大多数他人想要的东西;除此之外,分享人的生活并不仅仅是实现他们想要的东西的手段,但他们分享生活的特定方式的确是他们最想要的。"①资本主义似乎加强了道德与欲望的区分,同时又创造物质条件来化解这种区分。"发现我们与他人共享的东西,重新发现共同欲望,就是在吁求新的道德立场。"②无论这种新的道德立场是否如麦金太尔所谓的"更可靠的马克思主义"那样,毫无疑问,对人的本质的强调是新道德立场的基础。它有可能成为解决自由主义问题的一个替代方案,也将承诺对自由主义发起最强大的挑战。

3.情感主义的批判与回归亚里士多德

在麦金太尔后期著作《追寻美德》中,我们不难发现麦金太尔似乎对马克思主义理论解决道德困境丧失了信心。虽然自由主义是麦金太尔一以贯之加以批判的对象,但是在《追寻美德》中,麦金太尔对自由主义的批判并没有继续坚持他的"第三种道德立场",而是在哲学和社会学方面继续深化和扩展他对自由主义的批判,通过探究过去的哲学和文化资源,试图寻求一种马克思主义的替代。他在《追寻美德》的"序言"中,引用了他对修正主义共产党列斯泽克·柯拉柯夫斯基的批判性评论:"人们不能通过简单地采取斯大林主义的历史发展观并为之添上自由主义的道德,而在马克思主义的范围内复活道德的内容。"③并重申了他的观点,马克思主义肇端于对自由主义的批判,现在又重新转向自由主义对斯大林主义进行批判显然是不够的。那么,有非自由主义的替代吗?《追寻美德》便是麦金太尔的回答。

《追寻美德》开篇就为读者呈现了一幅现代性道德危机的景象:在现

---

① Alasdair MacIntyre, "Notes from the Moral Wilderness Ⅱ", *New Reasoner*, *Vol.* 8 (Spring 1959), p.95.

② Alasdair MacIntyre, "Notes from the Moral Wilderness Ⅱ", *New Reasoner*, *Vol.* 8 (Spring 1959), p.95.

③ [美]阿拉斯戴尔·麦金太尔:《追寻美德》,宋继杰译,译林出版社 2008 年版,"序"第2页。

代自由主义社会中,道德基础碎片化,道德语言无序化。人们困惑的不是某个特殊的道德问题,而是丧失了道德原则的一贯性。因为,现代社会中,人们的道德语汇与情境相撕裂,剩下的只是道德谋划最初意义的碎片。这些道德语汇充其量分享的只是概念化的理解,以及最原初的意义和说服力。它们以碎片化的形式出现在日常生活中,使人们容易产生一个错觉,认为仍然存在一个总体性的道德框架。其实不然,在实践中,当人们面对某个特殊的道德问题时,很难依据统一的道德原则对其进行道德评价。人们总会不自觉地依据个人的偏好,找寻某个符合自身价值标准的论据进行陈述,"论证倾向于成为一种修辞"①,人们对道德立场的选择,更近乎一种情感的表达。于是,道德批判家以一种新的伪装粉墨登场:

"情感主义是这样一种学说:所有的评价性判断,尤其是所有的道德判断,就其具有道德的或评价性的特征而言,都无非是偏好的表达、态度或情感的表达。……事实判断或真或假;并且,事实领域存在着一些合理的标准,借此,我们可以确保在何者为真何者为假的问题上达成一致意见。……然而,表达态度或情感的道德判断既无真也无假;道德判断中的意见一致并不是由任何合理的方法来保证的,(因为根本就没有这种方法)。……相反,它完全是由对持不同意见者的情感或态度造成某些不合乎理性的影响来保证的。我们使用道德判断,不仅表达我们自己的情感和态度,而且恰恰要对他人造成这样一种影响。"②

麦金太尔在这里并不是主张情感主义是一种被广泛接受的哲学理论,其实,在《伦理学简史》中,他就曾指出一些对情感主义进行有力批判的观点。对麦金太尔而言,情感主义是现代社会的产物,它与现代性的步伐一致。因此,对现代性的批判,无论如何也不能绕开情感主义的话题。换言之,麦金太尔对现代性的批判是在情感主义的语境下展开的。

---

① Peter McMylor, *Alasdair MacIntyre*: *Critic of Modernity*, New York: Routledge, 1994, p.24.

② ［美］阿拉斯戴尔·麦金太尔:《追寻美德》,宋继杰译,译林出版社 2008 年版,第 12 页。

首先,对现代社会内容和社会语境的考察,是麦金太尔的方法论核心,也是他对现代性进行批判的方式之一。这种考察为他的社会理论,甚至为情感主义都提供了一种辩护。正如麦金太尔所言:"任何一种道德哲学都特别地以某种社会学为前提,情感主义也不例外。因为每一种道德哲学都或隐或显地对行为者与其理由、动机、意向和行为的关系作出至少是部分的概念分析,而这种做法一般又预设这样一种要求:这些概念被具体化在现实的社会世界中。"①

具体而言,"情感主义必然抹杀操纵的与非操纵的社会关系之间的任何真正的区别"②,这是情感主义的社会内容的关键。麦金太尔在他的道德剧本中,拟定了三位关键人物:富有的审美者、管理者与心理医生。这三种特性角色,各自代表了三种我们这个时代特殊社会语境下的情感主义。其中,麦金太尔认为,作为管理学说创始者的韦伯是一个情感主义者,因此他对科层制的权威描绘也是一种情感主义式的描绘。他写道:"韦伯的思想所体现的恰恰是情感主义所包含的那些两歧性,所抹杀的恰恰也是情感主义必须视而不见的那些区别。目的问题就是价值问题,而在价值问题上理性是缄默不语的,各种互竞的价值之间的冲突不可能合乎理性地得到解决。相反,人们只能在不同的政党、阶级、国家、事业、理想之间进行选择。"③韦伯的情感主义成功地抹杀了权力与权威的对比,权威不过是成功的权力而已。在科层制体系中,管理者参与争夺稀缺资源的竞争,投身于预定目的的服务中。管理者必须尽可能有效地使用他们的资源以达到他们的目的。

如果说管理者在组织层面抹杀了操纵与非操纵的区别,那么,心理医生则是在个人层面抹杀了这种区别。管理者将目标视为既定的,他关心技术;关心如何将资源在其支配下转化为最终产品;关心投资如何转化为利润的效率问题。同样的,心理医生也有既定目标,也关心技术。比如:

① [美]阿拉斯戴尔·麦金太尔:《追寻美德》,宋继杰译,译林出版社 2008 年版,第 26 页。
② [美]阿拉斯戴尔·麦金太尔:《追寻美德》,宋继杰译,译林出版社 2008 年版,第 26 页。
③ [美]阿拉斯戴尔·麦金太尔:《追寻美德》,宋继杰译,译林出版社 2008 年版,第 29 页。

如何将精神疾病患者转变为正常个体的效率问题；将挫折、不满等转化为"健康"的问题。但是，就管理者和心理医生作为特性角色而言，他们都不能意味深长地讨论目的的道德内容。

换言之，在情感主义道德学家看来，所谓目的与手段的区分是虚假的。因为，作为评价性的道德话语，只能表达自己的情感或态度，或者转变他人的情感或态度。意即努力使一方的情感或态度、偏好和选择与自己相一致，这也是道德话语的唯一实在性。在情感主义道德学家眼中，"社会世界无非是各有一套自己的态度与偏好的个人意志的交汇处、一个满足其个人欲望的竞技场"①。

其次，如果韦伯是管理学说的创始者，那么，对麦金太尔而言，欧文·戈夫曼则提供了社会的治疗版本。与萨特将自我与任何特定社会角色截然分开不同，欧文·戈夫曼把自我消融在其角色扮演中，他争辩说，自我"只不过是角色之衣借以悬挂的一个'衣架'"②。然而，在戈夫曼那里，"我"并没有消失，而是站在那里，以反对每一个角色。无论是萨特的"自我是无"的自我发现，还是戈夫曼的幽灵般的"我"，他们之间看似分歧的表面下，有着某种深层的一致性，即他们都把自我与社会世界相对立。这就是情感主义的自我。它"可以是任何东西，可以扮演任何角色、采纳任何观点，因为它本身什么也不是、什么目的也没有"③。缺乏任何终极标准，是情感主义的关键特征。"不论情感主义的自我声言忠于什么标准、原则或价值，这些东西都要被解释为本身不受任何标准、原则或价值支配之态度、偏好和选择的表达，因为它们是基础，是先于对标准、原则或价值的一切信奉的。"④因此，情感主义的自我由于缺乏自我的连续性，因而它无法拥有任何合理的历史，也就不能回答人的生活统一性的问题。

麦金太尔进一步指出，情感主义自我是现代社会秩序中一个必不可

① ［美］阿拉斯戴尔·麦金太尔：《追寻美德》，宋继杰译，译林出版社2008年版，第28页。
② ［美］阿拉斯戴尔·麦金太尔：《追寻美德》，宋继杰译，译林出版社2008年版，第36页。
③ ［美］阿拉斯戴尔·麦金太尔：《追寻美德》，宋继杰译，译林出版社2008年版，第36页。
④ ［美］阿拉斯戴尔·麦金太尔：《追寻美德》，宋继杰译，译林出版社2008年版，第37页。

少的组成部分。它将社会世界划分为两个领域,一个是强调管理者的组织效率的组织化领域;一个是强调治疗师的个人自由主权的私人领域。这两种特性角色在麦金太尔看来,充分显现了"官僚个人主义"文化特征。在此,道德争论变成无根据的断言;而角色的成功需要转换形式,而不是理性说服。这恰恰体现了情感主义的两歧性,而两歧性本身成为理解现代社会现代性特征的肯綮。

最后,麦金太尔认为情感主义的产生与现代性的宰制关系密切。现代性的进程与论证道德合理性的启蒙谋划密不可分。在前现代,道德的合理性是由各种形式的目的论所保障,比如基督教的上帝、亚里士多德的目的论等。启蒙运动兴起后,理性逐渐取代各种权威和任何目的论。比如,康德探寻任何个体都能接受的理性原则,同时,休谟与18世纪的思想家们努力在人的激情中探寻道德基础。但是,对麦金太尔而言,他们思想的共识都带有某种消极特征。"和休谟一样,对于他来说,在物理学所研究的客观宇宙中,理性辨识不出任何本质性和目的论的特征。因此,他们在人性问题上的分歧与这种显著而重要的认同并存,而他们所认同的东西也就是狄德罗、斯密和克尔凯郭尔所认同的。所有这些思想家都拒斥任何目的论的人性观、任何认为人具有规定其真正目的的本质的看法。"①这种对目的论的拒斥,解释了为什么在哲学上找不出宗教何以失败。换言之,他们拒绝麦金太尔早先的马克思主义立场,拒绝将其作为一种克服自由主义和斯大林主义的替代品。

从本质上而言,麦金太尔似乎认为没有目的论的框架,我们被迫在自己的文化中,在个体中寻求道德基础。这种立场有可能会导致对尼采主义视角的接受,即主张个体道德与欲望由意志表现。但是,在《追寻美德》中,麦金太尔试图将事实与价值重新连接起来,他所采取的路径便是,对亚里士多德主义形式的回归。

麦金太尔从亚里士多德主义那里得到两个灵感:第一,思维方式。亚

---

① [美]阿拉斯戴尔·麦金太尔:《追寻美德》,宋继杰译,译林出版社2008年版,第62页。

里士多德主义思想至少能够为麦金太尔提供三种不同文化的知识基础，即古希腊、阿拉伯伊斯兰帝国和中世纪欧洲。第二，亚里士多德的目的论本质。亚里士多德从事实前提推导出目的和意图的概念，使事实与价值之间的差距得以愈合。由此，麦金太尔认为，如果将人类生活整体看作是一种目的论的框架，那么，从事实到价值就会变得顺理成章。

正如前所述，麦金太尔一直将马克思的人性目的论作为自己计划的一部分，亚里士多德则是对其的补充和完善。虽然，麦金太尔拒绝亚里士多德的"形而上学生物学"①，但是，并不妨碍麦金太尔的以亚里士多德的形而上学为前提的马克思主义版本的再生。实际上，这种观点将会完成青年麦金太尔的承诺。

麦金太尔论证的核心是，亚里士多德避免了类似康德和新教传统中的抽象道德要求，它强调德性由实践获得，德性可以引导人们在人类实践中，获得实践的内在利益，追求美好生活。但是，麦金太尔的德性在哪些意义上表现为亚里士多德主义的观点呢？麦金太尔对此提出三点证明：

第一，麦金太尔认为，如果他自身的解释可靠，那么在有关对亚里士多德德性理论所要求的区分与概念的问题上，某种类似于亚里士多德的观点必须得到捍卫。

第二，麦金太尔认为他的解释能够容纳亚里士多德对愉快和快乐的看法。亚里士多德认为，"获得成就的活动与令人快乐的活动是同一种状态"②。因此，对成就的追求也就是对快乐的追求。但是，麦金太尔提出不能将特殊意义的快乐与某些种类的愉快混为一谈。因为，并不是所有种类的愉快都能等同于由成就获得的快乐，有的愉快仅仅是金钱、地位、权力等外在利益。因此，麦金太尔认为，用实践的内在利益和外在利益对愉快进行区分是最为恰当的。

---

① 麦金太尔在《依赖性的理性动物》一书中，重新接受了亚里士多德的"生物学目的论"。本书第五章有详述。

② ［美］阿拉斯戴尔·麦金太尔：《追寻美德》，宋继杰译，译林出版社 2008 年版，第223 页。

第三,麦金太尔之所以认为他的解释是亚里士多德主义的,在于他对评价与说明的结合采用的是一种亚里士多德主义的方式。从亚里士多德主义的立场来看,对某些行为是否彰显德性的评价,还包含着"为了说明为什么产生了那些行为而非另外某些行为时所要采取的第一步"①。这意味着,现代社会科学的解释计划可能会失败。因为,现代社会科学遵循的方法论准则是将事实与价值相分离。所以,某人是否勇敢或正义的事实,在现代社会科学看来,它不会承认这是"一个事实"。关于这一点,麦金太尔提出的德性解释与亚里士多德的德性理论是趋同的。

总而言之,麦金太尔的德性实践概念,体现了亚里士多德的目的论,而没有所谓的形而上学的生物学。在麦金太尔看来,德性的角色也不仅仅是区分实践。德性在不同的情境和实践中,能够维系个体和共同体,能够帮助人们完成短期和长期的意图,并使单一生活统一化。这种单一生活的统一化,通过个体所分享的责任、角色和承诺,使个人生活的叙事成为公共叙事的一部分,实际上,也成为道德传统的一部分。在此情境下,麦金太尔不禁追问:"人类生活的目的是什么?"也就是在问,个体如何能离开生活的统一而活得更好,并达至圆满。因此,麦金太尔以个人和共同体的生活为叙事的探寻,主要表征为一种追求善的叙事探寻。关于何谓善的话题,麦金太尔建议人们在社会和道德的特性中去寻找善,这种特性表现为一种传统的承继。

至此,一个成熟的麦金太尔形象展现在人们面前。此时的麦金太尔吸纳了亚里士多德关于目的论和叙事统一的观点。麦金太尔的目的论框架视角是将人类生活、人类共同体作为一个故事。这是麦金太尔的优点,也可能是弱点。然而,正如麦金太尔所认为的那样,"官僚个人主义"的文化最大限度地减少了由追求实践内在善为指导的、叙事目的论结构的实践。与马克思主义的本质主义相比,这样一种结构,可能更易破碎。因

---

① [美]阿拉斯戴尔·麦金太尔:《追寻美德》,宋继杰译,译林出版社 2008 年版,第225 页。

此,麦金太尔将希望寄托在人类共同体的形成中。这将成为麦金太尔对现代性批判的最终诉求。

二、麦金太尔现代性批判的架构

从 20 世纪 50 年代开始至今,麦金太尔一如既往地表现出对现代性问题的关注。尽管其中经历了多次思想立场的转变,但是关于现代性的自由主义批判始终没有改变过。可以说,对自由主义的批判,是麦金太尔关于现代性批判的永恒主题。

在麦金太尔看来,现代性危机的表象林林总总,投射在社会各个领域,看似波及范围宽泛,涉及领域深广,但究其根源无非就是道德的危机和政治的危机。因此,当麦金太尔指出现代性危机现象之后,便开始着手进行现代性的批判,而这种批判矛头毫无疑问直指道德与政治。

故此,麦金太尔对现代性进行批判的基本架构可以描述为一个主题、两条线索、三点特征。

1. 一个主题

麦金太尔早期对哲学问题的关注,源自他对马克思主义思想与基督教思想之间张力关系的思考。一方面,麦金太尔认为马克思主义思想带有宗教起源。因为,马克思主义中有很多道德原则和政治诉求都与基督教教条一致。并且,马克思主义试图对宗教进行一种社会化的理解和功能性的阐释,它们都表达了对世俗社会的不满与批判。所以,麦金太尔将马克思主义视为宗教在世俗社会的影像。另一方面,麦金太尔又认为马克思主义是无神论,因为它明确拒绝世界是神赐的观点。皮特·麦克麦耶尔将马克思主义的这种矛盾化解为是对宗教的一种潜在的保护。麦金太尔则进一步认为,马克思主义对待宗教的矛盾态度,表明了世俗与神圣的深刻矛盾根源,即如何处理世俗与神圣的关系。世俗世界与神圣世界的分离,在实践生活中表现为人们的某种分离焦虑。这样一种焦虑在麦金太尔看来,是一种现代的资产阶级现象,是需要进行批判的。因而,麦金太尔对西方现代性的批判,首先就是一种对资本主义的批判,这是他对现代性批判的雏形,也是他对自由主义进行批判的初始阶段。

20世纪60年代末,麦金太尔对其第一部著作进行了再版。如果说,在第一版《马克思主义:一种阐释》中,麦金太尔试图在马克思主义与基督教之间建立某种关联,尝试用马克思主义与神学相融合的观点对资本主义进行批判。那么,在新版《马克思主义与基督教》中,除了名称的改换,人们可以明显感到神学立场被移除。此时的麦金太尔更多的是使用马克思主义的观点对自由资本主义进行批判。麦金太尔认为,马克思主要依靠黑格尔完成对世俗的跳跃,同时保留费尔巴哈对人的本质的讨论。麦金太尔同样基于人的本质的观点,提出对道德与欲望的关注。将人的欲望引入对斯大林主义和马克思主义人道主义的理解之中。于是,麦金太尔对斯大林主义的自由主义批判,成为英国第一代新左派对马克思主义人道主义理解的新的风向标。在此期间,麦金太尔关于资本主义社会的资本批判、劳动异化的批判等问题都首次给出了自己的理解与阐释。这也是麦金太尔对自由主义批判的进阶阶段。

20世纪80年代,麦金太尔进行了重要的学术转向。他将关注的焦点转向道德哲学,并逐步走向道德反思的马克思主义立场。《追寻美德》、《谁之正义?何种合理性?》、《三种对立的道德探究观》共同构成麦金太尔关于道德的谋划。在此宏大的道德谋划中,麦金太尔批判的对象仍然是自由主义。只不过这次他转向了对自由主义道德的批判,比如情感主义、相对主义。麦金太尔在对自由主义进行道德批判的同时,提出了自己的德性观,即著名的回归亚里士多德的德性理论。不过,麦金太尔仍在不断反思。面对四面八方的诘难,麦金太尔也意识到,这样一种前现代的德性理论如何才能在现代存活,甚至在现代还有没有存在的价值与意义?为了回答这个问题,麦金太尔在20世纪90年代末出版了新著作《依赖性的理性动物》。在该书中,麦金太尔认真回答了德性理论在现代如何可能,以及人为什么需要德性等问题。对此,他提出要重建地方性共同体。这个回答也直接导致麦金太尔对自由主义的道德批判转向了对自由主义的政治批判。麦金太尔通过重建共同体对自由资本主义制度进行了批判与重建。尽管这个愿景非常美好,但是,仍会有一段很长的路需要力行。这段时期,可以看作是麦金太尔对自由主义批判的深化阶段。

由此观之,麦金太尔对哲学的思考始终贯穿着自由主义批判的主题。正是通过对自由主义各方面进行的深刻批判,最终麦金太尔完成了对现代性的总体批判。

2. 两条线索

第一条线索:内嵌于传统的现代性道德批判。

现代社会所呈现的多元化使得人们无法对一些基本德性作出统一定义。无论是自由主义,还是功利主义,他们对现代社会的基本德性总是莫衷一是。比如,对"正义"德性的解读就存在许多分歧。麦金太尔将此现象视作现代性的道德危机。这种道德危机直接导致现代社会的无序和混乱。因此,对现代性进行批判,首先就要对道德作出批判。

麦金太尔最具影响力的著作即德性三部曲:《追寻美德》、《谁之正义?何种合理性?》与《三种对立的道德探究观》。它们都是围绕道德问题所作出的研究和探讨,也是麦金太尔关于道德的一次重要谋划。麦金太尔在三本书中主要讨论了道德的形成、技艺与道德实践,这些探讨都与传统的伦理学研究不同。传统伦理学主要围绕道德决策,或是道德选择展开论述,而麦金太尔却主要关注道德起源与道德实践。由此,麦金太尔开启了德性伦理学的研究浪潮。麦金太尔在其系列著作中主要抨击的便是现代道德社会的支离破碎和现代道德大厦的崩塌,面对此种现代性危机,麦金太尔认为只有亚里士多德的德性传统才能拯救现代性。

另外,值得注意的是麦金太尔对道德批判的审视视角。麦金太尔对现代社会的批判是在历史的镜像下所作出的。他认为道德思想都深深地根植于历史之中,而现代社会通常对此视而不见或者是有所误读,致使人们对自己思想的起源也是漠不关心,这些都是导致现代性危机频发的根源。因此,麦金太尔对现代性的道德批判主要采用的是历史主义的方法。

在历史镜像下,面对道德危机,麦金太尔对现代性批判的核心线索是传统。传统,作为一条贯穿麦金太尔整个道德谋划的重要线索,其重要意义不言自明。但是,问题在于,麦金太尔对传统的定义始终没有统一答案。在麦金太尔看来,传统在道德谋划的三阶段中各有不同的使命,它是一个动态发展的概念。但是,归根结底,无论是作为美德背景的传统,还是作为道德探究形式的传统,传统都是一个具有历史性的概念。在此,麦金太尔需要回答三个问题:第一,面对现代性社会的道德崩塌,是选择回归传统还是颠覆传统? 第二,如果选择回归传统,紧接着就要回答回归何种传统? 在回答这个问题之前,还需要回答一个问题,即如何进行传统的理智选择? 换言之,第二个问题要求回答,在互竞传统间,如何确立一个传统优越于另一个传统,意即回答传统的合理性如何证明的问题。第三,当确定了传统的理智选择方案后,便可以回答刚才的问题:回归何种传统? 百科全书派? 谱系学传统? 还是亚里士多德主义? 抑或是奥古斯丁主义? 只有对这三个问题进行一个逻辑连贯的思考,才能真正明晰麦金太尔现代性批判思想的内核。对此,将在本书第四章给予全面论述。

第二条线索:基于共同体的现代性政治批判。

面对政治危机,麦金太尔的现代性批判更多地体现为重建社会新秩序。如果说"现代性"是一种现代社会范式的话,那么,现代性的发展便体现为范式的不断更迭。现代性范式的更迭,具体表征为社会旧秩序的打破与社会新秩序的重建。在麦金太尔的现代性政治语境中,打破社会旧秩序,便是对当代资本主义社会的政治批判;重建社会新秩序,便是对现代性社会的政治构想。

关于现代性的重构,历史上的思想家们都曾给出过自己的答案。在麦金太尔看来,现代性面临两种选择,一种是亚里士多德的德性传统,一种是尼采的权力意志。究竟哪种选择能带领现代社会走出现代性困境呢? 尼采认为,无论康德也好,功利主义也罢,所有尝试为道德地位提供明证的自由主义企图都失败了。这一点也是麦金太尔所赞同的。但是,尼采提出的只有具有"绝对精神和意志"的超人能够拯救世界、化解现代性危机的主张却被麦金太尔所诟病,同时也暗含了麦金太尔对亚里士多德的德性传统的让位所表达的遗憾与拒绝。麦金太尔认为,拯救现代性,需要重新认识并倡导亚里士多德的德性时代。

尽管对现代性的重构,不同的思想家给出了迥异的方案,但是,归根结底,重建现代性,就是要找到一种适应现代社会的美好生活方式。这种现代性的美好生活必定具有多样性、可辩性和不确定性。自由主义似乎满足这种现代性特征。然而,麦金太尔认为,自由主义虽然为现代性德性开出了一系列条目,可是真正理解这些德性条目的自由主义者们却不多。如今的自由主义认为公共德性的最小化能够使自由主义的德性,诸如自由、权利、正义等得到繁荣发展,但是却忽略了,如果社会生活缺乏大量的德性基础,自由主义该如何践行呢?因此,任何企图消解现代性德性,试图将德性从现代性实践中剥离开来的自由主义理论或行为,最终也会将自由主义自身一并剔除。只有在德性培育下的现代性社会才是真正符合现代美好生活的模式。

基于此,麦金太尔在不同场合,通过各种方法指出基于德性的共同体的重要性。这种共同体可以追溯至亚里士多德,并结合阿奎那思想发展演变而来。共同体概念是麦金太尔对现代性社会政治批判的主要武器,通过共同体,达致一种理想的政治社会,它能够满足人们对善、正义和所有美好的追求。因而,实现共同体主义便是麦金太尔完成对现代性的救赎,这种政治构建何尝不是另一种社会主义呢?对此,将在本书第五章给予完整论述。

3.三点特征

麦金太尔对现代性的批判是站在马克思主义立场之上的批判。这种马克思主义的批判特色渗透在麦金太尔整个现代性批判思想中,其对现代性批判的创造性、革命性、建设性都与马克思主义理论相呼应。尤其是融合了亚里士多德色彩的马克思主义是麦金太尔对现代性批判的理论创造,也是麦金太尔现代性批判思想的理论灵魂。

特征一:现代性批判的创造性——融合了亚里士多德色彩的马克思主义。

在研究麦金太尔对现代性批判的过程中,容易使人忽略的一点是他

85

对马克思主义思想的理解与应用。可以说,马克思主义启蒙了麦金太尔对现代性的问题意识,深化了麦金太尔对现代性的认识,推进了麦金太尔对现代性批判的思考。随着麦金太尔学术生涯的丰富,他与马克思主义的关系也在悄然发生着变化。融入了新的学术元素——亚里士多德主义之后,麦金太尔的马克思主义思想更加丰满。因此,亚里士多德式马克思主义成为麦金太尔进行现代性批判的理论灵魂,也是麦金太尔对现代性批判的理论创造。

麦金太尔与马克思主义的关系一直伴随着他的整个哲学探究生涯。自1953年第一部著作《马克思主义:一种阐释》伊始,他便将马克思主义与宗教学进行巧妙结合,这一理解范式为马克思主义学说填补了空白。随后的英国新左派历程中,他在批判与反思马克思主义的基础上,对斯大林主义的人道主义进行了猛烈的抨击与彻底的决裂,继之与托洛茨基国际社会主义分离。然而,20世纪的麦金太尔表示:马克思有关资本主义经济、社会和文化秩序的批判一直深深地影响着他。[1] 综观麦金太尔的整个哲学人生,马克思主义从未淡出他的理论视野。他对马克思主义的思考,乃至批判也都是基于他对马克思主义思想旨趣的关切。由此,我们可以说,麦金太尔是一个接受马克思主义思想理念,并不断反思马克思主义的学者。

卢兹在其著作《阿拉斯戴尔·麦金太尔伦理学的传统:相对主义、托马斯主义和哲学》(*Tradition in the Ethics of Alasdair MacIntyre: Relativism, Thomism and Philosophy*)中曾如此评价过麦金太尔的思想,他写道:"麦金太尔是作为一个马克思主义者和自由的新教宗教哲学家、作为一个无神论的休谟式的学者和伦理学的历史学家、作为一个不满足的亚里士多德主义者、作为一个天主教的托马斯主义者而发表著述的。"[2]国内学者高

---

[1]　参见高国希:《麦金太尔:亚里士多德式的马克思主义?》,《马克思主义与现实》2011年第1期,第57页。

[2]　Chistopher Stephen Lutz, *Tradition in the Ethics of Alasdair MacIntyre: Relativism, Thomism and Philosophy*, Maryland: Lexington Books, 2004, p.2.

国希也曾发文讨论麦金太尔的亚里士多德式的马克思主义身份,并分别从麦金太尔对马克思有关伦理学、市民社会、理论与实践的关系等三个方面进行了论证。该文认为麦金太尔作为马克思的崇拜者,对马克思的哲学精神有着"深邃的洞察和细腻的分析"①。

麦金太尔作为一名马克思主义者的身份得到确证后,其亚里士多德式的马克思主义则是其理论的鲜明旗帜。麦金太尔在多部著作中都曾反复强调,马克思忽视了工人阶级本身可以发展出自己的道德。对此,麦金太尔假设:马克思通过观察资产阶级和无产阶级之间的阶级斗争,发展出了一种亚里士多德式的德性伦理学,并"推论出无产阶级行动者涵养着一种替代资本主义的德性"②。这种德性根植于社会实践,带有亚里士多德的德性色彩。

此外,有关市民社会与共同体的论述,麦金太尔也认为用黑格尔的语言是无法胜任的,只有用极似亚里士多德的用语方式才能进行阐述。这是因为黑格尔的"市民社会"明显地以个体为主,每个个体既是达至自己目的的手段,也是实现其他个体目的的手段。因而市民社会的核心概念便是"功利、契约和个人权利"③。亚里士多德的"城邦共同体"明显优越于黑格尔的"市民社会"。亚里士多德的"城邦共同体"强调共同体优先于个体,并且使人成为人。每个个体的实现,不仅是他或她自己的目的,也是共同体的目的自身。这也是马克思所强调的,"只有在共同体中,个人才能获得全面发展其才能的手段,也就是说,只有在共同体中才可能有个人自由"④。

---

① 高国希:《麦金太尔:亚里士多德式的马克思主义?》,《马克思主义与现实》2011年第1期,第56页。

② 高国希:《麦金太尔:亚里士多德式的马克思主义?》,《马克思主义与现实》2011年第1期,第58页。

③ [美]阿拉斯戴尔·麦金太尔:《马克思的〈关于费尔巴哈的提纲〉一条未走之路》,乔法容译,《国外社会科学》1995年第6期,第21页。

④ 高国希:《麦金太尔:亚里士多德式的马克思主义?》,《马克思主义与现实》2011年第1期,第59页。

因此,无论是对德性的探讨还是对共同体的问究,亚里士多德式的马克思主义始终是麦金太尔的理论视域,同时,也成为麦金太尔对现代性进行批判的理论架构之一。

特征二:现代性批判的革命性——继承了马克思主义的革命传统。

革命性是麦金太尔现代性批判最典型的特征之一。革命作为马克思主义理论的本质特征,体现了马克思主义对待资本主义的一贯作风和基本原则。但是在现实革命运动中,反抗资本主义斗争的走向往往不尽如人意。革命政治逐渐被改良策略所取代。斯大林主义的官僚国家资本主义本质让原本就危机重重的马克思主义理论又遭遇了严重的信任危机。以英国新左派为代表的新马克思主义者对斯大林主义展开人道主义的批判。麦金太尔是其中具有代表性的一员。

麦金太尔批评斯大林主义并不是社会主义国家,因为斯大林主义扭曲了马克思的"经济基础与上层建筑"的政治隐喻,使其成为一种经济决定论的模式,剥离了革命的本质。因此,麦金太尔认为,反抗资本主义的革命如果还需继续进行的话,就必须坚持革命,而不是改良。而且,在走向社会主义的过程中,民主集中制是相伴而生的。最重要的是,反抗资本主义的斗争要走"自下而上的社会主义模式",即提高工人阶级的革命意识和革命自觉性,才能使反抗资本主义的革命走向胜利。然而,实际上,工人阶级的革命意识和革命自觉性没有马克思预想的那么乐观,它们始终难逃资本主义的逻辑圈套,原因在于工人阶级革命缺乏道德内涵。这也是马克思主义理论的道德空白。为此,麦金太尔为其添加上一个亚里士多德主义的德性观,弥补了这一道德空白。

特征三:现代性批判的建设性——回应了马克思主义的现实吁求。

马克思主义的革命理想一直以来都是为了解放全人类,实现人的自由、全面的发展,最终走向共产主义。然而,现实的革命实践,无论从方式上看,还是从结果上看,都无法令人满意。当代反抗资本主义的呼声似乎已经不那么高涨,共产主义的理想愿景似乎变得遥不可及。马克思主义的革命任务还能继续下去吗?

　　麦金太尔对此充满信心。他在对现代性进行系列批判后,仍然相信在新的现代性黑暗下,还是有希望能够实现更加美好的人类生活的。重要的是继续保留德性传统,还有继续维存地方性共同体的革命实践方式。因此,地方性共同体是麦金太尔对走出现代性迷雾的一个建设性的提议,它既是人们消弥现代性危机的一个理想方案,又回应了马克思主义的现实吁求。因为地方性共同体和共产主义一样,都为人的自由、全面的发展提供了可能性。在地方性共同体那里,人们又重新看到了实现共产主义的希望。只不过它是以另一种革命实践的方式呈现罢了。

　　有关麦金太尔马克思主义的现代性批判的创造性、革命性和建设性的三大特征将在本书的第六章中给予详细论述。

　　现代性因其丰富内涵囊括了社会生活的每一度空间,因其高度的抽象渗透入所有学科领域,似乎现代社会的所有表征都可以用现代性一言以蔽之。实际情况也确实如此。几乎来自各个领域的学者都可以谈论现代性,所有社会问题都可以列入现代性的黑名单。对于如此宽泛的话题域,麦金太尔如何进行合理的批判成为其对现代性批判的关键所在。因此,理解和把握麦金太尔的现代性及其现代性批判成为研究其现代性批判思想的重要前提。

　　众所周知,麦金太尔对现代性持有坚定的批判意识。他一直坚持"现在未必就是进步",因此,有学者将他所倡导的向亚里士多德的回归视为一种怀旧主义的特征,将他本人视作怀旧主义的前现代思想家代表之一。实际上,当麦金太尔谈论回归亚里士多德传统的时候,他并不是要倒退历史,也不是号召人们简单地回到过去,而是提醒人们什么才是现代观念真正需要的。

　　在麦金太尔看来,现代性是断裂的、否定的和冲突的。这三种现代性特质导致的直接后果是传统的断裂、自我的疏离和相对主义的盛行。这正是麦金太尔对现代性的诟病所在,也是麦金太尔的现代性批判的问题域。围绕现代性的三种特质,麦金太尔展开了对现代性的持久批判。

　　麦金太尔对现代性的批判在其早期马克思主义思想中就已萌芽,与之相伴而生的是对自由主义的批判。20世纪50年代初,结合马克思主义与基督教的思想,麦金太尔对资本主义展开最初的批判,这也是对自由主义的批判始端;60年代末,麦金太尔对资本主义的资本批判、劳动异化的批判等问题首次提出了自己的见解和阐释,深化了对自由主义的批判;80年代至90年代,麦金太尔发生了重要的学术转向,逐步走向道德反思的马克思主义立场,又从对自由主义的道德批判转向对自由主义的政治批判。由此完成了对自由主义的彻底批判和对现代性的总体批判。

　　总体而言,麦金太尔对现代性的批判可以归结为"一个主题、两条线索、三点特征",即以自由主义为主题、以道德救赎和政治重建为两条基本批判线索、以马克思主义的创造性、革命性、建设性为基本特征。本书正是围绕"一个主题、两条线索、三点特征"的基本构架对麦金太尔的现代性批判思想展开具体讨论的。

第二章　A.麦金太尔现代性批判的主题：自由主义批判

在哲学著述,甚或一般的学科范畴内,对某一立场进行批判,可以使人们更加清晰地辨明此一立场的优劣,也能帮助人们更加深刻地理解该立场及其对立立场的主张与内涵。因此,在这一章中,本书将主要瞄向麦金太尔的批判对象——自由主义,以其对立者的立场反观麦金太尔的社群主义思想。在二者交互的论战中,凸显麦金太尔社群主义特征的现代性批判。

如果说现今的麦金太尔的哲学学术思想是历经了多次转折与变换后的成果,那么,自由主义则是贯穿麦金太尔整个学术生涯亘古不变的批判主题。自麦金太尔的第一部著作《马克思主义:一种阐释》问世以来,自由主义便成为其首要的和主要的批判对象。在其后的学术著述中,无论是作为一名马克思主义者,还是一名道德哲学家;无论是从道德生活层面出发,还是从政治生活层面着眼,麦金太尔始终围绕自由主义进行批判,这也构成了他鲜明的以自由主义为主题的现代性批判。本书分别从社会、道德和政治三个角度,将麦金太尔对自由主义的批判分为三个部分:对自由主义的自我批判、对自由主义的正义批判和对自由主义的制度批判。

第一节　对自由主义的自我批判

自我、个人权利与自由、正义等话题构成了现当代自由主义的基本问题域,同时也是自由主义与社群主义相交锋的基本论域。对自我观的不同理解,则成为双方相互攻伐的基本领域。麦金太尔对现代性的批判,主要矛头便是对现代自我的批判,而现代自我的特性主要表现为自由主义的自我观。因此,麦金太尔对现代自我的批判,实际上就是对自由主义的自我观的批判。麦金太尔认为现代自我表现为两个特性:一个是情感主义的自我,另一个是碎片化的自我。因此,麦金太尔对自由主义的自我批判也是从这两个特性出发,分别进行情感主义的自我批判和碎片化的自我批判。

一、情感主义自我的批判

麦金太尔在《追寻美德》中,将现代自我描述为情感主义的自我,也有学者将之称为主观主义的自我。虽然称谓不同,但是这种自我观都是对自我价值的凸显,并且强调自我本质只取决于自我本身,而不是外在的客观环境或社会。

关于情感主义的内涵,前文已经论述,在此不再赘言。简言之,在情感主义的世界里,有关道德的评判无非是自己情感或态度的表达,并且还会影响他人的情感或态度。除此之外,不存在任何非个人的客观标准。关于情感主义自我的特征则需要进一步明确:

首先,情感主义的自我缺乏任何特定标准,可以采取任何观点。实际上,它强调的是自我不受任何具体性、偶然性的束缚,只取决于自我本身的本质。麦金太尔从中看到了现代自我的道德行为本质,即一个道德行为者,有能力从自己卷入的任何情境、自己拥有的任何特性中撤退,还能从与所有社会的特殊情况完全分离的纯粹普遍的、抽象的某种观点出发,对该情境或特性作出评价。这种道德行为定位于自我之中,而不是社会角色或实践之中,因此,任何人都有可能成为一个道德行为者。"这种不具有任何必然的社会内容和必然的社会身份的、民主化了的自我,可以是任何东西,可以扮演任何角色、采纳任何观点,因为它本身什么也不是、什么目的也没有。"①因此,现代自我从抽象意义上来看,任何一个人都能够成为一个道德行为者。然而,从社会实践来看,这样的道德行为者看似什么都可以有,但实际上却什么都不是。正如萨特所言,自我与其扮演的任何特定的社会角色都相迥异。欧文·戈夫曼也认为,自我不过是角色之衣借以悬挂的"衣架",从而用角色扮演遮蔽了自我。麦金太尔认为,无论是萨特还是戈夫曼,尽管他们二人对现代自我的概念相左,却都共同揭示了现代自我与其行动和角色之间的微妙关系,即现代自我没有任何实在内涵。② 这也是情感主义自我的现代性本质。

其次,情感主义的自我第二个关键性特征是缺乏任何终极的标准。"不论情感主义的自我声言忠于什么标准、原则或价值,这些东西都要被解释为本身不受任何标准、原则或价值支配之态度、偏好和选择的表达,因为它们是基础,是先于对标准、原则或价值的一切信奉的。"③麦金太尔认为,缺乏任何终极标准的情感主义自我是一种缺乏同一性和连续性的自我。这种情感主义自我不可能有其自身合理的历史,它所具有的是一种抽象的、幻影式的特性。因为这种自我被剥夺了曾经属于它的各种性质。"这种自我现在被视为缺乏任何必然的社会身份,因为它曾经享有的那种社会身份不再有了;这种自我现在被看作是无标准的,因为它曾经据以判断与行动的那种目的不再是可信的了。"④易言之,现代自我不需要通过共同体的成员资格来确定自己的身份,也不需要通过社会关系来

① [美]阿拉斯戴尔·麦金太尔:《追寻美德》,宋继杰译,译林出版社2008年版,第36页。
② 参见[美]阿拉斯戴尔·麦金太尔:《追寻美德》,宋继杰译,译林出版社2008年版,第36—37页。
③ [美]阿拉斯戴尔·麦金太尔:《追寻美德》,宋继杰译,译林出版社2008年版,第37页。
④ [美]阿拉斯戴尔·麦金太尔:《追寻美德》,宋继杰译,译林出版社2008年版,第38页。

获得他人的确认。个人整体生活的概念在现代性进程中已经消弥。因此，麦金太尔在此提醒人们，"这种特殊的现代自我、情感主义的自我，在获得其自身领地的主权的同时，却丧失了由社会身份和被既定目标规定的人生观所提供的传统边界"。① 在麦金太尔看来，现代自我脱离了传统历史，成为抽象、幻影的自我。虽然它缺乏任何终极标准，但却遵从一个标准，那就是自我。这种标准不是外在的权威，而是自我的权威，意即自我决定自我的选择。从这个意义上来看，现代自我也就是情感主义自我，它与自由主义的自我观是一致的。因为康德所强调的自我立法的权威所体现的也正是自我的理性权威。

最后，情感主义自我具有自身的社会规定性。在麦金太尔看来，现代西方发达国家的社会秩序体现了情感主义特色。情感主义自我是构成该社会秩序不可或缺的部分。现代社会秩序在情感主义自我的社会规定性下，分裂为两个领域：一个是有着既定目标，且所有目标不接受理性审查的组织化领域；另一个是围绕价值评判为核心，但又不能合理解决分歧的私人化领域。麦金太尔将这种两歧性视为发现现代社会核心特征的肯綮，并指认情感主义的两歧性引射了现代社会只有两种社会生活模式，即个人主义和集体主义。一方是支持个人自由和选择；另一方是在科层制主导下，限制个人的自由和选择。乍看之下，两种社会生活模式似乎是相互敌对的，但是深入其中，却能发现二者存在着深刻的文化一致性。因此，在索尔仁尼琴看来，这两种社会生活模式从长远来看，都是不可取的。它们既是对手又是伙伴。情感主义自我则是孕育这种科层制的个人主义文化的土壤。

总而言之，麦金太尔的"情感主义自我"揭示了自我的现代性本质，体现的是一种自由主义的自我特性。它可以什么都是，也可以什么都不是。这种被麦金太尔称为现代自我的道德行为本质，实质上是康德伦理

---

① ［美］阿拉斯戴尔·麦金太尔：《追寻美德》，宋继杰译，译林出版社2008年版，第38—39页。

学对道德行为者的理性本质的阐释。在康德看来,每一个道德个体,都是一个理性存在者。这样一种理性存在的道德自我是普遍的、抽象的,而不是特殊的、具体的。这种从理性、理性本质出发,忽略社会特性的道德自我是自由主义的自我特征。麦金太尔对现代自我的批判,实际上也是对自由主义自我观的批判。

除此之外,麦金太尔的"情感主义自我"也真实再现了罗尔斯的"无知之幕"下的自我特征。罗尔斯在理论起点上设置了一个"无知之幕"的原初状态,同时也设置了一个抽拔了任何社会背景的个人。在"无知之幕"下的个人,其个人信息被限定。换言之,在原初状态下的个人,不知道其社会地位、阶级出身、个人能力、心理特征等自身的特殊性,也不知道其身处的社会的政治经济及文化水平如何。易言之,"无知之幕"下的个人特征就是"遗忘"。对自我的遗忘,实际上恰恰表现了麦金太尔所言的什么都可以是,也什么都可以不是的现代自我。

麦金太尔对情感主义自我的批判,实际上反映了他对情感主义两歧性所引射的两种社会生活模式的反对。正是由于情感主义的两歧性,才使得现代社会的人们容易落入现代社会内部政治争论的陷阱之中。其实,这两种社会生活模式在麦金太尔看来都是不可取的,任何一方的胜利都会产生巨大影响。而无论哪一方胜利,从深层意义上看来,都是情感主义的伪装,都是情感主义自我的胜利。这也是当代处于情感主义模式的最好例证。

二、碎片化自我的批判

麦金太尔认为现代自我的特性除了表现为情感主义的自我外,还有碎片化的自我。这种碎片化的自我打破了自我人生的统一性、整体性,将个人与社会相分离、私人空间与公共空间相分离、工作与休闲相分离、团体与个体相分离。人的童年或老年也与人生的其他部分相分离,成为两个不同的领域。由此,人生的统一性和整体性被分离成不同的片段,每一片段都有其自身的行为规范与模式。于是,人生的统一性被消解为一系列的角色扮演,从而导致人格的分殊化、自我的碎片化。麦金太尔将此现象归为两个根源,一是社会学意义上的现代性,二是哲学意义上的原子主义。此二根源实质上都可以看成是自由主义发展的必然结果。

1. 现代自我的生成

自我问题其实关涉的是认同问题,包括对自我身份的认同和精神的认同。社群主义者查尔斯·泰勒在《自我的根源:现代认同的形成》中提出"我是谁"的问题,认为确定"我是谁",实际上就是确定自我在社会框架中的位置,社会框架为人们提供自我认同感和方向感。① 麦金太尔认为现代自我是现代社会发展的产物,然而,泰勒却认为现代自我的根源可以追溯到柏拉图对人的内在性诉求。柏拉图认为人是理性的动物,并区分了内在的理性与欲望,将理性看成是"自己的主人"。奥古斯丁也从人的内在性来寻求真理和上帝。笛卡尔遵循奥古斯丁的内在化理路,提出"我思故我在"的心物二元论,从而确立了自我的存在。这种对自我的理性理解体现了西方文化对内在性的探求传统。因而,现代自我的生成也可追寻这种内在化的线索。

这种内在化的线索发展到现代,发生了一个重大转变。理性不再是宇宙秩序的支配者,而是转换为作为理性存在者的自我支配。这个转变的关键人物是笛卡尔。泰勒认为,个人主义的自我是由笛卡尔的哲学确立的。后经由洛克发展为现代个人主义的自我。其间,自我完成了从传统到现代的转换,从传统社会的"身份认同"过渡到现代社会的"契约认同"。这种自我认同的转换是伴随着欧洲17、18世纪的资本主义萌芽而产生的。在17、18世纪的欧洲,渐渐形成了与以往宗族社会共同体不同的新社会秩序。这种新社会秩序不再是以个人在宗族共同体中的身份来获得认同,而是通过一种契约关系来缔造身份。正如梅因所言:"用以逐步代替源自'家族'各种权利义务上那种相互关系形式的,……就是'契

---

① 参见[加]查尔斯·泰勒:《自我的根源:现代认同的形成》,韩震等译,译林出版社 2001 年版,第35—37页。

约’。在以前,‘人’的一切关系都是被概括在‘家族’关系中的,把这种社会状态作为历史上的一个起点,从这一起点开始,我们似乎是在不断地向着一种新的社会秩序状态移动,在这种新的社会秩序中,所有这些关系都是因‘个人’的自由合意而产生的。在西欧,向这种方向发展而获得的进步是显著的。”①正是这样一种自由的个人,不再受身份束缚的个人,由契约缔造的个人成为资本主义市场经济条件下所需要的自由平等的个人。因此,在尚塔尔·墨菲看来,“现代社会契约的理念表明了社会的有机和整体观念的结束以及个人主义的诞生”。② 可以说,洛克的契约论正是这样一种个人主义,也正是这种个人主义滋生了自由主义。其继承者罗尔斯则更进一步地表明,在原初状态下的个人是超脱了一切社会关系的人,没有社会特性、没有社会身份。泰勒将自由主义者对个人的这种理解称之为“原子主义”。③

所谓“原子主义”主要是指自 17 世纪以降的社会契约论及其继承者的学说。它认为社会是由个人构成,社会主要实现的是个人目标。个人权利优先于社会权利,社会是实现个人目标的工具。大部分的自由主义者都认同“原子主义”的个人阐释,将个人视为原子式的个体,完全剥离了人与历史的关联,否定了人的社会性。在社群主义者看来,从历史情境中抽离出来的个人是不可理解的。泰勒认为,个人始终置于一种社会框架内,作为自我的个人有着他自己的时代、文化、语言和传统。因此,是文化、精神的发展逻辑生成了现代自我。换言之,现代自我的发展轨迹遵循着西方社会精神史的发展。与泰勒不同,麦金太尔则从现代社会结构或生活的特性来指认现代自我与传统自我的异同。④

---

① [英]梅因:《古代法》,沈景一译,商务印书馆 1959 年版,第 96 页。
② [英]尚塔尔·墨菲:《政治的回归》,王恒等译,江苏人民出版社 2005 年版,第 127 页。
③ 参见龚群:《自由主义与社群主义的比较研究》,人民出版社 2014 年版,第 148—149 页。
④ 参见龚群:《自由主义与社群主义的比较研究》,人民出版社 2014 年版,第 145—148 页。

2. 叙事性自我

麦金太尔认为,对自我的完整把握需要将自我放置于一个完整的历史背景关联中来理解。如果将个人从历史的情境中剥离出来,那么,一个人的行为、生活及其目的将是不可理解的。① 相较于现代社会碎片化的自我,麦金太尔认为,个人作为自我,无论是在传统社会,还是现代社会,都是作为一个"叙事性自我"出现的,这种"叙事性自我"具有自我同一性和连续性。②

在麦金太尔看来,自我是与其所扮演的社会角色不可分割的。传统社会中的自我认同,是与其所处的社会地位、所具备的社会身份相关的。这样一种自我认同的基础是以德性为载体的共同体。只有在共同体社会中,自我才能以一名共同体成员的身份被他人确认。但是,随着现代性的兴起,独特的现代自我概念凸显,自我不再以共同体成员的身份出现,也不再以共同体身份得到认同。现代社会的自我与社会角色相分离,自我的特征被分割成碎片化的角色扮演。于是,自我的统一性便在自我与社会角色的分离中被消解掉了。而这种被消解的自我也就不可能成为亚里士多德德性的载体。麦金太尔认为,作为亚里士多德德性载体的自我概念需要一种统一性。这种统一性"存在于一种将出生、生活与死亡作为叙事的开端、中间与结尾连接起来之叙事的统一性中"③。换言之,麦金太尔将自我的统一性嵌入到一种叙事性的模式之中。

麦金太尔认为,对个人行为的同一个片段可以存在多种合理的解释。问题在于如何理解或阐释这样一种特定的行为片段?麦金太尔在《追寻美德》中列举了一个恰当的案例。对"他在做什么?"的问题,可

---

① 参见[美]阿拉斯戴尔·麦金太尔:《追寻美德》,宋继杰译,译林出版社 2008 年版,第239 页。

② 参见[美]阿拉斯戴尔·麦金太尔:《追寻美德》,宋继杰译,译林出版社 2008 年版,第245—247 页。

③ [美]阿拉斯戴尔·麦金太尔:《追寻美德》,宋继杰译,译林出版社 2008 年版,第232 页。

以有多种合理的答案。比如"挖地"、"锻炼身体"、"园艺劳作"、"为过冬提前做准备"或是"讨好他的爱人"。这些回答中,有的表明了行为的意图,有的表明了行为的后果。这些行为后果可能是有意识的,也可能是无意识的。其中,最关键的问题是要确定行为的意图何在。因为不同的行为意图所涉及的叙事背景是不同的。比如,在上述"他在做什么?"的问题中,如果行为者的意图是为了在入冬前整理好花园,无意中锻炼了身体又取悦了爱人,那么对该行为的合理解释需要嵌入到年度的家务劳动的叙事背景之中,于是,这一劳动行为片段便成为该叙事历史中的一个事件。但是,如果行为者的意图是为了锻炼身体取悦爱人才去整理花园,那么对该行为的合理解释就需要嵌入到另一种叙事背景之中,即进入一种关于婚姻的叙事历史中才可以理解该行为。总之,对个人行为的描述不能脱离其意图,同时也不能脱离其叙事背景来描述意图。只有在一定的叙事历史中才能解释行为意图,才能使一个人的行为是可理解的。

麦金太尔非常强调个人行为的可理解性。他认为,自我的行为不能被孤立地看待,也不是原子式的碎片。只有结合一定的叙事背景,也就是在一定的历史叙事语境中,才能理解一个人的行为。因此,行为的可理解性关键在于找到某种合理的解释,这种解释只有在一种有机的叙述整体中才能被发现。由于人类是理性存在者的事实,使得行为的可理解性变得尤为重要。这也是可理解性行为与不可理解性行为的本质区别。因为一个非理性存在者,比如精神疾患者,就无法发现理由,也就无从进行行为解释。因此,行为的可理解性在于一个理性存在者的自我同一性,即将某一特殊行为片段置于一种整体的历史叙事语境之中。这种历史既包括每个个人的历史,也包括个人在其中活动与经历的背景的历史。这也是麦金太尔所理解的"叙事性自我"。

麦金太尔的"叙事性自我"概念关乎两个方面:一方面,"我是在我历经从生到死的故事的过程中被他人所合理地认为是的那个存在;我是一个历史的主体,这个历史是我自己的而不是任何别的人的,并且有其自身独特的意义"①。易言之,成为历史叙事的主体,需要一种统一性。这种叙事的统一性要求角色的统一性,而角色统一性的先决条件便是人格的同一性。只有保持人格的同一性,才能使一个人的角色保持统一性。只有在这种统一性中,一个人的行为才能有一种可理解的叙事解释,一个人的行为才有意义。

另一方面,每个人在成为自身叙事主体的同时,也是他人叙事历史的合作者。每个人的叙事相互制约,相互不同。但是,任何一个生活叙事都是相互联结的叙事整体的一部分,共同构成一个完整的叙事历史。因此,每个人不仅能够对自己的行为进行解释,也能够对别人的行为进行解释。这种相互的行为解释构成叙事最基本的本质要素。所以,麦金太尔指认:"没有自我的可解释性,构成所有最简单、最基本的叙事之诸事件的那些连续就不可能发生;而没有自我的可解释性,叙事就会丧失使叙事以及构成叙事的行为具有可理解性所必需的那种连续性。"②于是,麦金太尔通过叙事、可理解性与可解释性的相互预设完成了人格同一性的重要性说明。在此基础上,麦金太尔进而认为,人生的统一性就体现在生活的叙事统一性之中。

综上所述,麦金太尔的自我是一种叙事性的自我,是有着同一性和连续性的自我。他将自我的每一个行为片段与生活整体联系起来,将自我的历史嵌入整个历史叙事背景之中,这是一种典型的社群主义的自我观。这种叙事性的自我明确反对自由主义的原子式自我、碎片化的自我。它从自我的同一性和连续性出发对自由主义的人格分殊进行抨击,认为现代自我的碎片化,破坏了自我的完整性和德性的统一性。这将不利于麦金太尔所希冀的共同体的构建,也被其视为现代性危机的根源之一。因此,自我观成为麦金太尔对自由主义进行批判的一个最基本的论域。

---

① [美]阿拉斯戴尔·麦金太尔:《追寻美德》,宋继杰译,译林出版社 2008 年版,第 246 页。
② [美]阿拉斯戴尔·麦金太尔:《追寻美德》,宋继杰译,译林出版社 2008 年版,第 247 页。

第二节　对自由主义的正义批判

自古希腊以降,正义一直是政治哲学与伦理学的一个极其重要的概念。迨至现代,尤其是罗尔斯的《正义论》,再次掀起了西方政治哲学探讨的热潮。关于正义的话题,成为当代政治哲学的聚焦点。正义问题大致上可以分为两个类别:一个是整体正义,一个是部分正义。所谓整体正义即指整个国家或城邦的正义,而部分正义则指分配正义或法律正义。①此外,对正义是否具有普遍性的争论也是政治哲学所关注的焦点。以罗尔斯为代表的自由主义正义观体现的是一种普遍主义的正义观,它强调正当优先于善,并且认为正义适合所有社会的所有时期的所有人,不受任何共同体形式的制约,也不受任何时间地点的约束。在社群主义者看来,这种普遍主义的正义观是不可能存在的。无论是作为整体的正义,还是部分的正义,都会受到地方性共同体的限制。正义是特殊的,而不是普遍的。麦金太尔站在社群主义者的阵营,对以罗尔斯和诺齐克为代表的自由主义正义观进行了深刻的批判。

一、普遍正义的批判

随着罗尔斯《正义论》的出版,当代西方政治哲学再次掀起探讨正义的热潮。罗尔斯的正义观也成为当代自由主义正义观的代表。罗尔斯的正义观大体上可以看作是一种普遍主义的正义观,因为他的正义观是基于个人权利的正义,并主张正当优先于善。这种正义观受到麦金太尔等社群主义者的强烈抨击,甚至自由主义者哈贝马斯也批评罗尔斯的普遍主义正义。

---

① 参见龚群:《自由主义与社群主义的比较研究》,人民出版社 2014 年版,第 220 页。

1. 罗尔斯及其普遍主义正义观

正义是罗尔斯理论的一个重要概念。它被罗尔斯视为社会制度的首要德性。在罗尔斯看来,所有的法律和规章制度都要符合正义,否则就要加以改造或废除。每一个人都享有基于正义的不可侵犯性,即使冠以社会整体利益之名也不能被侵犯。因此,如果一个社会是正义的,那么其公民便享有平等的公民自由,由正义所保障的权利也不会受到政治交易或社会利益权衡的制约。从中可以看出,罗尔斯的正义观是一种制度正义,强调正义是制度的德性。这种制度正义建立的基础是个人权利,即个人拥有平等自由的权利。这种基于个人权利的正义是神圣不可侵犯的。

将正义的基础建立在个人权利之上,实际上继承的是自洛克以来的自由主义传统。在洛克以来的自由主义传统中,个人权利一直是其强调的核心。因为,在洛克看来,政府的存在是以保护公民个人权利为先在要求的。如果一个政府不能保护公民的个人权利,那么,这样的政府就没有存在的必要,也就不具有存在的合法性。正义的存在便是为了保护公民的个人权利不受侵犯。

罗尔斯在《正义论》中预先设计了一个"无知之幕"的制度假设,假设了一个处于原初状态的社会。这个原初状态可以视为罗尔斯对古典契约论的再现。在罗尔斯的原初状态的社会中,所有人都处于"无知之幕"之下。每个人都遗忘了关于自身和社会的一切特殊信息,只保留对人类社会的一般认知和信息。每个人都拥有平等的地位和权利。所有进入原初状态中的人都会认同罗尔斯的正义原则。这种原初状态中的正义原则,是一种抽象掉所有特殊信息后得到的原则。在罗尔斯看来,在抽拔了所有特殊信息后的社会就是一个平等、自由的社会。因此,处于原初状态中的人们,生活在一个平等、自由的社会中,每个人的权利能够得到充分的尊重。而从这样一种情状中所选择的正义原则,就必然具有普遍性,因为它不是某个特殊的社会所选择的原则,是在一种规范性条件下所得出的必然结论。这种规范性适用于所有人类社会,而不仅仅是某个共同体。因此,原初状态的观点是一种全社会与全时态的普遍性的观点,而由此得出的正义原则也必将是一种永恒的正义原则。正如罗尔斯在《正义论》结尾所言："从原初状态的观点来看，我们在社会中的地位，也就是永恒的观点来看待殊相，即不仅从全社会而且也从全时态的观点来审视人的境况。永恒的观点不是一个从世界之外的某个地方产生的观点，也不是一个超越的存在物的观点；毋宁说它是在世界之内的有理性的人们能够接受的某种思想和情感形式。一旦人们接受了这种思想和情感形式，无论他们属于哪一代人，他们就能够把所有个人的观点融为一体，就能够达到那些调节性的原则。每一个人在其依赖这些原则而生活的过程中都肯定着这些原则，并且是根据他自己的观点肯定着它们。"① 由此可见，从原初状态出发的正义原则是一种普遍主义的正义观。

此外，将罗尔斯的正义观看作是一种普遍主义的正义观，还在于他对个人权利的强调。在罗尔斯看来，个人权利是自古希腊以降便有的一种规范性观念。罗尔斯认为，自古希腊以来的哲学和法律中，人能够参与社会生活并扮演各种角色，能够履行和遵守各种权利和义务。因此，在正义观念中的社会作为一种公平合作体系，公民在其中能够终身自由和平等地参与社会生活。② 换言之，人具有一种自由平等的本体特性。罗尔斯的正义观恰恰建立在这种自由平等的本体特性之上。因此，罗尔斯的正义观具有超越性，适用于人类社会各个阶段、各个时期，不受任何社会制度或环境的影响。从这个意义上看来，罗尔斯的正义观是普遍主义的正义观。

2. 麦金太尔的特殊正义

与罗尔斯的普遍主义正义观截然相反，麦金太尔等社群主义者认为，正义不具有超越性，不能超越社会共同体而存在。因为每个人都从属于某种社会共同体，每个人的特性将由其生活的社会共同体的特性所决定，因此，正义的特性也由社会共同体的特性所决定。正义是在一定的社会

---

① ［美］约翰·罗尔斯：《正义论》，何怀宏、何包钢、廖申白译，中国社会科学出版社 2003 年版，第 591 页。

② 龚群：《自由主义与社群主义的比较研究》，人民出版社 2014 年版，第 222 页。

制度背景以及文化背景下产生的,是历史的、具体的,而不是普遍的、永恒的。这就是社群主义者的特殊主义正义观。

麦金太尔对自由主义正义观的批判之一是对罗尔斯的普遍主义正义观的批判。麦金太尔认为,正义不可能是普遍的、永恒的。每一个社会的历史发展阶段都会在实践中产生不同的正义观。随着人类社会的发展,正义的观念也越来越多样化。尤其在现代社会,充斥着各种各样互不通约、不可公度的正义观。每一种正义观背后都诉诸一套正义的传统,每一套正义的传统都具有存在的合理性,它们之间彼此冲突,互不通约,却又相互影响。迄今为止,也没有,也不可能有一套放之四海皆准的普遍正义观。

麦金太尔在《谁之正义? 何种合理性?》一书中,将正义的传统划分为四大类别:古典的亚里士多德主义传统、奥古斯丁主义传统、苏格兰的启蒙哲学、现代自由主义传统。在西方社会文化生活的发展背景之下,这四种传统顺次产生。每一种传统都用自己的阐释方式叙述正义观及其合理性,并且每一种传统与其他传统之间不是处于对峙关系,就是处于共生之中。麦金太尔通过对正义传统的追溯,表明任何一种正义观念的诞生都离不开其传统所处的历史情境。每一种传统的历史情境下的正义观也往往具有自身的特性。比如,荷马时代的正义观,尽管可以看作是一种包括宇宙自然与人类社会的普遍正义,但是,由于荷马时代的社会与宇宙相统一,荷马社会实际上体现的是一种单一的宇宙结构,因此,荷马社会仍是一种地方性共同体,荷马时代的正义因此也是地方性共同体的特殊正义。随着荷马社会的分解,作为地方性共同体典型特征的城邦出现,这时体现的便是亚里士多德的城邦正义。后来发展到托马斯·阿奎那时代,他在继承亚里士多德思想的同时,吸收了宗教神学的思想,将正义的德性经由宗教仪式和对上帝应有的态度体现出来。直至现代自由主义社会,自由主义作为对传统的反叛,其自身竟也成为一种传统。自由主义社会中的正义则是一种基于个人权利的正义观。上述种种表明,每一种传统都有属于自身时代特征的正义观念。因此,正义是历史的、具体的,每一个共同体都有自身特殊的正义观。

此外,麦金太尔对罗尔斯的正义观所诉诸的个人权利也进行了抨击。在麦金太尔看来,权利是一个历史概念,其本身并不具有普遍性和永恒性,而是近代以来才有的新概念。因为在中世纪以前甚至更远古的时代,都没有可以被译作"权利"概念的语言存在。因此,麦金太尔认为权利与功利概念一样,是一种虚构的概念。于是,罗尔斯基于个人权利搭建的正义观也必将是虚构的。麦金太尔对权利概念的否定招致了许多非议,甚至有学者认为麦金太尔在《谁之正义? 何种合理性?》中已经意识到否定权利概念的错误,而刻意选择了回避相关内容的讨论。因为如果说权利概念是虚构的,那么建立在此基础上的整个西方政治哲学也势必随之坍塌。但是,麦金太尔对权利概念的历史性界定是没有疑问的。问题在于权利概念的先验性如何证明,或是如何反证。麦金太尔大概想表达的是,罗尔斯建立在一个历史性的权利概念之上的正义观,是不可能具有普遍性和永恒性的。[①]

二、分配正义的批判

麦金太尔对自由主义正义观的另一个批判矛头指向的是分配正义。在《追寻美德》中,麦金太尔专辟一章对以罗尔斯和诺齐克为代表的自由主义分配正义观进行了猛烈抨击。总体而言,罗尔斯的分配正义更强调平等,诺齐克的分配正义则更倾向于权利。社群主义者强调的则是"应得"概念和共同体的共善。麦金太尔作为对自由主义最强烈的反对者,他对自由主义及其正义观的批判带有一种深刻的历史意识,强调将对自由主义分配正义的批判置于历史的整体框架之中。

1.罗尔斯和诺齐克的分配正义观

正义被亚里士多德誉为政治生活的第一德性。政治共同体存在的必要基础是践行正义观的一致性。然而,在麦金太尔看来,当今社会缺乏这

---

① 参见龚群:《自由主义与社群主义的比较研究》,人民出版社 2014 年版,第 227 页。

样的基础。因为,现代性下的道德社会由于情感主义的泛滥,对德性概念无法达成一致,对德性的认知也难以统一。并且,西方社会的道德传统抛弃了亚里士多德的德性伦理观,致使传统继承的裂变。从而使当代西方社会的道德伦理观呈现出多样性及不可公度性,道德表征为一种多元无序的状态。其中,有关正义的争论是当代道德不可公度的最典型的代表,其带来的后果也最严重。罗尔斯与诺齐克对分配正义的互为攻伐是当代西方道德社会争论的理论化表现。

麦金太尔在《追寻美德》中,设想了两种理想形态的角色争论,这两种角色所引射的理论观点分别所代表的人物就是罗尔斯与诺齐克。麦金太尔假设,角色 A 是一个普通人,可能是个体店主、一名警察或一个工人。他努力工作,并攒钱买房、供子女上学、赡养父母等。但是,不断上涨的税收威胁到了他的收入。他认为这种威胁是不正义的,并声称他有权利享有他的所得,其他人没有权利剥夺他的合法收入。角色 B 也是一个普通人,可能是一名自由职业者、社会工作者或财产继承人。他对社会收入分配的不平等感到不满,尤其是对由于权力分配的不平等而导致的穷人和被剥削者对改善自身状况的无能为力感到不满。他认为这两种不平等类型都是不正义的,且会导致进一步的不正义产生。他的一般信念是认为一切不平等都需要合理论证,而不平等的唯一可能的合理性论证是由不平等带来的经济增长可以改善穷人和被剥削者的状况。因此,他认为再分配税制能够增进公共社会服务,因而是正义的要求。①

显而易见,麦金太尔所设想的这两种角色,一个反对增加税收,一个支持税收。麦金太尔认为这两种角色在当今的社会政治秩序环境下,其分歧与争执是必然存在的。因为两人的正义观念在逻辑上不相容,所援引的行动理由也不可公度。角色 A 的正义观念主张正当所得和所有权原则,应该对再分配进行限制。如果应用正当所得和所有权原则的后果

---

① 参见［美］阿拉斯戴尔·麦金太尔:《追寻美德》,宋继杰译,译林出版社 2008 年版,第277 页。

是不平等的,那么,正义的代价则是忍受这种不平等。角色 B 的正义观念主张限制合法所得与所有权的分配原则。如果应用该正当的分配原则的结果是借由税收或国家征收等方式干预社会中的合法所得与所有权,那么,正义的代价是忍受这种干预。因此,"无论 A 的原则还是 B 的原则,一个人或一群人得到正义所需的代价总是由另一个人或另一群人来付出的。这样,不同的可以确认的社会群体按照其各自的利益接受一个原则而拒斥另一个原则。没有哪个原则从社会或政治上讲是中立的"①。

此外,麦金太尔认为,角色 A 和角色 B 不仅仅是依据不同的概念类型造成了不可相容的实践后果,而且更为困难的是他们之间的争论能否得到合理解决。因为角色 A 的正义观的基础是一个人依靠自身能力有权得到什么且如何得到;角色 B 的正义观的基础是关于满足个人基本需求的手段的平等性。因此,假设面对某份资产或资源,角色 A 会毫不犹豫地声称从正当性上讲,他拥有这份资产或资源,因为他合法地获取了它;角色 B 可能会主张从正当性上讲,其他人可能更需要这份资产或资源,因为其他人只有拥有它才能满足其基本需求。在麦金太尔看来,无论是以合法所得为基础的主张还是以需求为基础的主张,都无法说服另一方,即二者之间不可公度。

麦金太尔指出,角色 A 与角色 B 之间观点的不相容性反映了罗尔斯与诺齐克的正义理论的不相容。罗尔斯的正义理论认为,处于"无知之幕"下的人们遗忘了所有关于自身和社会的特殊信息,在这种原初状态下的理性行为者会选择他所主张的两条正义原则来行动。第一条正义原则:"每个人对与所有人所拥有的最广泛平等的基本自由体系相容的类似自由体系都应有一种平等的权利。"第二条正义原则:"社会和经济的不平等应这样安排,使它们(a)在与正义的储存原则一致的情况下,适合于最少受惠者的最大利益;并且,(b)依系于在机会公平平等的条件下职

---

① [美]阿拉斯戴尔·麦金太尔:《追寻美德》,宋继杰译,译林出版社 2008 年版,第278 页。

务和地位向所有人开放。"①并且,第一条正义原则中,自由只能为了自由的缘故而被限制。第二条正义原则中,正义优先于效率和福利。因此,罗尔斯的正义理论坚持社会所有最首要的利益,包括自由与机会、收入与财富以及自尊的基础等都应该被平等地分配。显然,罗尔斯的正义理论阐述了角色 B 的观点,它是一种要求平等优先的正义观。

诺齐克的正义理论则是对角色 A 的观点阐述。它要求的是一种权利优先的正义。尤其是他的那个经典问题"你为什么有权利如你所愿地使用那贝壳?"明确地表明了他的正义观,即"有关完备的分配正义的原则只能是说,一种分配是正义的,如果每个人都有权利拥有他们在这种分配之下所拥有的东西的话"②。换言之,诺齐克的正义理论诉诸的前提是每个人的权利不可剥夺,即主张权利优先的正义。

由此可见,罗尔斯的平等原则与需求相关,而诺齐克的平等原则与权利相关。麦金太尔所假设的两种角色所持的立场充分反映了他们二者的正义观念。角色 A 的观点诉诸的是以权利的正义反对分配原则,而角色 B 的观点诉诸的是以需求的正义反对权利原则。显然,无论是角色 A 和角色 B 的观点还是罗尔斯与诺齐克的正义理论,彼此都是不相容的,不可公度的。因为"一种赋予需求的平等以优先性的申言,如何可能合理地与一种赋予权利以优先性的申言进行比较呢?"③麦金太尔指出,如果说罗尔斯与诺齐克的正义理论之间还有共同点的话,那么就是他们的正义理论中都缺乏"应得"(desert)概念。

2. 以"应得"批判自由主义分配正义

麦金太尔认为,在罗尔斯与诺齐克的正义理论中都没有为"应得"概

---

① [美]约翰·罗尔斯:《正义论》,何怀宏、何包钢、廖申白译,中国社会科学出版社 2003 年版,第 302—303 页。

② [美]阿拉斯戴尔·麦金太尔:《追寻美德》,宋继杰译,译林出版社 2008 年版,第 280—281 页。

③ [美]阿拉斯戴尔·麦金太尔:《追寻美德》,宋继杰译,译林出版社 2008 年版,第 282 页。

念留下位置。但是，在现实生活中，角色 A 和角色 B 所代表的人群是真实存在的，而他们的申言都表达了"应得"的概念。角色 A 认为他们通过自己的辛勤劳动所获得的合法收入都是应得的；角色 B 站在贫穷者和被剥削者的立场，认为他们的贫穷和匮乏是不应得的。因此，他们通过对应得的考虑，认为自己的主张才是符合正义的。然而，在罗尔斯的正义理论中应得概念是没有立足空间的。或许是受到休谟的影响，罗尔斯认为不可能将对正义的理解建立在应得基础上。如果没有正义规则，人们将无从知道什么人应得什么。即使阐明了正义规则，需要考虑的问题也不是应得，而是合法的期望。因此，罗尔斯是反应得的。诺齐克虽然没有明确反应得，但在麦金太尔看来，在诺齐克的正义理论中也没有为应得留下地位。因为诺齐克的正义理论诉诸的是权利，通过强调权利来强调获取的正当性，从而强调应得或不应得。看起来似乎诺齐克的正义理论是有应得的，但是麦金太尔却提出自己的批驳。

麦金太尔认为罗尔斯与诺齐克的正义理论都缺乏应得概念，因为他们的理论基础是个人而不是共同体。在罗尔斯和诺齐克的正义理论中，社会是由个人组成的，个人因不同的原因走到一起，组成共同的社会，制定共同的规则，目标都是为了实现个人自身的利益。在他们看来，个体利益优先并独立于社会共同体利益。然而，麦金太尔的应得概念，则是亚里士多德德性传统中所固有的概念，它强调的是共同体，而不是个人。因此，当麦金太尔强调应得概念时，他诉诸的基础必然是共同体。"在这样一种共同体中，与对共同体在追求共同利益中的共同使命作出贡献相关之应得概念，能够为有关德性与非正义的判断提供基础。"①换言之，应得概念只有在共同体的语境下才能得以实现。因为，只有在共同体中，对人的善和对共同体的善才能得以一致，也只有在此一致善的情状下，个体才能据此判断他们的基本利益。反观罗尔斯和诺齐克的正义理论，他们的

---

① ［美］阿拉斯戴尔·麦金太尔：《追寻美德》，宋继杰译，译林出版社 2008 年版，第284 页。

社会性预设明显继承了自霍布斯、洛克以来的个人主义观点,也暗示了现代社会的现实性——现代社会通常由陌生人组合而成,各自在最低限度制约下追逐自身利益。因此,在麦金太尔看来,罗尔斯和诺齐克的正义理论是个人主义的正义观。这种正义观没有共同体的概念,或者说缺乏亚里士多德式的共同体概念。因而是不可能有应得概念的。也正是由于罗尔斯和诺齐克对共同体和应得概念的放弃,从而使他们的正义观也无法达成共识。

更重要的是,在麦金太尔看来,罗尔斯和诺齐克在分配正义问题上的分歧实质上不仅仅反映了现代社会有关正义观念的多元与互竞的争论,而且还折射出现代政治和道德争论的不可消融性。这些互竞的、互不相容的观点在现代社会结构内部表现的碎片化形式下,其实遮蔽了现代社会"深层冲突的多元主义的政治修辞术"①。由此,麦金太尔指出,现代政治不可能在道德上达成共识。因为现代社会被个人主义、物质贪婪、以市场价值观为核心等思想所充斥,这些观念都与德性传统背道而驰。不仅如此,德性传统与现代政治秩序也形成一种对峙。在麦金太尔看来,"现代系统的政治观,无论自由主义还是保守主义,无论激进主义还是社会主义,从一种真正忠于德性传统的观点来看,都必须被拒斥,因为政治本身以其制度性的形式表达了对于这一传统的系统拒斥"②。由此,麦金太尔从对自由主义的正义批判转入对自由主义更深层次的批判——制度批判。

第三节　对自由主义的制度批判

当今自由主义已经不仅仅是一种学术思潮,而且还成为西方世界一种普遍盛行的制度实践。麦金太尔对自由主义的制度批判对象主要指的

---

① ［美］阿拉斯戴尔·麦金太尔:《追寻美德》,宋继杰译,译林出版社 2008 年版,第 287 页。
② ［美］阿拉斯戴尔·麦金太尔:《追寻美德》,宋继杰译,译林出版社 2008 年版,第 289 页。

是资本主义社会的自由主义制度,它渗透在政治与经济生活的方方面面。因此,麦金太尔对资本主义社会的自由主义制度批判主要表现为对资本主义政治的批判与对资本主义市场的批判。

一、资本主义政治的批判

麦金太尔指认自由主义在当代表达的是资本主义的道德与政治的声音。尽管自由主义者标榜自由平等与个人权利,自由主义国家通过工会运动和福利政策使工人分享资本主义的繁荣。但是,这一切看似进步的成就实际上是自由主义的伪装和谎言。

1. 反对自由主义的民主制

目前,西方国家普遍实行"自由主义民主制"的政治制度。这种制度以民主自居,驳斥君主制和贵族制。自由主义的民主制宣扬自由、平等和个人权利;宣称在民主制下生活的人们都可以分享资本主义所带来的繁荣。然而,麦金太尔认为,自由主义民主制的以上宣言都是谎言。自由主义民主制实质上捍卫的是资本主义制度。这是自由主义在当代的伪装。"在自由主义的这些当代伪装中,所谓的保守主义和所谓的激进主义,一般说来仅仅只是自由主义的烟雾弹罢了:现代政治制度内部的当代论战毫无例外地发生在保守的自由主义者和开明的自由主义者与激进的自由主义者之间。在这种政治制度里,没有为批评该制度留下任何空间。换言之,没有质疑自由主义的余地。"[1]这种自由主义的伪装通过自由主义内部的论战得以显露无遗。

麦金太尔指出,在自由主义内部存在着四个层面的论战[2]:

第一个层面的论战:不同的个人和群体以自己的方式表达自身的观点和态度。他们每一个人的观念、每一种立场都从自身前提出发,因而得

---

[1]　Alasdair MacIntyre, *Whose Justice? Which Rationality?* Indiana: University of Notre Dame Press, 1988, p.392.

[2]　Alasdair MacIntyre, *Whose Justice? Which Rationality?* Indiana: University of Notre Dame Press, 1988, pp.342-344.

出的结论总是互为攻伐、互不相容。这也正是自由主义的秩序结构特征。在自由主义的秩序结构中,每种立场都能提出自己的主张,发表自己的观点,但这些主张和观点在社会公共秩序框架内是行不通的,因为自由主义的秩序结构无法提供一种人类善的普遍共识,而关于人类善的合理争论也必将是贫乏的。于是,各种互不相容的立场之间的论战成了各自情感、态度、偏好的表达,非合理性的规劝替代了合理性的论证。第一个层面的论战没有结果。

第二个层面的论战:由于在自由主义的秩序结构内,人们没有关于人类善的一个普遍共识,因此,人们的各种立场和观点无非是一种偏好的表达。第二个层面的论战就是关于这些偏好表达的权衡与计算。这种权衡与计算无可避免地会涉及自由主义制度化的内容,比如统计票数、回应消费者的选择以及民意调查。于是,主宰这种权衡与计算的规则和程序便成为合理性原则。自由主义为了使这一合理性原则得到社会体现,开始对正义原则展开讨论。然而,这种讨论注定是没有结果的,但却可以反映一种社会效果:它暗示发现这种正义原则是自由主义社会秩序的核心追求。

第三个层面的论战:为第二个层面所要求的规则和程序提供某种制约。尽管自由主义的理论家们无法在正义原则的精确阐述上达成一致,但是他们都认为正义是平等主义的。因为正义原则被用来为权衡与计算提供正当理由,当个人遭遇分配不当时,就需要正义原则对不平等给予合理论证。然而,自由主义的理论家们关于平等却有着各自不同的理解。比如:罗尔斯的平等意味着差别原则;诺齐克的平等意味着权利平等;德沃金的平等意味着资源平等。论战仍然没有结果。此时,实质性的结论已经不再重要,论战本身意义更为重大。因为这场论战为第四个层面的论战提供了基础。

第四个层面的论战:人们可以听到自由主义秩序对正义的呼唤。这种呼唤从哲学系统转向法律系统。在法律系统中,不需要人们对人类善达成共识,它是一种强制的秩序。自由主义秩序将不再对互竞的立场与观点进行无休无止的论战,而是将冲突留给法律系统裁决。

麦金太尔认为,自由主义内部的这四个层面的论战,不过是自由主义的一种伪装。它所争论的不过是各种各样的自由主义观点,而丝毫不触及自由主义本身。但是却由这种内部争论获得了话语权,并垄断了当今社会的政治话语。实际上,自由主义不过是通过这种虚假争论的繁荣表象来掩盖其政治霸权的实质。为了抵御自由主义的霸权,必须有另外一种有别于自由主义的声音登上当今社会的政治舞台。这个声音就是社群主义。社群主义与自由主义的争论成为来自自由主义外部的一种颠覆,它对自由主义的霸权地位构成强势威胁。来自社群主义的麦金太尔明确申言对自由主义民主制的反对,这一申言对结束自由主义话语霸权提供了有力支撑。

首先,麦金太尔认为,马克思的理论曾经作出预言:如果只是在资本主义制度内部和议会民主的有限范围内对工会进行改善,其结果不仅会驯化工会,而且还会破坏工会力量,使工会最终沦为资本主义制度的工具。麦金太尔对此预言是比较确信的,而且在20世纪五六十年代所发生的一系列事件都证明了马克思的这一预言。

其次,麦金太尔认为自由主义是精英政治,不是大众文化。自由主义的精英通过控制政党机器和大众传媒,预先已经决定了普通选民的政治选择范围。在这种精英政治中,大部分人已经被排除在政治参与之外,大部分重要议题也被排除在选择范围之外;政治成为专业人员的专业操纵;资金成为自由主义政治角逐的重要筹码,提供资金的人同时也获得了政治决策权。

最后,麦金太尔认为自由主义的个人主义是对共同体的腐蚀。自由主义的理论和实践表明,社会不过是个人的舞台。每个人在其中都追求自身的利益,并且强调个人权利的不容侵犯。于是,社会的共同善无非是每个人的偏好表达。因此,自由主义的道德论证无法从共同善出发,它的道德论证必然是个人主义的。然而,麦金太尔认为正义必须建立在共同体的共同善概念基础之上,并且遵从马克思所指出的,从"各尽所能,按劳分配"转换为"各尽所能,按需分配"。显然,基于个人主义的自由主义的正义观是与之相悖的。

综上所述,麦金太尔通过对自由主义内部争论虚伪性的揭露,拆穿了自由主义的谎言,进而通过反对自由主义民主制的三点理由,指出自由主义民主制不过是现代社会寡头制的伪装而已。

2. 反对自由主义的中立性

在麦金太尔看来,自由主义与其他政治哲学相区分的一个显著特征在于其中立性。自由主义认为,每个人都有表达自身偏好的权利,都有追求自身所认为的善的权利。政府在各种各样的善观念之间无须评判,无须选择,而是应该保持中立的立场,既不促进也不妨碍人们追求自身的美好生活。换言之,政府的中立性使其行为不以善观念为基础,甚至是反至善主义的。

麦金太尔对自由主义的中立性是持否定态度的。麦金太尔认为,自由主义的中立性是不可能存在的,它至多是一种伪装而已。因为,任何一种理论都有其产生的历史背景,都与当时的社会发展情境相适应,并且受到这些历史背景和社会情境的影响。所以,任何理论都必然保持一种党派立场,那么,它就不可能是中立的。自由主义也不例外。因此,"自由主义理论的出发点,在各种人类的善观念之间从来都不是中立的;它们永远是自由主义的出发点"①。在麦金太尔看来,以罗尔斯为代表的自由主义理论虽然主张中立性,但是这种无偏私的中立性要求实际上是以一种特殊的党派性正义,即自由主义的个人主义为假设前提的。自由主义所申言的中立性不过是一种假象而已。② 此外,自由主义在政治哲学争论中所扮演的中立性角色也是一种伪装。因为,在这场政治哲学争论中,自由主义既是参与者,也是控制者。它一方面参与论战,另一方面控制论战

---

① Alasdair MacIntyre, *Whose Justice? Which Rationality?* Indiana: University of Notre Dame Press, 1988, p.345.

② Alasdair MacIntyre, *Whose Justice? Which Rationality?* Indiana: University of Notre Dame Press, 1988, p.4.

的议题范围和程序设定。只有在自由主义所设定的程序框架内和议题范围内,才能允许其他派别参与论战。所以,自由主义不可能是中立性的。

自由主义的中立性要求政府在各种善观念之间保持中立立场,因此,自由主义的国家是反至善主义的。这在麦金太尔看来也是不可能的。首先,自由主义的国家实质上并非不拥有某种特殊的善观念,比如,自由主义国家通常都赞成自由和权利,而这些自由和权利的观念体现的正是某种特殊的善观念。其次,自由主义国家通常都会支持与该国的自由和权利观念相一致的人们及派别,这就说明自由主义国家也不可能是中立的。它们也有自己的党派立场。最后,在当代关于善观念的混战中,自由主义国家作为冲突的主要参与者,不可能是中立的裁决者。① 与之相反,麦金太尔认为国家的行为应该基于善的观念之上,而不是中立性所主张的"正当优先于善"。因为,在麦金太尔看来,善的地位是优先的。所以,国家也不可能是中立的。

总而言之,麦金太尔指出,任何理论都包含价值观念,任何国家也都不是中立的。在社会实践过程当中,任何排除价值和善观念的行为都是错误的。国家应该做的是倡导和体现共同的价值和善观念。

二、资本主义市场的批判

在麦金太尔看来,自由主义的政治制度与资本主义的经济制度是相辅相成的。因为"现代国家的统治者宣称,不管统治者或被统治者拥有如何特殊的人类善的概念,统治者为被统治者提供了福利与保护,因而也就证明了自己的权威、权力运用的正当性。市场经济的支持者宣称,他们能证明把土地、劳动力和金钱转化为商品的正当性,因为市场使那些参与市场的人们获得了利润,这种利润可被视作是独立于善的特殊概念之外"②。换言之,一方面,自由主义的政治制度为私人财产保驾护航,为资

---

① 姚大志:《正义与善——社群主义研究》,人民出版社 2014 年版,第 226—227 页。
② Alasdair MacIntyre, *Whose Justice*? *Which Rationality*? Indiana:University of Notre Dame Press,1988,p.211.

本主义的经济生产提供合法性;另一方面,资本主义的经济生产为统治者输出商品和服务,为被统治者提供福利与保护,从而为自由主义的政治制度正当性提供辩护。因此,麦金太尔对自由主义的政治制度进行批判的同时,对资本主义的市场经济也是持反对态度的。①

首先,麦金太尔认为资本主义制度本身具有不正义性。这种不正义从早期资本主义萌芽开始便已经产生,主要表现为对资本的原始分配的不平等。这种不平等性在于资本的原始分配很多都是在分配者的暴力威胁和无耻欺诈下完成的。因此,现代社会这种对资本的占有之间的不平等比前现代社会的贫富关系之间的不平等更为严重。因为,在前现代的社会结构中,富人和穷人之间有一种流通的互惠性。穷人为富人提供产品和服务,并且拥有自己的资源,对富人不产生依赖。而在资本主义的社会结构中,无产者对有产者产生严重依赖,并且是单向度的依赖。资本的使用效率越高,劳动者就越会变成资本的纯粹工具。资本家为劳动者提供基本的工资,目的是为了获取更大的利润以及资本循环的长期需要。这在麦金太尔看来,这种资本主义的市场制度必然缺乏正义。在资本主义的劳资关系中,工人的工作只是为了获得工资,以购买生活必需品,根本谈不上对社会共同善做贡献。资本家雇佣工人劳动,是为了剥削劳动者的剩余价值,以促进资本的不断循环与增长,获得利润的最大化。因此,一方面,工人与资本家追求的利益不同,社会很难在此经济层面形成共同善;另一方面,为了资本的持续循环与增长,资本家不得不采取比较温和的假面,提高工人的生活标准,以保证充足的劳动力。但是,无论如何,麦金太尔都认为,这都改变不了资本家剥削工人的现实。这种剥削显然是不正义的。

其次,麦金太尔认为资本主义社会的契约关系本身是不正义的。在资本主义的自由市场关系中,人们通常以契约的形式结合在一起。比如:

---

① 参见[美]阿拉斯戴尔·麦金太尔:《关于马克思主义的三种观点:1953年,1968年,1995年》,张言亮译,《马克思主义与现实》2011年第1期,第63—64页。

劳动契约。资本家通常借由契约关系宣称自己行为的正当性，并且声称契约关系是劳资双方自由选择的结果。然而，实际上，资本主义所标榜的自由关系并不是真正的自由。麦金太尔认为，真正自由的市场关系出现在前现代社会。在前现代社会，家庭是基本的生产单位，家庭的生产并不是为了迎合市场需求，而是为了满足人们的需要而进行生产。在这种以家庭为生产单元的社会中，每个人都能拥有生产的手段。于是，自由所有权和自由劳动者对应的必然是自由的生产。然而，在资本主义社会的市场关系中，劳动者并不拥有生产资源与资本。即使有小资本生产者存在，也会在资本主义市场关系中受到大资本家的价格挤压和生产垄断，最终不得不面临破产。资本家所声称的自由契约关系在现实中往往是资本家享有单方面的雇佣条款以及交易条款的优先权和主导权；被雇佣者，也就是劳动者、工人往往只有被动地接受，而不能也无法拒绝这些条款。在这种情况下产生的契约关系，并不是自由、正当的经济关系，而是强迫的契约关系。在麦金太尔看来，强迫的契约关系并不是真正的契约，也必然是不正义的。

最后，麦金太尔认为资本主义以物质繁荣的虚假表象遮蔽了其体制性正义的失败。在资本主义的市场经济社会，个人不仅没有得到应得的部分，反而被误导其追求的目标是偶然得到的。个人被消费主义洗脑，使人人变成消费者。于是，人们的社会实践和生产生活都将消费当作唯一的目的，消费成为人们的主要生活方式。人们对善的追求被获得更多消费品的欲望所颠覆。贪婪在不知不觉间成为资本主义社会的一种美德。对财富的不断追求与对消费的渴望成为衡量人们成功的标志。人们欲求越多，获得越多，也就象征着越来越接近成功。这样一种对贪婪的认知显然是与正义美德相对立的。在麦金太尔看来，无论是中世纪的基督教神学家，还是亚里士多德，他们都曾指出贪婪是一种恶习。《圣经》中也将财富看作是苦难，是进入天堂的阻碍。因此，资本主义将贪婪指认为一种美德，实质上是其体制性的不正义所必然发展出的一种不正义的特性。

　　麦金太尔对自由主义的批判是其现代性批判的一个永恒主题。现代性之弊折射的正是自由主义之缺。因此,麦金太尔对自由主义的自我批判、正义批判和制度批判也影射了对现代性自我认同危机、现代正义问题和现代资本主义制度的批判。

　　麦金太尔对现代性自我的批判主要指向自由主义的自我观。自由主义自我观表征为情感主义的自我与碎片化的自我。情感主义的自我由于缺乏任何标准,表现为可以什么都是,也可以什么都不是。这种道德自我是普遍的、抽象的,忽略社会特性的自我。它既可以是康德笔下的理性存在者,也可以是罗尔斯"无知之幕"下遗忘的自我。碎片化的自我由于消解了人生的统一性与整体性,使人生的每个阶段彼此分离,互相断裂,每个人成为原子式的存在,从而导致人格分殊,自我碎片。无论是情感主义的自我,还是碎片化的自我,在麦金太尔看来,既是现代性危机之筋,也是自由主义发展的必然结果。麦金太尔通过"叙事性自我"修复了自我的同一性与完整性,同时也为共同体的构建提供了条件。

　　麦金太尔对现代正义的批判主要包括对罗尔斯的普遍主义正义观的批判和对罗尔斯与诺齐克的分配正义的批判,它体现了强烈的历史意识。麦金太尔用特殊正义来抵御普遍主义的正义观,认为正义不可能是普遍的、永恒的,每个社会发展阶段都会产生与之实践相应的正义观。因此,正义应该是特殊的、具体的。同时,麦金太尔用"应得"概念揭露分配正义的缺失,认为应该将对分配正义的批判置于总体的历史框架之下。如此才能发现,自由主义的分配正义实质上遮蔽了现代政治的多元冲突及其与道德的不消融,从而将对自由主义正义的批判话题转向对自由主义的制度批判。

　　麦金太尔对自由主义的制度批判不仅包括对自由主义民主制的批判,而且还包括对资本主义的市场经济体制的批判。资本主义的政治制度与经济制度是对其体制不正义的相互包庇与欺瞒。资本主义的政治制度以声称自由对其市场高度开放,却隐瞒了资本原始分配的不平等事实;资本主义的政治制度号称对私人财产加以保护,却促进了更多的分配不正义,加剧了有产者与无产者之间的不平等。与之对应,资本主义的经济制度以契约的形式将劳动者带入资本市场,却以强制的契约逼迫劳动者从事劳动,以榨取他们的剩余价值;资本主义的经济制度宣称为人们提供更多选择、更多消费品来提升人们的生活水准,却引导人们逐渐被消费主义所异化。总而言之,资本主义的政治制度为其经济制度提供实践不正义的合法性,反过来,资本主义的经济制度为其政治制度提供资金保障,使其体制的不正义得以延续与发展。

因此,在资本主义的政治制度下,人们无法形成关于社会的共同善,只关心个人的自身利益;在资本主义的经济制度下,人们关注的只有消费与欲望的满足,而不再关注个人的善与人类的善。在这样的社会环境下生活的人们,充其量只是物质的追逐者。他们在社会生活中不再以社会的共同善为目标,而是一副副行尸走肉,扮演着各种各样的角色,彼此分裂,彼此隔绝,而不再是一个人格完善的健全的人。这正是麦金太尔所批判的自由主义制度,也是他所批判的现代性的特征。

第三章　A.麦金太尔对现代性的道德批判与救赎:传统

面对现代性的种种危机,无论是法兰克福学派的社会批判理论还是后现代主义的"解构"批判,它们二者实质上都是在拒绝传统。法兰克福学派一代又一代的接班人在现代性危机面前不断地批判前人的思想,在对其思想加以修订的基础上,从而形成自己的新的批判理论。有的甚至渐渐背离了法兰克福学派的思想灵魂——马克思主义。由于法兰克福学派的思想家们只注重批判,而丢弃了批判的灵魂,所以他们对现实社会的批判很容易陷入悲观主义的情绪而无法自拔。后现代主义对现代性的批判则来得更加猛烈些。后现代主义大师们将现代性解构得体无完肤,支离破碎,幻想由此重新建构一个现代性,或是他们认为的所谓的后现代。古代传统在他们眼中都是糟粕,都是有待解构的。对现代性批判的勇往直前的执着或许是后现代主义大师们最值得称颂的勇气,但是对传统的叛离却是让人无法接受的。没有传统的支撑,一切的思想都是虚无。因此,无论是法兰克福学派的社会批判理论还是后现代主义的"解构"批判,由于拒绝回望传统,因而都无法真正解决现代性的病症,无法带领现代社会走出现代性的迷雾。因而,在现代性的重重诟病中,颠覆传统显然是不可取的批判之路,只有回归传统才能有望消散现代性迷雾。

第一节　传统的动态演变

传统在麦金太尔的道德哲学和政治哲学中是一个核心概念。尤其是麦金太尔有关道德哲学的叙述,基本上是内嵌于传统之中而得以完成。传统在麦金太尔道德哲学中所扮演的角色不容小觑。因此,麦金太尔在其道德谋划的德性三部曲——《追寻美德》、《谁之正义？何种合理性？》以及《三种对立的道德探究观》中,对贯穿其中的主线——传统,进行了广泛的探讨。然而,他却从未给传统一个明确的定义,甚至在他不同的著作中,传统所称谓的内容也是迥然有别的。因此,传统在麦金太尔的理解视域中是一个动态发展的过程,麦金太尔始终将他对传统的理解置于其研究的具体语境之中。

一、作为德性背景的传统

在《追寻美德》中,传统被麦金太尔视作一种德性背景下的传统,他主要追问的是德性传统中有关善和实践的概念,而诸德性的核心概念则构成了他所关注的德性伦理传统。麦金太尔认为德性概念的发展有三个阶段:

> 第一阶段要求一种有关我所谓的"实践"的背景解说,第二阶段要求一种有关我已经描述过的个人生活的叙事秩序的背景解说,而第三阶段则要求对"是什么构成了一个道德传统"的问题给予比我迄今为止所做的更为充实的解说。①

麦金太尔认为在这三个阶段中,每前一个阶段都构成了后一阶段的先决条件,并且被后一阶段所修正,由此每前一阶段在得到重新阐释的同

---

① ［美］阿拉斯戴尔·麦金太尔:《追寻美德》,宋继杰译,译林出版社 2008 年版,第211 页。

时,也为后一阶段的发展提供了本质性的构成要素。麦金太尔接着指出:"这一概念发展中的进程与这一概念形成其核心的那一传统的历史紧密相关——虽然这一进程并不以任何直接的方式重复那一传统的历史。"①

首先,德性概念发展的第一阶段。这一阶段将诸德性视为获得实践内在善所必要的诸品质。对于诸德性的展现需要一种特殊实践的观念,麦金太尔提醒大家,他所意指的实践与日常用法有所区别。不过,麦金太尔的实践概念对于今天的读者而言,可谓是耳熟能详了。鉴于分析的需要,还是将此概念复述一遍。

所谓"实践",意指"任何融贯的、复杂的并且是社会性地确立起来的、协作性的人类活动形式,通过它,在试图获得那些既适合于这种活动形式又在一定程度上限定了这种活动形式的优秀标准的过程中,内在于那种活动的利益就得以实现,结果,人们获取优秀的能力以及人们对于所涉及的目的与利益的观念都得到了系统的扩展"②。

因此,实践不等同于技术或技艺。实践的目的是为了获得内在善,而不是外在善。它们二者的区别在于:外在善只隶属于个人,而且某人占有的越多,意味着其他人就拥有的越少,比如:金钱、权力、声望;内在善则内在于实践本身,它的获得有益于参与实践的整个共同体。由此,麦金太尔对德性进行了一个最初的定义,即将德性视为一种获得性的人类品质,通过德性的践行,可以使人们获得实践的内在善,反之,则会妨碍人们获得这种善。对此,塞缪尔·谢费勒指出:"一个伟大而又邪恶的棋手不可能获得象棋方面的任何内在善。"③即对实践者的品质是否是德性发出诘难。面对谢弗勒的质疑,麦金太尔回应道:"没有任何人类品质会被视为一种德性,除非它满足那三个阶段中的每一个阶段所指定的条件。"④因为,内在于实践的品质如果在第二阶段或第三阶段中表现为无用,甚至是

---

① [美]阿拉斯戴尔·麦金太尔:《追寻美德》,宋继杰译,译林出版社 2008 年版,第 211 页。
② [美]阿拉斯戴尔·麦金太尔:《追寻美德》,宋继杰译,译林出版社 2008 年版,第 212 页。
③ [美]阿拉斯戴尔·麦金太尔:《追寻美德》,宋继杰译,译林出版社 2008 年版,第 310 页。
④ [美]阿拉斯戴尔·麦金太尔:《追寻美德》,宋继杰译,译林出版社 2008 年版,第 311 页。

有害,那么,它就不能被认为是德性。

为了进一步厘清德性概念,需要走向第二个阶段。在这一阶段,德性被视为有助于整个人生的善的诸品质。麦金太尔通过人类行为的可理解性概念,提出任何一种行为都植根于一种赋予其意义的连贯的叙事之中。换言之,个人生活的统一性体现了叙事的统一性,叙事的统一性要求角色的统一性,而角色统一性的先决条件在于人格的同一性。这种人格的同一性被麦金太尔称为"叙事的自我"。这种"叙事的自我"具有双重意义:"一方面,我是在我历经从生到死的故事的过程中被他人所合理地认为是的那个存在;我是一个历史的主体,这个历史是我自己的而不是任何别的人的,并且有其自身独特的意义。"①由此推知,理解人格的同一性概念与叙事性和可理解性不可分割。马克思在《路易・波拿巴雾月十八日》中将人类生活视为一种戏剧性的叙事,这种对人生的解释在麦金太尔看来是经典性的,但也存在不完满性。因为,在马克思看来,人类社会生活叙事基于的生活观认为,生活被某种规律所支配,并且是可预言的。但是,麦金太尔却主张人类生活的叙事具有不可预言性。这种不可预言性是与某种目的论特征相互依存的。在麦金太尔看来,尽管每个人的生活看起来似乎是各自独立的,但实际上是相互关联的,它们共同指向一个共有的未来概念,有着一个共同的目的,即追问"什么是对人来说的善"②。麦金太尔认为,对人来说的善的生活,是与德性相关联的。在我们探寻善的生活的过程中所需要的德性,也是理解对人来说善的生活的那些德性。由此,德性理论的第二阶段完成。

德性理论的第三个阶段:德性与对善的探寻之间的关系,只有在一种社会传统内部才能被阐明与拥有。麦金太尔认为,对善的探寻或德性的践行,需要超越个体自我。这就要求对善的探寻需要将自我置于一个共同体之中。也就意味着对善的探寻是一部超越个人生活的历史,其历史

---

① [美]阿拉斯戴尔・麦金太尔:《追寻美德》,宋继杰译,译林出版社2008年版,第246页。
② [美]阿拉斯戴尔・麦金太尔:《追寻美德》,宋继杰译,译林出版社2008年版,第247页。

性特征使之置于一种传统之中："我发现自己是一个历史的一部分,并且一般而言,无论我是否喜欢它,无论我是否承认它,我都是一个传统的承载者之一。"①那么,是什么构成了这类传统?

按照柏克等保守主义政治理论家们对传统概念的理解,传统应是固定的和静态的。麦金太尔则主张传统是由一种有关利益的论辩所构成,它表现出冲突的连续性。如果"一个传统变成了如柏克所理解的那样,那么它总是垂死的或者已经死了"。因此,"一个活生生的传统就是一个历史性地扩展了的、社会性地具体体现了的论辩,并且是一个在一定程度上恰恰有关构成这一传统的那些利益的论辩"②。个人对善的探寻,是在传统所界定的语境之内发生的。个人生活的历史,由于传统的衰微与消失,只能"一般地且特别地",而不是"永远地"穿插在许多传统的历史中。只有德性的践行才能维系并强化传统。诸德性的"意义与目标不仅在于维系获得实践的各种内在利益所必需的那些关系、维系个人能够在其中找到他的善作为他的整个生活的善的那种个体生活形式,而且在于维系同时为实践与个体生活提供其必要的历史语境的那些传统"③。

综上所述,麦金太尔在《追寻美德》中对传统的解说是与德性理论相并行的。尽管在其后来的两部著作中,麦金太尔修正了这一解说。但是,理解传统的核心要点仍然没有改变,即将传统看作是"一种开放式的探究,而不是提供某些固定的和静态的东西"④。当然,也确如麦金太尔自己所言,这一阶段关于德性与传统的批判,为其对道德合理性概念进行辩护提供了前期准备。

二、作为认识论概念的传统

《追寻美德》中的传统是与德性概念相联的。德性通过个人生活的

---

① [美]阿拉斯戴尔·麦金太尔:《追寻美德》,宋继杰译,译林出版社2008年版,第250页。
② [美]阿拉斯戴尔·麦金太尔:《追寻美德》,宋继杰译,译林出版社2008年版,第251页。
③ [美]阿拉斯戴尔·麦金太尔:《追寻美德》,宋继杰译,译林出版社2008年版,第252页。
④ [美]马克·C.墨菲编:《阿拉斯戴尔·麦金太尔》,胡传顺、郭沙译,复旦大学出版社2013年版,第50页。

实践统一于共同体之中,因此,共同体的历史便构成了传统。在《谁之正义? 何种合理性?》中,尽管也是以讨论传统为起点,但是讨论的主题已经从德性转向了正义,探讨的是不同道德探究传统的正义观。正如姚大志所言,"以传统概念为中介,《追寻美德》的终点就是《谁之正义? 何种合理性?》的起点"①。传统由道德的概念转化为认识论的概念,即由道德的传统转变为道德探究的传统。于是,传统由《追寻美德》中的一种前现代传统转化为《谁之正义? 何种合理性?》中的多种传统。

　　在《谁之正义? 何种合理性?》中,麦金太尔按照自己的理解,将西方文化关于道德探究的传统归纳为四种:古典的亚里士多德主义传统、奥古斯丁主义传统、苏格兰的启蒙哲学、现代自由主义传统。这四种传统在西方社会文化生活的发展背景之下依次产生。每一种传统关于正义观和合理性的说明都有自己的阐释方式,并且每一种传统与其他传统之间不是处于对峙关系,就是处于共生关系。其中,亚里士多德主义的传统在不同历史时期,以不同的面貌出现在其他传统之中,可以说,亚里士多德主义的传统是最具生命力的探究传统。相较之下,现代自由主义传统则是备受诟病却依然且持续存在的探究传统。麦金太尔对此有着精辟的总结:"所以,亚里士多德对正义和实践合理性的阐释产生于古代城邦的冲突,但却由阿奎那以一种逃避城邦限制的方式而发展了。所以,奥古斯丁的基督教观点在中世纪便进入了复杂的对抗性关系之中;接着通过综合,又进入了与亚里士多德主义的持续对抗之中。所以,奥古斯丁的基督教观点(现在是一种加尔文主义的形式)与亚里士多德主义(现在是一种文艺复兴的观点)在 17 世纪的苏格兰便进入了一种新的共生关系之中。因此,便逐渐生成了一种传统,当该传统达到其成就顶峰的时候,却被休谟从内部将其颠覆了。最后则是作为所有传统对立面而产生的现代自由主义,但是它也已经使它自身逐渐转化为多种传统。现在,即便是它的信奉

---

① 姚大志:《正义与善——社群主义研究》,人民出版社 2014 年版,第 251 页。原文关于麦金太尔的著作"After Virtue"采用的是龚群的《德性之后》,为了与本书保持一致,将其改为宋继杰的《追寻美德》。

者们也会清楚地认识到这一点。"①通过对四种道德探究传统的研究,可以更加明晰这一阶段麦金太尔对传统的理解,即如何从道德的概念过渡到认识论的概念。

在《谁之正义?何种合理性?》中,麦金太尔从西方文化背景下抽引出的四种道德探究传统,既是对实践合理性的探讨,也是对正义的追问。因此,这四种道德探究传统在其所处的每一历史时期,都不可避免地与正义问题相遇。对道德探究的传统,实际上也是对正义进行探寻的传统。

第一种传统:古典的亚里士多德主义传统。

麦金太尔认为,亚里士多德有关实践合理性和正义的理解都离不开其关于城邦的思想。在亚里士多德看来,城邦的善,要求统治者和被统治者都以需要德性的方式来实践德性。换言之,无论是统治者还是被统治者都要求有同样的优秀品格,如此才能进行善的统治或是做一个善的公民。而这被两者都需要的德性范例便是慎思和正义。因此,亚里士多德的正义所意涵的是在公民之间的互动关系中所要实践的德性。这是广泛意义上的正义。狭隘意义上的正义则特指一种特殊的德性,它具有分配正义与矫正正义两种形式。分配正义必须符合某种形式的应得,问题在于,符合的是哪种应得。亚里士多德认为,民主政治要求在所有自由公民之间进行平等分配,但是在自由公民的资格问题上没有选择性,即没有区分出阶层;寡头政治则限于财富和出身来进行分配,这是一种与德性毫无关联的选择;只有贵族政治是按照人的德性进行分配,这才是最好城邦中的分配正义原则。矫正正义则是对不正义的分配行为进行矫正,从而使之恢复正义的秩序。②

亚里士多德认为,实践合理性的先决条件是成为有德性的人。只有接受德性教育的人才能对何为真正的善作出正确判断,从而进行合理的

---

① Alasdair MacIntyre, *Whose Justice? Which Rationality?* Indiana:University of Notre Dame Press, 1988, p.10.

② 参见 Alasdair MacIntyre, *Whose Justice? Which Rationality?* Indiana:University of Notre Dame Press, 1988, pp.103-104.

行动。相反,缺乏德性教育的人,德性生活便缺乏合理证明。城邦公民接受德性教育的过程也是他们对该城邦规则理解与运用的过程。由规则支配的比例在分配正义中,是以一种对所分配的善的秩序排列为前提条件的;而在矫正正义中,则是以一种对伤害和剥夺的秩序排列为前提条件的。① 因此,正义不仅仅是个体的德性,而且也是一种社会生活的秩序。它只有在城邦具体制度化的形式内才能够达到。因而,对亚里士多德而言,正义只有在最好的城邦内才能真正实现。因为最好的城邦所制定的规则符合正义的要求。另外,正义需要理智。一方面,只有在实践中能够进行理性推理的人,才有可能实现正义。另一方面,只有正义的人,才可能在实践中成为合理的。而这种具有正义德性的人只能在某个特殊城邦之内才有可能成为现实。换言之,只有具备城邦成员资格的人才有可能成为正义的人。因此,也只有具备城邦成员资格的人,才有可能在实践中成为合理的。于是,人的实践合理性便与他在某一特殊类型的社会制度中的成员资格和他与该社会制度的整合联系起来。②

第二种传统:奥古斯丁主义传统。

阿奎那在亚里士多德的德性定义基础上,吸取柏拉图和西塞罗的思想,与奥古斯丁的德性定义融合在一起,形成了自己对德性的理解。阿奎那将德性划分为四种基本图式:审慎、正义、中道、勇敢。这四种基本德性相互依存,相互关联。正义在其中具有特殊的地位。

理解阿奎那的正义德性,需要从他的神学立场出发。在阿奎那看来,正义是上帝的名称之一,或者说,上帝就是纯粹的正义。正义不是柏拉图所认为的独立自足的形式,而是本原。因此,阿奎那对正义的理解从一开始就不是柏拉图式的,而是亚里士多德式的,尽管在后期他超越了亚里士多德。阿奎那认为,正义是对他人的一种合理给予,它关注人与人之间的

---

① 参见 Alasdair MacIntyre, *Whose Justice? Which Rationality?* Indiana: University of Notre Dame Press, 1988, p.119。

② 参见 Alasdair MacIntyre, *Whose Justice? Which Rationality?* Indiana: University of Notre Dame Press, 1988, p.123。

关系。与亚里士多德一样,阿奎那的分配正义也是根据一个人的地位、职务以及对整体的善的贡献来确定其应得。但是,与亚里士多德不同的是,阿奎那用交换正义(commutative justice)取代了矫正正义,即对受到不正义对待的人进行补偿,并且对不正义行为的惩罚与其行为相称。

阿奎那的正义观与自由主义现代性的观点处于紧张的对峙之中。这种对峙主要体现在政治和经济两个领域。在政治领域,同亚里士多德一样,阿奎那也认同正义意味着对法律的服从,但是不正义的法律则不需要遵守,甚至不配称其为法律。因为不正义的法律有可能会变为暴政,这将使人们所有要求服从的合理主张都丧失掉。此外,暴政的恶主要表现为对公民德性的破坏。因此,暴政并不是一个好的政体。因为,最好的政体应该是能培养人们关心所有人的善之德性的政体。所以,站在阿奎那的角度,现代自由主义的政府由于其旨在追求个人的自由选择,因而也不是一个好的政体。在经济领域,阿奎那从教父传统中继承了限制私有财产权利的观点。阿奎那认为,所有权受到人生存需要的限制。如果一个人处于极度贫乏之困境,或有责任照顾处于此类境况的人,那么,这个人就可以将属于任何私人的财产看作是人类共同的财产而加以享用,以使他人摆脱困境。这个观点遭到休谟等思想家的强烈质疑。[1] 其实,阿奎那之所以会认同限制私有财产权利的观点,和他的神学立场不无相关。在他看来,上帝创造并管理着万物,世间万物包括财产都属于上帝。如果是出于正义的需要,人们便可以不受私人财产的限制,将其视作上帝子女的共同财产。这一观点显然与现代自由主义社会保护私人财产的承诺是格格不入的。

阿奎那的学说是从一个扩展的、综合的复杂议论和冲突的传统中产生的。这个传统不仅仅包括亚里士多德和奥古斯丁。它是关于合理性标准的学说,但并不独立于任何实践传统和理论传统。阿奎那的贡献在于,

---

① 参见 Alasdair MacIntyre, *Whose Justice? Which Rationality?* Indiana:University of Notre Dame Press,1988,pp.199-201。

为亚里士多德与奥古斯丁神学之间的关联提供了理论框架,并从神圣与世俗之区别的表述中,提出探究既是综合的也是系统的方法。麦金太尔认为,阿奎那学说产生的是防御性的注释性传统,而不是能与其他传统一较高下的竞争性传统。这导致了阿奎那学说在15、16世纪面临进退两难的尴尬境地。因而,亚里士多德主义在16世纪的大学中重获新生之时,并没有阿奎那思想的印记。这种对亚里士多德主义的复兴,在麦金太尔看来,毋宁说是一种否定。这种否定将产生建立实践合理性理论和正义理论的新方法。[①]

第三种传统:苏格兰的启蒙哲学。

17世纪的苏格兰文化尽管杂糅着加尔文主义的因素,但是仍然保留着亚里士多德主义的传统。直到休谟的出现,这种苏格兰传统才被彻底颠覆。亚里士多德主义传统认为,合理性的实践本身具有内在目的,包含着自身的善。但是,休谟继承哈奇森的观点,认为合理性的实践不存在其内在目的,任何理性活动所指向的目的,都以情感为先导。依休谟所见,情感先于概念和语言,它是一种原始存在,其本身无所谓合理或不合理。因此,情感不能作为实践推理的前提条件,却能为实践推理提供动力。休谟的实践推理由于其目的不同而与理论推理区别开来,因而,休谟式的实践合理性的运用只可能在特殊情形之下才能得以实施。在这一点上,休谟与亚里士多德的观点是一致的。[②] 但是,休谟以情感代替理性来解释人们行为的合理性,用情感代替德性的基础地位,则与亚里士多德的德性传统背道而驰。于是,情感主义不仅阻止了人们对德性与实践合理性的追寻,而且还将事实与价值截然分开,成为至今仍被元伦理学奉为圭臬的"休谟命题"。

麦金太尔认为,休谟的实践合理性只能在特殊的情境下践行,因而在

---

① 参见 Alasdair MacIntyre, *Whose Justice? Which Rationality?* Indiana:University of Notre Dame Press,1988,pp.205-208。

② 参见 Alasdair MacIntyre, *Whose Justice? Which Rationality?* Indiana:University of Notre Dame Press,1988,pp.301-305。

每一种特殊的社会背景之下,正义的特殊概念才得以体现。依休谟所见,正义的核心是有关财产的规则及其实施的问题。休谟的正义规则与阿奎那和典型的苏格兰思想家所共享的道德思维传统不同。在阿奎那看来,如果一个人因为某种困境而盗取他人的财产,该行为并不违背正义。但是,休谟却认为此种行为是不正义的。依休谟之见,财产与正义是不可分割的。强制施行财产规则,即财产权是社会稳定的基础,否则就会引起社会骚乱,触发革命。而正义规则是对财产权的维护,而不是对财产的分配。于是,休谟对财产权的尊重,颠覆了亚里士多德主义和奥古斯丁主义的应得概念。

麦金太尔认为,关于实践合理性的哲学概念自休谟以来,经过边沁、康德等人的详述,已经产生了多样化的阐释。然而,关键在于,我们要意识到,从 17、18 世纪苏格兰的论战,转移到 20 世纪现代性关于实践推理与正义的探讨,实践合理性进入了一个充满分歧、冲突的社会语境之中。①

第四种传统:现代自由主义传统。

18 世纪的启蒙运动是开启现代性的界碑。现代性伦理话题的核心是"自由主义的自我与自由主义社会秩序中的共同善"②。在这种思维模式下,现代自由主义尝试用抽象、普遍的推理原则来摒弃传统。换言之,现代自由主义正是从对整个西方伦理学传统的颠覆与否定中兴起的。然而,让人始料不及的是,随着那些关于普遍原则讨论的失败,现代自由主义自身也成为了一种曾被它唾弃的传统。依麦金太尔之见,最好将自由主义理解为一种传统的声音,而不是一种试图发现不依赖传统的合理性的尝试。③

---

① 参见 Alasdair MacIntyre, *Whose Justice? Which Rationality?* Indiana: University of Notre Dame Press,1988,p.325。

② 参见 Alasdair MacIntyre, *Whose Justice? Which Rationality?* Indiana: University of Notre Dame Press,1988,p.346。

③ 参见 Alasdair MacIntyre, *Whose Justice? Which Rationality?* Indiana: University of Notre Dame Press,1988,p.345。

麦金太尔认为,现代自由主义在关于自我和共同善的问题方面的探讨是让人遗憾的。首先,关于自由社会中的自我问题。自由主义者们将每一个个体视为单一存在的自由意志的表达,他们对善的追求也无非是自我偏好的表达。这种表现形式一方面要求抑制自我内部分裂的冲突,另一方面又要求自我的统一。这种自我统一与分裂的矛盾在自由秩序下不可调和。因为,自由主义的自我是剥离了社会历史传统背景的个体,他们缺乏自我性概念和人格统一的认同依据,于是也不可能成为认同并忠诚于正义规则的道德者。其次,关于自由社会的共同善的问题。自由主义社会中,人们依据自身偏好,追求的是各种各样的善。这些善是异质的、私人的。因而,也就不可能有一个压倒一切的共同善。如果要达到自由主义本身的善,就需要强制的忠诚。这在麦金太尔看来,是不可能的。因为,共同善概念形成和实现的基础要求个体对自身历史传统有着充分的认识和认同,并且需要具有德性的个体对道德共同体产生认同与确信。所以,在个人主义公民德性极度脆弱的自由主义社会秩序中,共同善不可能存在。

在这种现代自由主义社会秩序下,正义概念与自由政体和市场机制结合起来。由于在自由主义社会中,人们通过个人偏好的表达得以实现自身的欲望。市场中,这种欲望的实现依赖于人们讨价还价的交易,而无力还价的人则处于交易的劣势。自由主义的正义规则就是对这种讨价还价的交易进行限制,从而保护每一个人都有能力进行讨价还价,进而实现自身的善。

总之,在麦金太尔看来,现代自由主义对道德论证的探究是站在非历史、反传统的道德立场上进行的。他通过批判自由主义的个人主义,提出道德共同体主义的主张,为选择亚里士多德主义的德性伦理传统寻找理论依据,并希冀以此解决现代性的道德实践难题。

综上所述,麦金太尔将西方关于实践合理性和正义的探究归纳为以上四种传统。这四种传统之间是延续的,也是互竞的,其中没有一种中立标准可以证明一种传统优越于另一种传统。传统之间的相互对立,甚至不相容,使得传统之间无法进行有效交流与沟通。因此,传统的合理性亟待得到证明。对此,将在下面的小节中进行详述。

三、作为道德探究样式的传统

让·波特在对麦金太尔近期研究中的传统概念进行分析时指出,麦金太尔在《三种对立的道德探究观》中,以一种微妙的方式修正了关于传统的早期解说,并且还认为该著作的论题重新返回到《追寻美德》,而不是《谁之正义? 何种合理性?》。① 然而,事实上,关于传统的合理性证明,麦金太尔不仅延续了《谁之正义? 何种合理性?》的论题,而且还在新书中对该论题进行了深入探讨。如果说在《谁之正义? 何种合理性?》中,麦金太尔对传统的理解,更多地倾向于从认识论概念出发对传统的合理性进行探究的话,那么,在《三种对立的道德探究观》中,麦金太尔则更加明确了传统的道德探究功能。麦金太尔在《谁之正义? 何种合理性?》一书中的结论是:"一种传统可以合理地表明它自己的正义解释优于另一种传统的正义解释,但不是诉诸于某种独立于传统之外的中立标准,而是通过展示一种向其他传统学习并理解它自身迄今为止的解释所存在的不充分性或错误这一优越能力来证明这一点的,这种优越性是按照它自己的标准来判断的,也是以其他对立传统所提供的方式来达成的。"② 在《三种对立的道德探究观》中,麦金太尔通过对三种道德探究传统的历史及其相互关系的考察,进一步深化了上述观点,也明确了作为一种道德探究样式的传统概念。

第一种道德探究观是百科全书派。其代表是 19 世纪晚期《大英百科全书》第九版的学者们。这些百科全书派的学者们所声称的人类进步史,在麦金太尔看来,毋宁是一种欧洲中心论,代表的是西方帝国主义文

---

① 参见[美]马克·C.墨菲:《阿拉斯戴尔·麦金太尔》,胡传顺、郭沙译,复旦大学出版社 2013 年版,第 66 页。

② [美]阿拉斯戴尔·麦金太尔:《三种对立的道德探究观》,万俊人、唐文明、彭海燕等译,中国社会科学出版社 1999 年版,"中文版导论"第 2 页。

化而已。这种道德探究观相信存在一种普遍标准,在此标准范畴内,不同道德探究模式的对立主张可以得到评价或解决。然而,这种观点被谱系学派予以彻底的否定。

第二种道德探究观是谱系学。该探究传统是以尼采、福柯为代表的后现代追随者们。依麦金太尔之见,该传统运用谱系学的方法,通过质疑百科全书派学者的合理性证明概念来削弱其基础性假设。谱系学者试图采用多样性的透视视角来建立对话模式,揭示百科全书派的合理主张被权力意志的吁求所掩盖的事实。与此同时,谱系学派自身也陷入了一种吊诡,即他们在削弱对手的同时,也削弱了自身的立场。① 因此,麦金太尔转而寻求第三种选择。

第三种道德探究观是托马斯主义。麦金太尔在对上述两种道德探究观进行概述后,发现如何使一种传统既意识到自身传统的局限性和片面性,又要为自身传统的合理性申言? 回答是只有托马斯主义的亚里士多德主义传统才能使之成为可能。在麦金太尔看来,从13世纪阿奎那对亚里士多德哲学的重新阐释,到19世纪托马斯主义者与现代哲学的系统对话,托马斯主义的历史为其提供了建设性的立场。这种立场能够为百科全书派和谱系学的主张提供充分理解,同时它也认识到一种合理探究传统观念的重要性。②

麦金太尔在《三种对立的道德探究观》中,除了将传统认定为一种道德探究的样式外,还将早期关于传统的解说进行了进一步的明晰。

首先,延伸了传统与实践的关系探究。

麦金太尔在《追寻美德》中曾对德性与实践的关系作出阐释,认为只有在实践中践行德性,才能真正实现实践的内在善。在《三种对立的道德探究观》中,麦金太尔对《追寻美德》中传统与实践的关系进行了延伸。

---

① 参见[美]阿拉斯戴尔·麦金太尔:《三种对立的道德探究观》,万俊人、唐文明、彭海燕等译,中国社会科学出版社1999年版,"中文版导论"第3页。
② 参见[美]阿拉斯戴尔·麦金太尔:《三种对立的道德探究观》,万俊人、唐文明、彭海燕等译,中国社会科学出版社1999年版,"中文版导论"第3—4页。

他通过对理智探究和工艺实践关系的再次强调,进一步确认基于传统的探究是一种实践,突破了其早期关于实践观念在传统中的作用有限性。他指出:"一门有着良好秩序的工艺只能体现于一个有着良好秩序的传统中。完全掌握某种工艺,也即意味着完全进入某一种传统。"①于是,理智探究与工艺实践之间的相似之处显而易见。尤其是,麦金太尔将工艺与传统相连,强调掌握某种工艺,便是进入某种传统。这种说法较之前的传统解说显得比较新颖。实际上,麦金太尔想强调的仍然是进入道德探究传统需要某种关系和具有某种德性。

麦金太尔将道德探究视为一种由德性指导的工艺。他认为在任何一门工艺内,学徒与师傅之间的信任关系是必要的,师傅能够判断学徒的个人品质,并指导他们获得进步。换言之,师傅的权力通过教会他人如何习得相关知识而在工艺共同体内被合法化为合理的权威,学徒也必须接受这种形式的权威才能进入理智探究。工艺通过传统获得合理性,这种合理性是历史情境下的合理性。这种基于传统的探究与百科全书派和谱系学格格不入。百科全书派着眼于提供无时间性的、普遍的和客观的真理作为结论,合理性对他们而言,独立于时间、地点和历史情境之外。这意味着他们对传统的态度是排斥的。而在谱系学那里,权威可能只是权力的代名词。尽管它认可历史情境性,但却把真理理解为无时间性的。因而,谱系学与百科全书派一样,与工艺传统的合理性是相龃龉的。②

其次,强调权威介入传统的必要性。

在《谁之正义?何种合理性?》中,麦金太尔曾指出每一种传统都始于偶然性的承诺,它们在肇始之际就被赋予权威。随着传统的发展,被赋予权威的文本将接受不断的追问和面临重新阐释,因而这种权威是暂时

---

① [美]阿拉斯戴尔·麦金太尔:《三种对立的道德探究观》,万俊人、唐文明、彭海燕等译,中国社会科学出版社1999年版,第128页。

② 参见[美]阿拉斯戴尔·麦金太尔:《三种对立的道德探究观》,万俊人、唐文明、彭海燕等译,中国社会科学出版社1999年版,第64—65页。

性的、不持久的,然而却是传统合理性发展中必然出现的第一阶段。① 同样地,在《三种对立的道德探究观》中,麦金太尔再次将权威概念的重要性引入对奥古斯丁的理解图式之中。不仅如此,麦金太尔还进一步说明了权威对传统的必要性。

这种必要性一方面体现在学徒与师傅的关系之中。学徒只有接受师傅的权威,才能学会区分什么是真正的善,以及对我而言是善的和至善的与无条件的善和至善之间的关键区别。因此,"在一种工艺内,师傅的权威既不只是也不同于迄今最好标准的例证。它也是且更为重要的是,师傅知道如何更进一步,特别是如何指导别人更进一步,知道能够从过去所提供的传统中学到什么,并将其运用于趋向足够完美的工作目的。正是在知道如何联系过去和未来这一点上,这些标准及其权威性才能基于传统,并通过解释和重新解释传统,其指向这一特殊工艺之目的的方向性就以新的和非常出人意料的方式变得明确了。而且正是通过这种教给别人如何学会这类知识的能力,师傅的权力才在一工艺共同体内被合法化为一合理的权威"②。

另一方面,麦金太尔认为某种权威存在的必要性还体现在权威对理智进步的重要作用。如前所述,接受权威意味着需要老师的指导。在老师的引领下,学生逐渐从权威文本中发现自身的历史,并将自身融入世界史之中。这个历史是不断趋向真理、趋向可理解性的运动。与此同时,学生也会发现在不同阶段仍会保留不同程度的不可理解性的原因。于是,人们发现,生活中不可能缺少指引人们前进的权威性证明。"所以持续出现的权威性,作为对持续的进步来说必不可少的东西,就获得了正当的证明。我们最初学会怎样按某一权威对其进行详细阐述,而我们自己更大的进步,包括通过辩证探究取得的进步,则进一步证实了这种持续权威

① 参见[美]马克·C.墨菲:《阿拉斯戴尔·麦金太尔》,胡传顺、郭沙译,复旦大学出版社2013年版,第72页。

② [美]阿拉斯戴尔·麦金太尔:《三种对立的道德探究观》,万俊人、唐文明、彭海燕等译,中国社会科学出版社1999年版,第65页。

的真实性。"①

麦金太尔有关权威概念的观点遭到让·波特的质疑。让·波特认为,麦金太尔的权威概念存在不统一性。比如,被当作某传统的权威文本的权威、师傅的教育权威、主教的宗教权威等是否是同一种权威的不同形式呢? 显然,它们是不同种类的权威。师傅的教育权威依据的是个人能力,而主教的宗教权威依据的是个人地位。如果根据麦金太尔的理解,中世纪的特殊权威的践行就不存在合法化问题了。然而,事实上,这种特殊权威的践行确实存在是否合法的争论。依让·波特所见,这都是由于麦金太尔"没有考虑到权威的场所、范围及其适当的限度自身在中世纪相互竞争的各种方式"②。如果说,麦金太尔关于中世纪的特殊权威的践行合法化问题考虑得不够周全是由于其对中世纪史料掌握得不够充分、全面之过,那么,让·波特对麦金太尔权威概念的质疑则显得过于苛刻。在让·波特看来,不同种类的权威其实是对权威概念的具化。无论是依据个人能力,还是依据个人地位的权威,都可以看作是教育权威所必须具有的前提,否则何以称得上是权威? 因此,麦金太尔所列举的种种权威,不过是同一种权威的不同形式罢了。因而,也不存在让·波特所谓的权威概念不统一的问题。

此外,让·波特对麦金太尔权威概念的质疑进一步引申至他对权威必要性的质疑。让·波特认为,麦金太尔对权威介入传统的必要性的强调,使得他将基于传统的探究理解为一种合理性。然而,在麦金太尔对阿伯拉尔与伽利略的比对情形中,权威并不具有促进合理性的作用,相反,它还弱化了合理性的作用。这些问题的提出,事实上代表了与麦金太尔同时代的学者对麦金太尔有关传统思想的共同关注与思考。正如让·波特自己所言,这些问题还有待麦金太尔在一种扩展的传统内对权威进行

---

① [美]阿拉斯戴尔·麦金太尔:《三种对立的道德探究观》,万俊人、唐文明、彭海燕等译,中国社会科学出版社 1999 年版,第 92 页。

② [美]马克·C.墨菲:《阿拉斯戴尔·麦金太尔》,胡传顺、郭沙译,复旦大学出版社 2013 年版,第 74—75 页。

深一步的分析与研究。①

第二节　传统的合理性探究

传统的合理性是麦金太尔近期有关传统的研究中一个重要的话题。早年的《追寻美德》一书揭示了当今道德语言的支离破碎与道德生活的错乱无序,同时深刻地表现为整个西方现代性道德观念的混乱。每一种道德理论都在自身的传统框架内寻找资源,试图通过各种论证来证明自身的真理性,从而为道德合理性提供辩护。但是,无一例外地都遭遇了失败。麦金太尔对此也并未给出一个令人满意的解决方案,只是作出了两个结论:"尽管道德哲学经过三个世纪的努力,社会学经过一个世纪的努力,我们依然对自由主义观点缺乏一贯合理的辩护性陈述。"并且,"我们可以通过自身的道德态度、社会态度和承诺重新恢复合理性与可理解性的方式,让亚里士多德的传统得以重释"。② 在《谁之正义? 何种合理性?》中,麦金太尔再次强调了这一合理性概念,并论证了何为合理性?何种合理性?

一、传统的合理性证明

在麦金太尔看来,各种发生争论的道德理论的根本分歧源于他们各自所信奉的传统的不可公度性与不可译性。换言之,各种道德理论都站在自身传统的立场上,从自身传统内部的资源出发去论证自身的真理性。由于他们与其他传统所共享的资源很少,比如,预设的背景、实践与概念的范式以及论证与解释的标准都是迥然有别。因而,每一种理论都有其

---

① 参见[美]马克·C.墨菲:《阿拉斯戴尔·麦金太尔》,胡传顺、郭沙译,复旦大学出版社 2013 年版,第 77 页。

② Alasdair MacIntyre, *Whose Justice*? *Which Rationality*? Indiana:University of Notre Dame Press,1988,preface1.

自身内在的评价标准,没有也不可能有任何独立于这些互竞理论主张的判断标准。这些理论及所属传统都是不可公度的。启蒙运动试图寻找一种普遍理论能适用于所有传统,解决各种互竞传统间的纷争,这种努力势必失败。另外,由于每一种理论都有其独特的术语表达,当互竞传统的人们试图相互理解之时,他们就需要进行相互的翻译,而这种翻译绝大多数情况下都被严重曲解了。换言之,传统是不可译的。然而,有人却认为,这种"所谓的不可公度性和不可译性事实上永远只是一种幻觉"①。每一种传统的信奉者在意识到存在与之互竞的传统时,都隐晦地表明了他们也意识到这些传统是在共同的可理解的框架下进行阐述的。而要认识对方传统的理论体系,就必须具有将其术语和习语翻译成自身传统的术语和习语的能力。

问题的关键不在于传统间的不可公度性和不可译性是否存在,关键在于它是否会导致人们产生一个问题,即:如果互竞的传统之间是不可公度的和不可译的,那么它们之间还有合理争论的可能或是必要吗?麦金太尔的回答是:不可公度性和不可译性是互竞传统间合理争论的序幕。然而,后现代主义却提出在各种互竞的传统之间是不可能进行合理争论和合理选择的。后现代主义认为,面对各种冲突的传统,我们是选择阿奎那的"双重主义",还是休谟的"英国式颠覆",恐怕还没有一个合理的理由能让我们作出选择此种传统而非彼种传统。因为任何一种传统都无法说服,它确实优越于另外一种传统。面对后现代主义的挑战,麦金太尔必须对传统的合理性作出证明。

要对传统的合理性作出证明,首先要说明一种传统自身是否能获得合理性进步?麦金太尔认为传统的形成具有三个阶段:在第一个阶段,对权威文本、信仰、人物处于无质疑的接纳状态;第二个阶段开始进行系统的反思,意识到传统权威内部的不一贯性和应对新局势的不充分性;到第

---

① Alasdair MacIntyre:*Three Rival Versions of Moral Enquiry*,Indiana:University of Notre Dame Press,1990,preface 5.

三个阶段,通过各种方法来重新修订信仰和重新评估权威,以应对不一贯性和不充分性。一旦传统发展到第三个阶段,共同体成员便能够将新接纳的信仰与过去的信仰进行对比,发现过去的信仰与现实世界之间的根本差异,然后作出判断,将过去的信仰归之谬误,于是真理概念便形成了。麦金太尔认为:"在被构建的传统探究历史中有一段典型时期,在此期间,那些从事探究的人们会发现机会或需要去构思他们自己探究活动的理论。"①这些理论会因传统的不同而各有所别。比如,奥古斯丁传统的晚期追随者笛卡尔以明证性和自足性的"第一原则"作为真理的标志。而继承了加尔文主义的基督教和启蒙思想传统的休谟却说他找不到这种可信的标志。尽管麦金太尔没有明言,但 Jennifer A.Herdt 却将此视为传统形成的第四个阶段,即理论的阶段。无论第四个阶段是否成立,它都暗含了传统或有发展到理论化的机会,同时也预示了理论的多元化和复杂化。

在麦金太尔看来,任何被构建的传统在任何阶段都会发生这样的情况:其一,以传统自身的进步标准来衡量,它无法再获得进步了;其二,以往的探究方法再也无法发挥作用了;其三,再也无法合理解决对关键问题的各种冲突回答了。面对传统日渐暴露的新的不充分性、不连贯性,在其传统内部似乎也找不到新的资源来解决这些新问题。"这种历史地建立起来的对确信的消解"②,标志着认识论危机产生了。而要真正解决认识论危机,就要求发明新的概念或建构新的理论。这种新概念、新理论必须符合三个高度严格的要求:第一,这种新概念、新理论必须以系统、连贯的方式对那些难以处理的问题提供解决方法;第二,这种新概念、新理论必须解释,该传统何故会出现这些难以处理的问题;第三,这种新概念、新理论必须在保证与该传统的共享信念之间保持基本的连续性的前提下完成

---

① Alasdair MacIntyre: *Whose Justice? Which Rationality?* Indiana: University of Notre Dame Press,1988,p.359.

② Alasdair MacIntyre: *Whose Justice? Which Rationality?* Indiana: University of Notre Dame Press,1988,p.362.

前两项要求。如果符合这三个要求的新概念、新理论能够产生,那么,认识论危机便可得到化解。比如,阿奎那合理解决了各种针对《圣经》阐释的互竞争论,正是在保持了与亚里士多德和奥古斯丁传统的连贯性的前提下,以独特的方式提供了新的概念和理论框架,才化解了这场认识论危机。当渡过认识论危机之后,该传统才得以幸存和繁荣,被重构的传统在此间获得了进步,而这种进步也证明了该传统的合理性。

值得注意的是,认识论危机不仅会在某一传统内部发生,而且也会在各互竞传统间爆发。认识论危机的解决绝不仅仅是对旧理念、旧体系的反思,它要求更加丰富的、富有想象的新的概念和新的理论。因此,有的危机在传统内部就可以得到解决,而有的危机则需要转向与其互竞的传统。

尽管相对主义坚持认为在各种不同的互竞传统之间不可能存在合理性选择,但麦金太尔却认为"在互竞传统的论战中以及互竞传统间存在合理性选择的可能"①。当一种传统发生认识论危机之时,如果其内部资源无法提供麦金太尔所要求的新概念、新理论,那么,这一传统的信奉者便会转而求助于其他传统,甚至遭遇与其互竞的传统。由于每一个传统的信奉者都固守着自己的一套信仰图式,他们依照这一信仰图式进行推理、行动和解释。当他们与互竞传统发生遭遇之时,如何才能在对方传统中寻找适合自己传统的新概念、新理论以解决自身的认识论危机呢? 合理性的要求是:介入。不仅介入对方传统内部的争论,而且还要介入该传统与其某一个或多个对手的论证冲突之中。而这个任务要求"获得处于争论中的无论何种特殊的对方传统的在用语言——第二门第一语言,并且,它还要求这种人做一种想象工作,从而使该个体能够通过想象,将他或她自身想象性地置于那些忠诚于对方传统的人所寄寓的信仰图式之内,以便像他们感知和设想自然世界和社会世界那样,来感知和设想自然

---

① Alasdair MacIntyre: *Whose Justice*? *Which Rationality*? Indiana: University of Notre Dame Press, 1988, p.352.

世界和社会世界"①。正是这种"移情概念的想象行为"②允许人们与其他传统展开辩论。也正是由于有了这种"移情概念的想象行为"，各种互竞传统间的合理性证明才得以成为可能。在此，我们将它称为"移情想象力"。

二、移情想象力是合理性证明的肯綮

在《谁之正义？何种合理性？》一书中，麦金太尔曾多次、反复提到移情想象力的发生，并强调它的重要性。麦金太尔将移情想象力视作各互竞传统的合理性证明中一个关键环节。只有通过移情想象力，才能使一个传统的信奉者进入到另一个传统的信仰图式之中，才能使其真正掌握对方传统的精髓，从而接受对方传统的真理以解决自身的认识论危机，进而续写自己传统的历史。那么，何谓"移情想象力"？它是一种天赋还是由后天培养而来？它在传统的合理性证明中究竟是如何发生作用的呢？

所谓"移情想象力"，如麦金太尔所言，它是一种"移情概念的想象行为"。当两种互竞的传统发生遭遇之时，如何在二者中作出选择，亦即不同传统间的合理性如何证明时，"移情想象力"就会发生作用。因为当两种互竞传统相遇，为了证明其合理性，就必须解决一个难题：每一个传统都有自己的一套信仰图式，且都将自己传统的信仰图式视为真理。那么，就不存在一个所有人都普遍接受的中立标准，用以描述或评价不同传统的主张。结果只能是无休无止的关于真理性的争论。要解决这个难题，就要证明不同传统间存在合理性选择的可能。麦金太尔将其归于两个阶段：第一个阶段，每一种传统的信奉者站在自身的信仰图式内，从自身的术语角度来阐释对方传统；第二个阶段，当他们发现自身传统已经无法获得进步时，就会思考对方传统的资源是否能更充分地解释自身传统的失

---

① Alasdair MacIntyre：*Whose Justice？Which Rationality？* Indiana：University of Notre Dame Press，1988，p.395.

② Alasdair MacIntyre：*Whose Justice？Which Rationality？* Indiana：University of Notre Dame Press，1988，p.395.

败,从而加以利用。"在两种互竞传统的冲突中,从第一个阶段进入第二个阶段的困难是:它要求这种传统的主要人物拥有一种罕见的移情天赋和理智洞见,使其能够理解对方传统的论题、论证和概念,使他们能够站在一个异己的立场来看待自身,并从对方传统的视角出发,以一种适当的方式重新描述他们自己的信仰。"①麦金太尔接着指出:"这种罕见的天赋在奥古斯丁传统与亚里士多德传统的早期交锋中并未得到印证。"②于是,问题出现了。在这里,麦金太尔将移情想象力看作是一种罕见的天赋,说明它具有偶然性,亦即移情想象力并不是后天培养而来的。然而,麦金太尔在后文中又强调这种移情想象力是需要每一个人有责任去追求的。如果它是一种天赋,而且是一种罕见的天赋,人们如何能在后天追求得到? 且看阿奎那是如何践行的。

当阿奎那面临两种互竞的传统时,他能够从每种传统自身的角度来理解这种传统。这不是阿奎那自觉运用移情想象力的结果,而是受教于大阿尔伯特的结果。大阿尔伯特对阿奎那最大的影响便是使阿奎那逐渐确信,要理解亚里士多德文本,尽可能不要被解释性的注释所蒙蔽,而是要听从亚里士多德自己的声音。换言之,如果要对某一传统主张作出回应,有所评价,最好的途径是让那传统自己说话。当阿奎那面临奥古斯丁传统与亚里士多德传统的矛盾冲突之时,阿奎那哲学的预设前提是圣·保罗和亚里士多德都是对的,他所做的仅仅是从不同的传统资源出发去寻找有用的东西,然后将它们进行协调、重构。因而在这个过程中,阿奎那不会明确将移情想象力作为评估一种传统的资源,换言之,他不会自觉地运用它,甚至是提倡它。然而,阿奎那在某种程度上确实不自觉地运用了"移情想象力"的技巧——从传统自身来理解传统。

在此,需要说明移情想象力是如何在互竞传统的合理性证明中发挥

---

① Alasdair MacIntyre: *Whose Justice? Which Rationality?* Indiana: University of Notre Dame Press, 1988, p.167.

② Alasdair MacIntyre: *Whose Justice? Which Rationality?* Indiana: University of Notre Dame Press, 1988, p.167.

作用的?一种传统的信奉者如果要介入到另一种传统情境中去,首先必须要掌握对方传统生活的语言。前文已经提到当两种互竞的传统相遇时,合理性的要求是发生介入。这种介入的要求暗含了一系列历史的转化,它首先就包括语言的转化、概念的转化以及理解的转化。

第一,语言的转化是发挥移情想象力的前提要件。每一种传统都由一系列特定的语言和文化行为构成,其表达都建立在其特定语言所阐述的概念之上。因此,不同的传统间要获得理解,就需要发挥移情想象力,而发挥移情想象力的前提要件则是要先实现不同传统共同体之间语言的转化。

语言的转化不能简单地理解为语言的翻译。人类学家通常认为,要真正理解一种语言,必须实实在在地在其语言环境中生活一段时间,否则无法刻画现时语言的基本特征。麦金太尔也认为,每一种传统的信奉者在其语言共同体内进行表达时,都是通过"承认其初始语言的存在,从而保存它同其过去的关系"[1]。意即任何一种语言都是历史地衍生而成的,现时语言无法割裂其与初始语言的关系。只有明晰初始语言的内涵,才能真正厘清现时语言的意蕴。因此,这种初始语言的存在,使得翻译分为直译和意译。通过翻译,传统"从其初始语言中转换成来的语言"[2]。这种语言的转化要求一种传统的信奉者在理解对方传统时,首先就要将自身的语言共同体延展到对方传统的语言共同体中去,只有理解了对方传统的初始语言,才有可能翻译并翻新对方传统的现时语言。

第二,历史的维度是展开移情想象力的核心要素。对不同传统的语言共同体进行翻译是发挥移情想象力的前提,而在翻译的过程中时刻把握历史的维度则是展开移情想象力的核心要素。具体而言,把握历史的维度即要求在理解不同传统的语言共同体时,应该将其语言文本放置在

---

① Alasdair MacIntyre: *Whose Justice? Which Rationality?* Indiana: University of Notre Dame Press, 1988, p.372.

② Alasdair MacIntyre: *Whose Justice? Which Rationality?* Indiana: University of Notre Dame Press, 1988, p.372.

具体的历史语境或社会语境中去完成。换言之,每一种传统在其发展的各个阶段,都有代表其特殊阶段特征的信仰。这些信仰是该传统语言在特殊时代、特定地点的表达和体现,其本身便"携带着历史"①。共享信仰可以为不同传统间达致理解提供便利。比如,对希腊语"亚里士多德"(Aristoteles)的翻译,基于信仰的共享,不同社会的语言在对其进行翻译时,仅仅是对名字的翻版而不可能翻译成其他语言。正如英语翻版是"Aristotle",法语翻版是"Aristote"一样。

在这种历史中,传统得以表达的语言本身也在不断变迁和更新。因此,在对不同传统的语言进行翻译时,尤其是对专有名称的翻译,"解释"成为不可或缺的环节。这种解释不仅需要了解该传统共同体的语言更新,还需要了解该传统共同体的文化变迁。因而,在不同传统的共同体之间,可能会存在对某一名称的不同命名体系。例如,当人们将位于亚欧大陆东面、阿穆尔半岛最南端的区域称为海参崴的时候,它意指这是原中国领土,其历史背景是1860年的《中俄北京条约》将包括海参崴在内的乌苏里江以东地域割让给俄罗斯。而俄罗斯则将其命名为符拉迪沃斯托克(俄语:Владивосток,英语:Vladivostok),意为"镇东府",体现其为俄罗斯远东最重要的城市地位,完全没有占领和侵略的历史残留。显然,在不同传统的共同体中,对某一名称的不同命名体系体现了对某种社会历史背景的延续。忽略了这种文化的历史变迁,语言的翻译将会面临困难,移情想象力也无法得以展开。

第三,想象的心灵是完成移情想象力的关键环节。掌握对方传统的语言,不仅仅是将对方传统的语言翻译成自己传统的语言,更重要的是要学会用对方传统的理念、标准去思考、去行动。这就需要借助移情想象力。在掌握对方传统的语言之后,通过移情想象力,想象性地将自己置身于对方传统中,从该传统自身的观点出发去理解传统;想象性地对那些与

① Alasdair MacIntyre:*Whose Justice? Which Rationality?* Indiana:University of Notre Dame Press,1988,p.383.

144

自身信仰图式相左的信念与理论达到认同;想象性地承认自身传统的失败和对方传统的优越,借用对方传统的资源,重新建构自己的传统。从而使自己的传统摆脱认识论危机,以接受对方传统的真理的方式延续自己传统的历史。

要言之,当两种互竞传统发生相遇时,重要的不仅是拥有一种陌生的语言,而且还需要"拥有一种心灵"①,也就是拥有移情想象力。移情想象力是相互矛盾冲突的传统间有效沟通的桥梁,它能够帮助不同传统间的人们达致真正的相互理解和相互借鉴。

回到刚才的问题上来,如何理解麦金太尔所说的"移情想象力"是一种罕见的天赋,而又是需要人们去追求的呢? 移情想象力首先作为一种想象性的心灵活动是每一个人都有可能发生的,因而它是可求的。但是这种移情的能力却是因人而异的。正如有一百个人,就会有一百个哈姆雷特。因而它又是可遇而不可求的。至于阿奎那在其哲学体系的论证中没有明确将"移情想象力"作为主要方法去运用,是因为"在十二世纪末到十三世纪初的社会文化背景下,它很难出现"②。移情想象力之所以难以出现在那个年代,是因为移情的概念源于同情概念,而对同情概念的关注则始于 18 世纪的英国启蒙运动。

对同情概念的哲学表达最早是由 18 世纪的英国启蒙运动思想家开始的。同情,作为一种自然情感,在休谟看来其本质是"一种与他人的同胞感",即"乐他人之乐,而忧他人之忧"。但休谟同时也指出,同情虽然出于人们对事物一种"身临其境"的移情想象,但是这种移情想象会因人们的亲疏远近而产生强弱不一的同情。因而,我们对自身的关怀要强于对他人的同情,对亲近之人的同情要强于对远离之人的同情。在此基础上,亚当·斯密提出做一名"公正的旁观者"。亚当·斯密认为人们出于

---

① Alasdair MacIntyre: *Whose Justice? Which Rationality?* Indiana: University of Notre Dame Press, 1988, p.370.

② Alasdair MacIntyre: *Whose Justice? Which Rationality?* Indiana: University of Notre Dame Press, 1988, p.167.

"人道"的本性,会"乐他人之乐,而忧他人之忧",旁观者会设身处地地想象自己处于对方的情境感受,并将产生同情的处境完善地描述出来。亚当·斯密的"公正的旁观者"的同情比休谟的同情更加理性,他不是一味地深陷对方的境遇不可自拔,而是在适当的感同身受后,跳出对方的境遇,站在旁观者的角度,采取中立的态度去理性评判这种情感是否合宜。对情感的合宜判断正是亚当·斯密与休谟对待"同情"的区别所在,也是亚当·斯密对休谟"同情"思想的超越。休谟与亚当·斯密关于同情的哲学论述,成为移情的最早雏形。

然而,英语单词"移情(empathy)"并不是直接从英语单词"同情(sympathy)"转化而来,而是从德语单词"移情(Einfühlung)"直接翻译而来。它本身是为了说明同情而被创造的单词。德语单词"Mitleid(同情)",在语义上和"sympathy(同情)"相一致,但是在18世纪的英国,它不再被当作一个适当的翻译术语用于表达同情,于是,便创造了"Einfühlung(移情)",它后来被历史主义者和浪漫主义者所广泛使用。与此同时,在英国传统内部,同情开始慢慢转化为一种感伤主义的情怀,这使得同情逐渐偏向一种消极、被动的怜悯之心。具有浪漫概念的"同情想象力"依靠"想象力"重拾同情的积极方面,但是却"将这些同情从一种艰难的劳力理解转变成了一个神秘的狂喜时刻"[1],而作为这些同情的转变结果,"sympathy(同情)"再也不能充分捕获德语"Einfühlung(移情)"的意义,因此,"empathy(移情)"便诞生了。[2]

无论如何,移情想象力正如麦金太尔所言,是不可能在18世纪之前的文化背景下产生的。移情的诞生是伴随着英国启蒙运动而降临的。也正是因此,有学者便断言移情是一种现代性德性,它具有自由主义的特

---

[1] Walter Jackson Bate, "The Sympathetic Imagination in Eighteenth-Century English Criticism", *English Literary History* 12(1945), p.144.

[2] 参见 Jennifer A.Herdt: "Alasdair MacIntyre's 'Rationality of Traditions' and Tradition-Transcendental Standards of Justification", *The Journal of Religion*, Vol.78, No.4(Oct., 1998), p.532.

征,并以此作为批判麦金太尔的自由主义立场的依据。Jennifer A.Herdt
便是其中的代表人物之一。

　　Jennifer A.Herdt 依据移情想象力的溯源,认为移情想象力是一种基
于同情的同理心,而同情作为 18 世纪英国启蒙运动思想家备受推崇的德
性,也是英国走向自由主义现代性的道德启蒙,由此推断移情想象力作为
自由主义所生成的资源,显然是一个具有自由主义特征的德性。于是,麦
金太尔在传统的合理性证明中,运用移情想象力来解决互竞传统的认识
论危机,毫无疑问,他是在自由主义的宽泛领域内寻找了一个带有自由主
义特征的德性概念,去完成他的传统的合理性辩述。因此,Jennifer A.
Herdt 认为即使麦金太尔在《追寻美德》开端便对自由主义进行了无情的
驳斥,否定了自由主义的价值,但仍不妨碍麦金太尔是一个自由主义者的
事实。

　　那么,麦金太尔究竟是不是如 Jennifer A.Herdt 所言是一个自由主义
者呢? 如果不是,所谓的麦金太尔传统合理性证明的关键阶段——移情
想象力——是一个自由主义的德性,岂不是对反自由主义的麦金太尔的
一个最大的讽刺? 对此,有学者提出自己不同的看法。

　　纵观麦金太尔的著作文本,人们能深刻感受到麦金太尔对宽容和开
放的多元化理解与强调,麦金太尔的合理性与真理也为其提供了前提条
件。而"宽容和开放"无疑是一组"经典的自由主义德性"[1],如果据此判
断麦金太尔是一个自由主义者,显然是不合理的,也是不充分的。诚如
Jean Porter 所言,"这仅仅是个术语上的困难"[2]。因为"自由主义"是一
个拥有广泛意义的词汇,在 Jean Porter 看来,自由主义囊括了自启蒙时代
以降,人类在社会、政治、道德等领域的一切进步要求。诸如宽容、平等、
开放等话语词汇皆由自由主义传统启蒙衍生而来,因而带有某种自由主

---

[1] Jean Porter, "Openness and Constraint: Moral Reflection as Tradition-Guided Inquiry in Alasdair MacIntyre's Recent Works", *The Journal of Religion*, Vol.73(1993), p.516.

[2] Jean Porter, "Openness and Constraint: Moral Reflection as Tradition-Guided Inquiry in Alasdair MacIntyre's Recent Works", *The Journal of Religion*, Vol.73(1993), p.516.

义的味道,但是,也不能排除它们或有被其他传统利用的可能性。而麦金太尔在其中扮演的绝不是某一种传统的代言人,他将自身确证为中心,也就是说,"他通过判断所有有关合理性和真理的主张,为达到传统中立标准的可能性辩护"①。在这个意义上,我们可以说麦金太尔不是一个自由主义者。这也就意味着,麦金太尔并不是在自由主义传统内部谈论传统的合理性,移情想象力作为麦金太尔为传统合理性辩护的工具,也并不能作为驳斥麦金太尔不是一个自由主义者的充分理由。因此,传统的合理性不是任何一种传统的产物,而更像是 Jennifer A.Herdt 所说的"借用阿奎那、自由主义、后自由主义元素的复合体"②。

麦金太尔对传统的合理性证明是《谁之正义? 何种合理性?》一书的重要旨归。如何对互竞传统的不同真理主张进行证明和判定,依赖于不同传统的信奉者所书写的历史之充分性和解释力,对各种互竞传统资源的历史解读则有赖于移情想象力的运用。

总而言之,移情想象力是麦金太尔为传统的合理性辩护的一个肯繁环节。只有真正理解了移情想象力,才能体会缘何各种互竞的传统之间存在合理性选择的可能;只有真正掌握了移情想象力,才能在面对传统的认识论危机之时,与相遇的传统进行有效沟通;只有真正运用了移情想象力,才能有机会续写自己传统的历史,证明传统的合理性。而对移情想象力的自由主义德性特征的判断,丝毫不影响麦金太尔成为一个非自由主义者。

第三节　传统的德性彰显

安斯康姆(Elizabeth Anscombe)于 1958 年发表了一篇题为《现代道

① Jean Porter, "Openness and Constraint: Moral Reflection as Tradition-Guided Inquiry in Alasdair MacIntyre's Recent Works", *The Journal of Religion*, Vol.73(1993), pp.523–524.

② Jennifer A. Herdt, "Alasdair MacIntyre's 'Rationality of Traditions' and Tradition-Transcendental Standards of Justification", *The Journal of Religion*, Vol.78, No.4(Oct., 1998), p.533.

德哲学》的文章，引起了道德哲学界的广泛关注。安斯康姆在文中提出，现代道德使用义务论术语进行评价和指导行为，这种表达是一种犹太教—基督教的神法伦理学的道德观。由此掀起了对现代伦理学的批判浪潮，并伴随着德性伦理学的兴起。麦金太尔也尝试沿着安斯康姆的线路，重建古代德性伦理学。他希翼用古希腊的德性来反抗现代的规范，用传统抵御普遍主义，用善来对抗正当。因此，麦金太尔两面受敌：一方面，他要面临现代主义的挑战，批判现代道德哲学的规范伦理学以及现代政治哲学的自由主义；另一方面，他还要反对后现代主义，对谱系学发起挑战。最后，麦金太尔提出第三条道路，即回到前现代，倡导亚里士多德的德性传统。

一、反对规范伦理学的传统

道德哲学关心两个问题：一个是关于伦理学概念与意义的抽象问题；另一个是关于道德规范的具体问题。然而，在 G.E.摩尔、黑尔和塞尔等著名的元伦理学家们的坚持下，元伦理学传统成为道德哲学领域研究的主流传统。它预设关于道德语言和道德论证的独特存在，认为道德哲学的首要任务便是探究道德特殊的语义特征和逻辑特征。道德哲学囿于元伦理学的研究范式，变得古板而僵硬。直到 20 世纪 70 年代，约翰·罗尔斯《正义论》的出版，才再次将道德哲学带回到规范伦理学的语境之中。

在罗尔斯《正义论》的影响下，元伦理学逐渐式微，规范伦理学回到道德哲学的舞台中心。康德主义和功利主义也随之得以复兴。麦金太尔的《追寻美德》在规范伦理学繁荣了近十年后，对其提出批评。依麦金太尔之见，由义务论和功利主义所宰制的规范伦理学是启蒙道德理论的退化，而不是进步。要想弄清楚麦金太尔是如何反对规范伦理学的传统，必须首先弄明白规范伦理学本身有哪些核心问题或是主要观点。规范伦理学将现实生活作为主要研究对象，通过探讨何为善、何为正当、是否应该的界限与标准，以论证道德价值、制定道德规范，从而指导人们的生活实践。大卫·所罗门将规范伦理学领域存在的核心且互竞的观点大致归为四种:第一种是义务论,该观点直接承继自康德的理性主义或某种形式的契约论,它承认权利优先于善,并将规则置于优先地位;第二种是广义的功利主义,该观点将利益最大化原则置于规范理论的核心;第三种是德性伦理,该观点认为规范伦理学理论的核心是关注德性和与之相关的人类幸福或良好秩序;第四种是反理论的伦理学,该观点怀疑任何抱有理论企图的观点,尤其是声称能够理性地证明人类善的生活本质的观点。① 麦金太尔虽然作为一个德性伦理的拥护者,却将规则置于中心地位,因而也不能与那些典型的理想化的德性论者相提并论。因此,麦金太尔的思想显然不能被划归到规范伦理学之列。

麦金太尔对规范伦理学的反对主要集中在对康德的义务论和功利主义的反对方面。换言之,他主要反对的是以康德主义和功利主义为代表的规范伦理学传统,他对这两种观点的批评基本上是围绕有关善的话题展开的。

麦金太尔反对康德义务论的理由是义务论将规则等同于德性。尤其是在罗尔斯那里,规范伦理学逐渐转变成规则伦理学,规则成为道德的中心,德性的作用被遮蔽。麦金太尔认为,康德的义务论所探讨的道德问题都是围绕规则进行的。在康德看来,人们所需要遵守的只有规则,而没有所谓的道德。罗尔斯将这种观点继续深化,将德性看作是"依据正当的基本原则去行动的强烈的和正常有效的欲望",认为"德性就是感情,也就是说,它们是与有一种较高层次的欲望所规范的那些气质和性情相关联的,在这种情形中,行动的欲望就来自于相应的道德原则"②。在此,德性意味着对规则的服从,也就意味着德性被规则所遮蔽,德性的作用被弱化、边缘化。

麦金太尔对功利主义的批判则是因为它是以道德主体的欲望为动

---

① 参见[美]马克·C.墨菲:《阿拉斯戴尔·麦金太尔》,胡传顺、郭沙译,复旦大学出版社2013年版,第150页。

② [美]阿拉斯戴尔·麦金太尔:《追寻美德》,宋继杰译,译林出版社2008年版,第133—134页。

机,从而使善被私人化。功利主义以人性理论为前提,认为人的行为动机来源于个人的欲望和偏好,因此,对欲望和偏好的满足便是善。在麦金太尔看来,这种对善的理解容易导致人们对"何为善"的问题的不可通约,而且这种对善的理解分歧也无法消解。于是,善被私人化了。麦金太尔认为,善的私人化,一方面表现为自由主义道德的基本特征。由于每个人的动机是相异的,从而每个人的善观念也是不同的。因此,人们无法在善观念的问题上达成一致。这种对善观念无法消解的分歧使得国家或政府在善的问题上始终保持中立,这种中立性是典型的自由主义道德特征。另一方面表现为人格的分殊。由于每个人拥有不同的善观念,因而在私人空间,每个人可以按照自己的意愿去追寻自己的善。然而,在公共空间,每个人应该服从一致的道德规则或规范,以维护每个人的自由和权利。因此,个人对善的追求被局限于私人空间,而在公共空间又不得不服从道德规则。长此以往,善的私人化不仅使善与道德规则相分离,而且还造成了人格的分殊。在麦金太尔看来,善的私人化是现代道德哲学的顽疾,而医治现代道德哲学顽疾的药方存在于古希腊之中。

二、反对谱系学的传统

麦金太尔认为现代道德哲学以规则遮蔽德性,使德性边缘化,从而"错误地排列了评价性概念的次序"[①]。因此,他提议应当有一个新的研究起点。这个起点应当首先关注德性,并且应该回到古典传统中去探究德性概念的历史。尼采和亚里士多德都是这个观点的积极拥护者。尼采甚至将"自己视为荷马时代贵族使命的最后继承者"[②]。然而,麦金太尔在选择传统的问题上,最终选择了亚里士多德,而不是尼采。

1. 拒绝起源的谱系学

谱系学是一种历史学方法,但又不同于传统的历史学方法,甚至是与

① ［美］阿拉斯戴尔·麦金太尔:《追寻美德》,宋继杰译,译林出版社 2008 年版,第 134 页。
② ［美］阿拉斯戴尔·麦金太尔:《追寻美德》,宋继杰译,译林出版社 2008 年版,第 134 页。

传统历史学根本对立的谱系研究方法,"即拒斥起源、否定总体历史线性发展、复归历史细节的真实谱系的效果史观"①。

尼采认为,传统历史的作用在于纪念、怀古和批判。"纪念的历史"具有榜样的作用,它总是努力削弱差异,抹平棱角,使之和谐。然而,如果历史真的能够提供这样一种榜样,那么,后续的历史总是会想方设法地对它进行修饰、篡改,甚至是虚构,以满足自身的野心需求。因为真实的历史会告诉人们,从来不会有绝对相同的命运在这个世界上发生,有的只是相似的历史,充其量也只是对历史的一种模仿。"怀古的历史"总是将过往塑造成高贵的起源,并使自己永垂不朽,以满足人们的保守与虔诚。在怀古的历史中,事物的价值从未被正确对待,而是随着后人的需要而改变。它视远古以高贵,视新物以鄙夷。它只懂得小心翼翼地呵护着远古,而对新物则毫无眷恋地摒弃。"批判的历史"恰恰相反。它总是带着一种谨慎、苛刻、审视的眼光看待历史,认为过去的一切都是有罪的。尼采认为这种"批判的历史"是相当危险的。因为,我们无法摆脱历史的总体链条,也无法否认一个事实:"我们来自它们"②。如果历史是有罪的,那么,作为历史承继者的我们也承继了它的罪过,成为有罪之人。事实上,并非如此。总而言之,无论是个人,还是国家或民族,都需要通过纪念、怀古和批判的历史以了解过去。这是我们无法摆脱的总体链条。但是,尼采提醒人们,在纪念、怀古和批判的历史中去回望历史,并非真实存在过的历史,它不过是对历史的再一次创造:剔除历史上的差异性,注入新的同一性;忽略那些偶然的、不规则的事物,重编历史的整体性和普遍性。

因此,尼采的谱系学,并不关注传统历史学所关注的高贵起源,而是关注事物本身的出身(Herkunft)和独特出现(Entstehung)。在福柯看来,尼采的"出身"和"独特出现"并不能与起源等同,甚至是拒绝起源的。

首先,尼采的"出身"讨论的是事物和现象的来源(provenance),这与

① 张一兵:《谱系研究:总体历史链条断裂中显露的历史事件突现——福柯的〈尼采·谱系学·历史学〉解读》,《广东社会科学》2015年第4期,第44页。

② [德]尼采:《历史的用途》,陈涛、周辉译,上海人民出版社2000年版,第24页。

目的论的本真性起源不同。由于传统历史的纪念与怀古作用,使宏大历史中的叙事主角"我"无一例外地都具备高贵的血统。然而,通过对"出身"的思考,尼采发现这些自以为是的高贵血统,实际上都是历史的谎言。诸如历史上成功造反的统治主体,他们通常假以星象、托梦等伪构境制造意识形态故事。尼采的"出身"拒斥这种高贵血统的起源,它所关注的事件本身的来源是一些偶然的、无序的、杂乱的事件碎片。因此,尼采的谱系学不仅是对具体历史人物或事件在血统上的连续性的批判,也是对一切历史研究中有关社会、文化的宏大连续性的否定。他指出:"并不妄称要回溯,重建一个超越了被遗忘的事物的散布状态的宏大的连续性,这种宏大连续性正是建筑在无数被故意遗忘的真实事件的尸体堆上的!"[1]这意味着,"我"的血统同一性在尼采谱系学研究中被"出身"拆解。

其次,尼采的谱系学研究具有真正的"历史感"。相比传统的历史学,尼采的谱系学研究从实际出发,更关注实际历史本身。传统历史学通常认为存在"永恒真理、灵魂不朽以及始终自我同一的意识"[2]。然而,在尼采看来,历史并不注定承载所谓的伟大目标,也不必然具有永恒不变的总体性或连续性,它不过是某些独特的、偶然的历史事件本身所表现的实际历史效果而已。福柯认为,当非连续性的概念介入关于自身存在的思考之中时,这种实际的历史效果便已经斩断了历史的总体性和同一性。因而,谱系学研究关注的是历史事件的特殊性,拒斥的是抽象的普遍性。真正的历史,没有原初的坐标,也没有伟大的里程碑,有的只是无数混乱的事件碎片。

2.麦金太尔反对尼采的谱系学

麦金太尔认为尼采的谱系学是作为对启蒙运动、康德主义等现代性

---

① 张一兵:《谱系研究:总体历史链条断裂中显露的历史事件突现——福柯的〈尼采·谱系学·历史学〉解读》,《广东社会科学》2015 年第 4 期,第 47 页。

② 张一兵:《谱系研究:总体历史链条断裂中显露的历史事件突现——福柯的〈尼采·谱系学·历史学〉解读》,《广东社会科学》2015 年第 4 期,第 48 页。

方案失败的替代品而出现的。尽管尼采的谱系学敏感地捕捉到了启蒙运动、康德主义在处理现代性问题时的不足,也企图重新架构有关现代性的观点。但是,在麦金太尔看来,尼采的"超人"仍然没能解决现代性问题。关键在于尼采谱系学对历史总体性和同一性的否定,以及由此衍生的真理性问题。

麦金太尔对尼采谱系学的拒绝主要是从人格同一性的角度进行论述的。麦金太尔认为,人格认同的概念具有三个重要维度。第一,同一个肉体是成为同一个人的一部分。第二,作为共同体的一员,每一个人都需要使自己的人格认同保持同一性,也就是要在肉体生活中成为同一个人。这要求每一个人能够在共同体内向其他成员解释其行为、态度和信念,并且使这种解释保持连续性和可靠性。第三,由于生活的目的论意义决定了每个人的生活追求是发现人生的真理。因此,每一个人的人生就具有一种"历史故事的统一性",每一个人的生活也就具有一种连续性和统一性的追求。总之,"肉体只有在作为可解释清楚的践履者、能够将自己的人生理解为一个整体时,才是有意义的"①。由此,麦金太尔完成了他关于人格认同的前提塑造,即将人生视为一个统一的叙事整体。

于是,麦金太尔借由人生的统一性和人格认同的同一性明确地拒绝了尼采对历史总体性和同一性的否定。而对尼采所关注的历史事件的特殊性解释则主要从百科全书派谈起。麦金太尔认为百科全书派是一种"有意的非个性化"②,即它追求普遍性并崇尚权威,认为真理和合理性独立于特殊性和个体性之外。但是,随后百科全书派的这种非个性化的权威意识遭到谱系学的解构。最显明的标志是以福柯为代表的谱系学学者对百科全书派的非个性质疑。谱系学学者不承认真理和事物本

---

① [美]阿拉斯戴尔·麦金太尔:《三种对立的道德探究观》,万俊人、唐文明、彭海燕等译,中国社会科学出版社 1999 年版,第 202—203 页。

② [美]阿拉斯戴尔·麦金太尔:《三种对立的道德探究观》,万俊人、唐文明、彭海燕等译,中国社会科学出版社 1999 年版,第 210 页。

身的无时间性概念,而是从视角主义出发,就事论事。不同于习惯在相对固定的历史情境中去理解文本的其他传统,谱系学传统更愿意提供解释的多样性。

在谱系学看来,无论是苏格拉底式的辩证模式,还是奥古斯丁式的忏悔模式,它们都不可能提供一种可信服的解释力。它们是自身"扭曲和压抑的表现",这"是非个性的强力意志的表现,这种意志症状是一种被掩饰的失意症状"①。然而,麦金太尔指出,谱系学在否定苏格拉底式的辩证模式和奥古斯丁式的忏悔模式的同时,也使那些可解释人格认同和连续性的先决条件成为不可能。② 这就使谱系学陷入解释概念的资源匮乏之困境。因此,在谱系学的范畴内,它不可能提出可解释性的问题,或是关于人格认同、自我统一性和连续性的问题。这也使得谱系学面临一个更艰难的话题,即如何建构现在的自我与过去的自我之关系。麦金太尔认为,这不仅是谱系学的批评者对它的诘难,也是内在于谱系学自身的困难。"因为,当谱系学的支持者在对一个真正的起始行为概念产生怀疑时——只是后来发生的事才把一种行为理解为一个起始事件,在此基础上,谱系学的起始特征不属于它自己过去发生的事——在谱系学内总是存在着一系列的行为,既有起始的,又有后继的,这构成了同一生活之连续性的断裂。"③这是一系列否认的行为。通过这些否认行为,谱系学学者将自己从与之对立的立场中分离出来,这就造成了谱系学学者对过去自我的否认。因为在谱系学学者看来,他们找不到关于人生统一性、连续性和人格认同的语词,找不到一个属于自己的过去。这意味着,谱系学学者无论是在谱系学内部还是其外部,都无法找到自己的位置,无法逃脱人们的详细审查,也无法使他们自己成为最大的例外,也不能自我沉溺于

---

① [美]阿拉斯戴尔·麦金太尔:《三种对立的道德探究观》,万俊人、唐文明、彭海燕等译,中国社会科学出版社1999年版,第212页。

② 参见[美]阿拉斯戴尔·麦金太尔:《三种对立的道德探究观》,万俊人、唐文明、彭海燕等译,中国社会科学出版社1999年版,第213页。

③ [美]阿拉斯戴尔·麦金太尔:《三种对立的道德探究观》,万俊人、唐文明、彭海燕等译,中国社会科学出版社1999年版,第221页。

所不知道的东西之中。① 于是,谱系学学者无一例外地被当作反对、颠覆、断裂的代言人。但是,滑稽的是,谱系学又不得不与那些它声称要与之对立的立场保持相互依赖,并从它所要抛弃的立场中汲取必要的生存条件。总之,正如谱系学利用其自身标准成功地质疑了百科全书派的立场一样,谱系学本身也将因其自身标准而归于失败。

正如麦金太尔所言,百科全书派、谱系学和托马斯主义传统的辩论战仍在持续,而它们之间的论战进程成为决定当前文化处境的肯綮。

三、倡导德性的探究传统

2016 年的诺贝尔文学奖颁给了鲍勃·迪伦。或许有人会质疑,鲍勃·迪伦作为一个伟大的歌手是毋庸置疑的,但是他的作品称得上是好文学吗? 甚至有人将此称作与 1953 年诺贝尔颁奖给丘吉尔一样愚蠢。然而,从瑞典学院对鲍勃·迪伦的表彰词"在美国歌曲传统中创造了新的诗歌表达"中可见一斑。尽管音乐与文学的争论仍在持续,关于文学纯度及边界的问题也不是我们在此要关心的话题。但是,文学起源自音乐,这是不可否认的,也是必须重视的关于吟游诗人和口述文学的传统。鲍勃·迪伦显然就是这种吟游诗人传统的出色的继承者。从这一点来看,鲍勃·迪伦获得诺贝尔文学奖是实至名归。回望学术界,对传统的重视同样必不可少。当今学界,学科越来越精细化,学科界限也变得越来越模糊,由此产生的争辩也愈发激烈。然而,任何问题归根结底都要诉诸一个本原,即回到它最初的模样。这样,才能在纷繁复杂、模棱两可的现代性迷雾中找到一条清晰的路向。这条路向就是回归古典哲学的探究传统。

在中世纪基督教哲学中,存在着两种相互对立的探究传统。一个是来自柏拉图哲学和新柏拉图主义的奥古斯丁主义,另一个是来源于亚里

---

① 参见[美]阿拉斯戴尔·麦金太尔:《三种对立的道德探究观》,万俊人、唐文明、彭海燕等译,中国社会科学出版社 1999 年版,第 222 页。

士多德主义的托马斯主义。这两种哲学探究传统始终处于理性与信仰的张力关系之中。麦金太尔在选择何种古典哲学探究传统的问题上，对亚里士多德和奥古斯丁分别所代表的探究传统进行了仔细的研读、比较与斟酌。最后，麦金太尔选择做一名托马斯主义者，这也意味着，麦金太尔选择了亚里士多德主义的哲学探究传统。通过对亚里士多德主义德性传统的倡导，麦金太尔将引导我们走出现代性的迷雾。

1. 亚里士多德与奥古斯丁：关联与互竞

13 世纪欧洲智识史的一个重要背景是亚里士多德的哲学与西方基督教神学的相遇。它们二者的相遇，除了融合，更多地表现为冲突。在麦金太尔看来，"拉丁语基督教的教条主义神学是由哲学的理论和结论广泛传播的，并且是在其自身对真理和合理性的奥古斯丁主义的理解之内得以落实的，但这种理解明显与迄今为止最好的注解者和释义者所表达的对亚里士多德的理解不一致。这样，一种哲学和另一种哲学遭遇，各自都有其评价哲学主张之真理性与合理性的标准，而且这两套标准明显不可公度、互不相容"[1]。这两种哲学立场的分歧表现为三个层面：

第一，关于基督教的核心教义的理解。亚里士多德认为，世界是永恒的，并且排除了个体灵魂的独立性与非物质存在。然而，基督教却设计了一个创世的开端，并且认为灵魂离开肉体仍能幸存。于是，在 13 世纪上半叶，亚里士多德的著作被宗教权威所禁止，被"有选择地阅读"[2]。由于当时对亚里士多德作品的选择性阅读，导致亚里士多德的著作被独立地阅读，并未形成一个完整的思想体系。因此，那时的亚里士多德思想并未对当时占统治地位的奥古斯丁主义构成挑战。

第二，直到 13 世纪下半叶，随着人们对亚里士多德作品的认识逐渐完善，亚里士多德及其解释者们才开始逐步对奥古斯丁主义形成挑战。

---

[1] ［美］阿拉斯戴尔·麦金太尔：《三种对立的道德探究观》，万俊人、唐文明、彭海燕等译，中国社会科学出版社 1999 年版，第 106 页。

[2] ［美］阿拉斯戴尔·麦金太尔：《三种对立的道德探究观》，万俊人、唐文明、彭海燕等译，中国社会科学出版社 1999 年版，第 106 页。

人们对已建立的探究组织和结构产生质疑,尤其质疑神学与这种组织和结构中的其他原理之间的关系。①

第三,当亚里士多德著作被视为一个完整的思想体系引入到课程设置中时,就会面临奥古斯丁主义的敌视,因为这将意味着神学要放弃对其他世俗科学和艺术的安排与指导。但是,如若同意将亚里士多德思想体系引入到课程设置中,又会产生教学和知识结构的不一致。这被麦金太尔称为奥古斯丁式的两难困境。② 同时也是亚里士多德对奥古斯丁形成挑战的第三个层面。

如何化解这种两难困境,即如何引导一种有建设性的讨论,这就需要一套关于真理和合理性的标准。然而,亚里士多德主义和奥古斯丁主义是两套风格迥异的思想体系,它们各自都有自己的一套标准,不存在第三套中立标准。由此,亚里士多德主义和奥古斯丁主义的冲突也日渐明朗化③:

首先,关于心灵的认识。亚里士多德认为,心灵对其所有对象具有潜在的充分性。然而,奥古斯丁神学却认为,心灵面对其对象时的不充分性,是心灵对自身之无能性的发现。因而,在回答《美诺篇》的悖论④时,亚里士多德通过"致知",作为在理智中已呈现在潜能中的东西的实现,对心灵的刻画正在于对其所获知识的刻画;而奥古斯丁则认为心灵没有能力获得知识,只有依赖自身无法提供的外在来源,即神的光照才能为无能的心灵提供综合能力。

---

① 参见[美]阿拉斯戴尔·麦金太尔:《三种对立的道德探究观》,万俊人、唐文明、彭海燕等译,中国社会科学出版社1999年版,第107页。

② 参见[美]阿拉斯戴尔·麦金太尔:《三种对立的道德探究观》,万俊人、唐文明、彭海燕等译,中国社会科学出版社1999年版,第108页。

③ 参见[美]阿拉斯戴尔·麦金太尔:《三种对立的道德探究观》,万俊人、唐文明、彭海燕等译,中国社会科学出版社1999年版,第108—110页。

④ 《美诺篇》悖论是指:"我们如何知道何之为何,如果预先未能具备认识这一问题之真实答案的能力,也就是说,如果预先不能以某种方式知道何之为何的话。"[美]阿拉斯戴尔·麦金太尔:《三种对立的道德探究观》,万俊人、唐文明、彭海燕等译,中国社会科学出版社1999年版,第109页。

其次，关于真理的理解。亚里士多德和奥古斯丁对真理的刻画与理解同样是基于对心灵及其对象的关系之上。由于亚里士多德认为心灵对其对象具有充分性，因此，亚里士多德便是依据心灵与其对象的关系充分与否来理解并刻画真理的。然而，奥古斯丁却并不关心心灵与其对象的关系是否充分，而是认为"真理"比"真实的"的表达更为根本。因此，奥古斯丁是依据有限对象与真理的关系之来源来理解并刻画真理的。

再次，关于缺陷和错误的本质。奥古斯丁认为，任性的意志如果没有上帝的引导，就易于误导理智，这是产生错误的重要原因。因而，奥古斯丁主义者在神学和道德探究的问题上总喜欢假设所有的理智错误都源于道德上的缺陷。亚里士多德则不以为然。在亚里士多德的图式里，意志并不能作为解释错误的原因。因为，德性是实践教育和理论教育的结果。理智不需要通过意志就可以达致理论和实践的真理，追求实践和理论的生活之善。

最后，麦金太尔认为，亚里士多德主义的哲学家与奥古斯丁主义的神学家在关于真理和合理性的讨论中所诉诸的标准是不相容的。但是，不可否认的是，关于人类生活之善，即对幸福的追求方面，哲学和神学都有其自己独特的理解和贡献。然而，这一温和的观点却在 1277 年受到谴责。无论是亚里士多德主义者还是奥古斯丁主义者，他们都认为上述观点容易导致曼东赖特的双重真理教义，即认为"在哲学上正确的，可能在神学上是错误的，反之亦然"①。麦金太尔指出，曼东赖特的双重真理教义虽然是错误的，但是却隐藏了一个非常重要的洞见："如果一般意义上理解的亚里士多德主义与奥古斯丁主义之间的争论一定要得出结论的话，那么任何试图同时承认这两种教义的人，只能被迫达到非常类似于曼东赖特所发明的教义。而被迫这样做当然又意味着自相矛盾。"②显然，

---

① ［美］阿拉斯戴尔·麦金太尔：《三种对立的道德探究观》，万俊人、唐文明、彭海燕等译，中国社会科学出版社 1999 年版，第 112 页。
② ［美］阿拉斯戴尔·麦金太尔：《三种对立的道德探究观》，万俊人、唐文明、彭海燕等译，中国社会科学出版社 1999 年版，第 112 页。

麦金太尔需要在亚里士多德主义和奥古斯丁主义之间作出一种选择。

2. 探究传统的选择:倡导亚里士多德的德性传统

麦金太尔在《三种对立的道德探究观》中,考察了百科全书派、谱系学以及托马斯主义这三种道德探究模式。他认为,无论是百科全书派,还是谱系学,在用自身标准进行判断时都是不连贯的,也都是失败的。而这一点只有在托马斯主义的亚里士多德主义之框架内才能得以理解。[①] 与此同时,麦金太尔再次强调了他在《追寻美德》中所表达的主题思想。并且,他现在仍然重视亚里士多德关于德性叙述的重要性,并吸收了亚里士多德所强调的人类目的论的概念。或许,麦金太尔在新近作品中所表达的对托马斯主义的偏好,会让人们怀疑他的道德理论是否开始倾向于相信上帝关于人类本性的观点。但是,在此真正需要关注的是托马斯主义背后的亚里士多德主义的思想本质。即使将天主教的相关教义加入到亚里士多德的德性叙述中,也并不妨碍对亚里士多德人类目的论的概念理解。

在《三种对立的道德探究观》中,麦金太尔最后的焦点集中于阿奎那的作品之上。他试图努力表达这样一种观点,即基于传统的问询可能会带来理性的进步,并尝试解释是什么传统构成了这样的进步。正是由于理性进步的显著特征,麦金太尔最终选择了亚里士多德的德性传统,而这种传统在 13 世纪曾一度被中止。

在麦金太尔看来,百科全书派作为一种道德探究的样式已经覆灭,以同样的方式推论,后尼采主义的谱系术语也业已消亡。当代文化排除了《百科全书》模式的文化,排斥谱系学的观点,建立了自己的文化模式。但这种当代文化模式在麦金太尔眼中可能也是错误的。迨至当代,道德和神学的真理问题已经变成了个人的忠诚问题。学术组织形式不是通过正式的禁令或禁止来排除一种传统,而是通过简化或歪曲

---

① 参见[美]阿拉斯戴尔·麦金太尔:《三种对立的道德探究观》,万俊人、唐文明、彭海燕等译,中国社会科学出版社 1999 年版,第 237 页。

的版本承认它，从而使它不可避免地成为对智慧和道德忠诚而言的无效竞争者。① 因为它们所信奉的教条令人难以置信或存有争议。这也是麦金太尔在《追寻美德》中一直致力解决的问题：如何解释现代西方关于道德核心问题所存在的诸种互为攻伐、难以消解的分歧？

麦金太尔认为可以从两个方面解释这种分歧。原因之一，自 18 世纪启蒙运动以降，人们力图提供一种能获得广泛认同的德性解释，但是，该解释一直竭力诉求的理性概念却始终是一种不充分的概念。结果导致各种不同合理性证明标准的支持者们始终处于一种无法消解的矛盾冲突之中。原因之二，从中世纪到现代世界的过渡中，人们对一种古典道德传统的摒弃，瓦解了原本统一的道德图式。这种古典道德传统的核心便是亚里士多德的德性概念和人类善概念。于是，作为现代性特征的道德多元论顺应而生。而这种多元论的道德理论又极其容易使各派走向相对主义。

于是，麦金太尔在《谁之正义？何种合理性？》中得到的结论是："一种传统可以合理地表明它自己的正义解释优于另一种传统的正义解释，但不是诉诸于某种独立于传统之外的中立标准，而是通过展示一种向其他传统学习并理解它自身迄今为止的解释所存在的不充分性或错误这一优越能力来证明这一点的，这种优越性是按照它自己的标准来判断的，也是以其他对立传统所提供的方式来达成的。"②

紧接着，麦金太尔在《三种对立的道德探究观》中深化了此一论点。通过百科全书派、谱系学的失败，证明只有在托马斯主义的亚里士多德主义传统内部，才有可能使百科全书派和谱系学的各种对立主张得到最好的阐释。因为托马斯主义的亚里士多德主义充分体现了一种合理探究传统的重要性。这也回应了麦金太尔缘何在《追寻美德》中不断强调，要在

---

① 参见［美］阿拉斯戴尔·麦金太尔：《三种对立的道德探究观》，万俊人、唐文明、彭海燕等译，中国社会科学出版社 1999 年版，第 225—227 页。

② ［美］阿拉斯戴尔·麦金太尔：《三种对立的道德探究观》，万俊人、唐文明、彭海燕等译，中国社会科学出版社 1999 年版，"中文版导论"第 2 页。

现代社会追寻业已摒弃的亚里士多德主义的德性传统和人类善。

面对现代性的道德衰败和后现代的解构挑战,麦金太尔选择回到前现代,倡导亚里士多德的道德探究传统。这是麦金太尔为现代性道德危机开出的一剂药方,也是一条现代性道德的救赎之路。传统,成为救赎之路的指明灯。

首先,麦金太尔对传统的释义贯穿于他的道德筹划三部曲之中。其中,《追寻美德》将传统作为一种德性背景加以阐释,将传统与德性进行关联讨论;《谁之正义? 何种合理性?》将传统推进到认识论层面,分别探讨了西方文化背景下依次产生的四种传统,指出亚里士多德主义的传统是最具生命力的传统,并将传统与正义进行关联讨论;《三种对立的道德探究观》进一步深化《谁之正义? 何种合理性?》的观点,将传统明确指认为一种道德探究样式。至此,麦金太尔完成对救赎现代性道德的核心概念——传统的释义,并指认亚里士多德主义的道德探究传统是其选择回归的传统。

其次,麦金太尔需要进一步说明为何在多种互竞的道德探究观中选择亚里士多德主义的道德探究传统。于是,传统的合理性证明亟须解决。麦金太尔认为,解决此问题的肯綮在于移情想象力。移情想象力是各种互竞传统间合理性选择的有效理解途径。面对传统的认识论危机,移情想象力为传统的合理性辩护提供了方法。它通过一种传统的信奉者想象性地将自身置于对方传统中,从对方传统自身去理解传统;在承认对方传统的真理性基础上,重构自身传统,从而使自身传统获得合理性进步。至此,麦金太尔完成了对传统的合理性证明。

最后,麦金太尔通过对规范伦理学传统、谱系学传统的批评分别回应了现代主义和后现代主义的挑战,再次确认只有亚里士多德的德性传统,才能反抗现代性,抵御现代性危机。麦金太尔认为,现代道德的衰败在于太过强调规范,而遮蔽了德性的重要性,使德性日趋边缘化。只有重拾古典传统中的德性概念,重新凸显德性的重要性,才能真正挽救现代道德。

在亚里士多德和尼采之间,麦金太尔认为尼采的谱系学由于对历史总体性和同一性的否定,始终未能解决现代性之弊。于是,最终选择了亚里士多德。麦金太尔选择亚里士多德,并不意味着号召人们的生活模式回到前现代社会,而意在点明现代社会的德性缺失,强调人们要重新思考并重视亚里士多德的德性传统,目的是为了彰显在现代性图景中德性的重要性。

　　总而言之,在麦金太尔的道德理论图景中,亚里士多德的德性传统是一种合理探究的哲学传统。麦金太尔也坚持认为只有倡导德性的探究传统才有可能带领人们走出现代性的迷雾。在其新近著作《依赖性的理性动物》中,麦金太尔再次强调了亚里士多德伦理学的生物学基础,只不过这一次不是拒斥,而是承认。他认为人类生物学将成为认识德性和解决伦理问题的背紧。这种彻底的转向是一种理论的进步,抑或是理论的倒退,在学术界尚有讨论的空间。无论如何,麦金太尔回溯古典传统以解决现代之惑的方式,为人们提供了一种思考和探究现代性的思路。或许他的方式有待商酌,但是他迫使人们严肃反思自身道德实践的理论价值却不容小觑。

第四章　A.麦金太尔对现代性的政治批判与重建:共同体

面对现代性之弊,麦金太尔为人们指出了一条回归前现代之路。这条前现代之路通往亚里士多德的德性与哲学探究传统。那么,在现代性图景之下,如何实现这条前现代的回归之路呢? 麦金太尔建议以共同体为载体,并且相信只有地方性共同体才能在新的黑暗时代,为人们拨开现代性迷雾,点亮前进的方向。然而,这种地方性共同体到底是亚里士多德的"城邦",还是圣·本尼迪克特的宗教共同体,抑或是一种新的社会主义模式,以及它在现代世界是否能够得以维存? 这一系列问题都是麦金太尔需要思考及回答的。与此同时,地方性共同体的设想也为人们解蔽现代性之惑提供了一面借鉴之镜。

第一节　共同体的概念及起源

自由主义和社群主义的重要区分在于对个人和共同体的关系理解。麦金太尔对自由主义的批判,主要矛头便是针对自由主义的个人主义。他对此提出的良策是以共同体来对抗个人主义。共同体观念,既是麦金太尔用以批判的工具,也是其建构新理论的基石。共同体观念的重要性可见一斑。那么,何谓共同体? 它是从何源起的呢?

一、共同体的概念

在这个语义含混的现代性话语时代,少有一个概念如"共同体"这般牵动神经,同时又充满理解上的不确定性。共同体(Community),是理解社群主义(Communtarianism)①的关键概念。从词源上考察,communtarianism 是由 19 世纪 40 年代古德温·巴纳比(Goodwyn Barmby)所造"communtarian"一词演变而来。最早谓指提倡共产主义社会的人。直至 20 世纪后期,communtarianism 才用来指涉社群主义的思想和观念。"community"则由拉丁语"com"和古代意大利西部的埃特鲁斯坎语的"munis"混合而成,表示"共同负责"的意思。

然而,在许多学者看来,如果要为"共同体"寻求一个清晰的定义,这几乎是不可能完成的任务。科林·贝尔(Colin Bell)和霍华德·纽拜(Howard Newby)曾写道:"什么是共同体? ……人们将发现,在分析了愈90 种定义之后,它们之间唯一的共同要素就是人!"②接着,他们在另一本书中也指出:"从来没有一种关于共同体的理论,甚至从来没有一个令人满意的共同体定义。"③二十年后,同样的抱怨仍然在继续。霍布斯鲍姆(E.Hobsbawm)认为:"'共同体'这个词从来没有像过去几十年这样被含糊而空洞地使用,在这段时间里,社会学意义上的共同体已经很难在现实生活中找到了。"④

尽管"共同体"的概念不仅"意谓"颇多,而且"意义"也不一而足。⑤

---

① 社群主义(Communtarianism),有的学者也称之为共同体主义。他们都表达了一种对共同体的强调。另外,也有学者将此译为"社群",在更早时期也译作"社区"。

② Colin Bell and Howard Newby, *Community Studies : An Introduction to the Sociology of the Local Community*, Westport, CT: Praeger 1973, p.15.

③ Colin Bell and Howard Newby, *The Sociology of Community : A Selection of Readings*, London: Frank Cass, 1974, p.xiii.

④ E. Hobsbawm, *The Age of Extremes : The Short Twentieth Century* 1914 – 1991, London: Michael Joseph, 1994, p.428.

⑤ 参见李义天主编:《共同体与政治团结》,社会科学文献出版社 2011 年版,"前言"第 2 页。

但是也毋宁像玛格丽特·斯黛茜(Margaret Stacey)那样认为,"要解决这个问题,只有完全避免使用这个术语才行"①。"共同体"作为理解社群主义的关键概念,虽然无法对其给出一个统一定义,但是其涵盖的意义,仍然可以从斐迪南·滕尼斯(Ferdinand Tonnies)、菲利普·塞尔兹尼克(Philip Selznick)等学者有关"共同体"的概念中可见一斑。或许正如杰拉德·德兰蒂(Gerard Delanty)所敏锐觉察到的那样:"共同体一直建立在种族、宗教、阶级或政治的基础上。它们也许是大型的,也许是小型的;维系它们的附属关系也许是'淡薄的',也许是'深厚的';它们也许以地方为基础,也许是在全球层面上被组织起来;它们与现存秩序之间的关系也许是积极性的,也许是颠覆性的;它们也许是传统的、现代的,甚至是后现代的;它们也许趋于反动,也许趋于进步。"②如此,也就不难理解,为何麦金太尔的"共同体"概念充满了不确定性。

1. 斐迪南·滕尼斯的共同体概念

对"共同体"概念最为全面的界定与研究的当属斐迪南·滕尼斯。在其名作《共同体与社会》一书中,滕尼斯将共同体概念提升到精神层面的高度,他认为,相比血缘和地缘的联系,精神是形成共同体更为重要的条件。他在书中指出:"血缘共同体作为统一体发展为和分离为地缘共同体,地缘共同体直接表现为居住在一起,而地缘共同体又发展为精神共同体,作为在相同的方向上和相同的意向上的纯粹的相互作用和支配。地缘共同体可以理解为动物的生活的相互关系,犹如精神共同体可以被理解为心灵的生活的相互关系一样。"因此,滕尼斯进一步指认:"精神共同体在同从前的各种共同体的结合中,可以被理解为真正的人的和最高形式的共同体。"③即对滕尼斯而言,精神共同体是由血缘共同体或地缘共同体发展而来。它的形成依赖于人的意志及其相互作用与相互肯定。

---

① Colin Bell and Howard Newby, *Community Studies: An Introduction to the Sociology of the Local Community*, Westport, CT: Praeger 1973, p.49.

② Gerard Delanty, *Community*, London: Routledge, 2003, p.2.

③ [德]斐迪南·滕尼斯:《共同体与社会》,林荣远译,商务印书馆1999年版,第65页。

滕尼斯列举了三种关系来表达直接的相互肯定，如夫妻关系、母女关系和手足关系。对人们之间的相互肯定，滕尼斯给予了较高的认同，并指出这种相互肯定是建构共同体的肯綮。

滕尼斯对共同体的概念做了五个方面的归纳：第一，共同体成员有归属感；第二，共同体具有整体感；第三，成员受共同体影响；第四，成员在共同体内实现需要；第五，成员与共同体有情感联结。滕尼斯对共同体的这种理解是基于社会学的视角而言的。并且，他将共同体与社会进行了区分。在滕尼斯看来，"共同体"具有共同性或整体性；"社会"则是对现代社会特性的一般概括，指不同目的的个人的结合。这种结合在现代社会中是通过契约关系来实现的，是一种利益的结合。然而，在人类社会中，除了利益结合外，还有基于共同需要的结合，"正是这里产生了共同体和社会的理论"①。按照滕尼斯的说法，社会中的人们生活在一起，但彼此是分离的；共同体中的人们彼此分离，但却是结合的。共同体中的这种结合，既有利益的结合，也有情感的结合，社会的分离则多指利益的分离。因此，相互依存、共同需要是共同体的标志，相互分离、互为攻伐则是社会的标志。滕尼斯认为，共同体的共同性或整体性体现了一种"更高和更普遍的自我"②，这是一种共同性的人格。而"任何社会的关系都表现着一个被置于它之前的，人为的个人的开端和可能性，人为的个人拥有一定数量的力量或手段"③。

2.菲利普·塞尔兹尼克的共同体概念

另一位对共同体概念作出重要阐述的作者便是菲利普·塞尔兹尼克。在《社群主义的说服力》中，塞尔兹尼克认为，共同体对许多人而言，是个非常棘手的理念，因为它是如此模糊不清、令人难以琢磨。但是，塞尔兹尼克站在社群主义的立场，努力将其对"共同体"的理解作出令人满意的描述。

---

① ［德］斐迪南·滕尼斯：《共同体与社会》，林荣远译，商务印书馆1999年版，第31页。
② ［德］斐迪南·滕尼斯：《共同体与社会》，林荣远译，商务印书馆1999年版，第255页。
③ ［德］斐迪南·滕尼斯：《共同体与社会》，林荣远译，商务印书馆1999年版，第255页。

　　塞尔兹尼克指出,首先,在共同体中,人们追求各种各样的目的,过着共同的生活。他们是被支配的,而不是被操纵或是被命令的。共同体成员相互依赖,具有共同身份,它们既提供保护,也需要保护。共同体成员彼此之间的义务,也是他们作为部分对整体的义务。

　　其次,共同体预设了一种道德联系。这种道德联系类似于朋友间和家庭成员间的协议。因此,忠诚是共同体的原则之一。但是,塞尔兹尼克同时也指出,共同体又区别于朋友和家庭的结合。朋友和家庭的结合,是将人彼此分离的特殊联系。与此相反,共同体则引导成员走向包容与排斥。共同体一方面建立在朋友和家庭的结合之上,另一方面又召唤"创立新视角和更广泛的忠诚"①。塞尔兹尼克认为,多样性和包容性对共同体而言同样重要。对忠诚和凝聚力的强调并不能遮蔽共同体成员的个人利益主张。在塞尔兹尼克看来,共同体是"社会连带和尊重的联合体"②。正是在这种连带关系和相互尊重的联合中,共同体成员的个体需求和彼此的相互需求之间获得了平衡。如果共同体成员之间不再相互需求,共同体也将无法得以维持,不复存在。共同体的维持依靠现实的相互依赖、互惠和私利。在此,塞尔兹尼克提醒人们不要忽视这种实践的和理性的因素。即私利并不是自由主义的特有,也不是共同体天然的敌人。私利是共同体成员之间"合作和承诺的一个可依赖的基础",是"共同体的发动机"。③

　　再次,共同体是对历史的共享。所谓历史共享,是对共同体过去的一种分享和延续。它"可以充满骄傲或痛苦地指向神圣的渊源、阵痛或光荣的胜利。它也可能是比较朴实的和谦恭的,诸如珍藏在相框中的全家福。无论是辉煌的还是平凡的,神圣的还是世俗的,共同的历史需要提

① [美]菲利普·塞尔兹尼克:《社群主义的说服力》,马洪、李清伟译,上海世纪出版集团2009年版,第18页。
② [美]菲利普·塞尔兹尼克:《社群主义的说服力》,马洪、李清伟译,上海世纪出版集团2009年版,第17页。
③ [美]菲利普·塞尔兹尼克:《社群主义的说服力》,马洪、李清伟译,上海世纪出版集团2009年版,第19页。

醒：周年纪念、轶事、演说和传奇。通过这些方式，记忆得到了润色，身份得以形成"①。依塞尔兹尼克的理解，历史共享是关于共同体的共同记忆，是共同体成员联系的纽带。由于分享了共同的历史记忆，他们的信念、思想方法和行为规则才得以形成共识。

最后，塞尔兹尼克对共同体进行了界定："就一个群体包含许多利益和活动的范围意义上，它就是一个共同体；当一个群体考虑所有人，而不只是考虑那些作出特殊贡献的人的意义上，它就是一个共同体；就一个群体共享承诺的约束和文化的意义上，它就是一个共同体。"②从中我们可以清晰地理解塞尔兹尼克眼中的共同体含义。在他看来，第一，共同体具有包容性，它可以涵盖成员的不同利益与需求；第二，共同体具有整体性，它要求体现每一个成员的需求和存在价值；第三，共同体具有共享性，包括对历史、文化的记忆共享和拥有普遍承诺。

3. 麦金太尔的共同体概念

虽然共同体观念是麦金太尔社群主义理论的基石，但是，与滕尼斯和塞尔兹尼克不同，麦金太尔似乎从来没有对共同体作出一个明确的定义。然而，他却在不同地方，分别指出共同体的具体实践样态，比如：家庭、家族、氏族、部落、城邦、民族和王国，有的甚至还包括渔业队、学校和实验室，等等。这些都是麦金太尔笔下的共同体。从中可以发现，麦金太尔的共同体概念，既包括血缘共同体、地缘共同体，也包括实践共同体和政治共同体。提请注意的是，公司、企业、工厂等现代社会机构并没有在麦金太尔的共同体范围之列。

麦金太尔认为，所有这些共同体形式之中，政治共同体是最重要的。在此共同体内，尽其所能地整合所有成员的实践活动，以创造和保持作为其具体目标的生活形式，所有成员按照此形式活动来建构他们的生活，使

---

① ［美］菲利普·塞尔兹尼克：《社群主义的说服力》，马洪、李清伟译，上海世纪出版集团2009年版，第19页。

② ［美］菲利普·塞尔兹尼克：《社群主义的说服力》，马洪、李清伟译，上海世纪出版集团2009年版，第20页。

人们能够最大程度地享受生活之善。麦金太尔认为,古希腊的"城邦"便是这种政治共同体的实践形式,它关注的不是某一种类的善,而是人类善本身;不是某一种具体实践的应得和成就,而是应得和成就本身。这种人类善是最善的生活形式。①

此外,麦金太尔还指出了共同体的其他两点特征:第一,共同体享有共同的文化传统。在共同体内部,共同体成员基于共同的文化传统,表现出对实践和制度的共同理解与尊重。第二,共同体享有共同的语言。在共同体内部,共同体成员应该享有一种共同的语言,因为"语言的边界是语言共同体的边界,同时也是社会共同体的边界"②。无论是实践推理方式,还是对制度的理解和文化传统的认同,共同的语言是其体现方式。基于这两点特征,麦金太尔认为现代的"民族国家"不是共同体③,自由主义的民主制国家也不例外。因为现代国家的人们没有共同的文化传统,也不享有共同的语言。所以,现代国家并不是麦金太尔意义上的共同体。

由此可见,麦金太尔所倾向的共同体更多意义上指的是类似古希腊的"城邦"共同体。这是一种政治共同体,是将其成员的实践活动统一起来,以使人们享受幸福的最善的生活实践形式。但是,麦金太尔谓指的政治共同体并不是当代社会宏观政治学的产物,它具有典型的前现代特征。与后现代主义代表人物福柯一样,麦金太尔也对宏观政治学表示反对。他认为,宏观政治学要么试图从内部对现代政治制度进行改革,要么试图直接推翻现代政治制度。如此一来,宏观政治学不是成为现代政治制度的同谋,就是蜕变为恐怖主义或准恐怖主义。④ 麦金太尔对宏观政治学

---

① 参见 Alasdair MacIntyre, *Whose Justice? Which Rationality?* Indiana:University of Notre Dame Press,1988,pp.33-34。

② Alasdair MacIntyre, *Whose Justice? Which Rationality?* Indiana:University of Notre Dame Press,1988,p.373.

③ 参见 Alasdair MacIntyre, *A Partial Response to My Critics* [C]. in *After MacIntyre*,edited by John Horton and Susan Mendus,Cambridge,UK:Polity Press,1994,p.303。

④ 参见 Alasdair MacIntyre, *An Interview with Giovanna Borradori* [C]. in *The MacIntyre Reader*,edited by Kelvin Knight,Indiana:University of Notre Dame Press,1998,p.265。

的这种不信任,直接导致他的政治共同体从宏观共同体,也就是国家,转向地方性共同体。

二、共同体的起源

通常,当代社群主义者在追溯共同体起源的时候,都会将源头溯至亚里士多德,其实不然,柏拉图在《国家篇》中倾力打造的理想国度,就已经对共同体给予了足够的关注。柏拉图认为他的理想国度是一个正义的国家,因为只有正义的国家,才会存在正义的人,而没有正义的国家,连正义的人都是稀少的。在正义的国家里,社会处于正义秩序之下,所有成员不会因利益冲突而相互对立,只会因相互需要而结成一个共同体。在共同体中,所有成员处于理性支配的秩序之中,他们相互需要、相互支持,从而实现社会正义。在柏拉图看来,社会正义为个人正义提供前提和保障,个人正义为社会正义的运行提供支持。这就是柏拉图眼中的理想共同体。① 当代社群主义者忽略柏拉图的理想共同体的原因,恐怕是因为柏拉图对斯巴达式的专制主义的偏好。换言之,在柏拉图的理想国家里,他对正义的理想追求与专制主义相结合,或许是被拒绝作为共同体源头的主要原因。

当代社群主义者普遍将亚里士多德的共同体视为他们的思想源头。亚里士多德在《政治学》第一卷卷首便指出,所谓的"城邦",即指政治共同体。家庭共同体、朋友共同体、利益共同体等特殊共同体,都是政治共同体的组成部分,从属于政治共同体。因为只有政治共同体关心的不是当下的福利,而是全部生活的福利。同时,它也是一个德性共同体。在这个共同体中,共同善是所有成员追寻的终极目标,也是共同体的终极目标。正是由于所有成员对共同善,也就是对至善或幸福的追求,才把大家结合成一个共同体。在亚里士多德看来,德性是构成幸福生活的必要的内在条件。同时,德性是共同体成员相互联结的纽带。使人拥有德性,达

---

① 参见龚群:《自由主义与社群主义的比较研究》,人民出版社 2014 年版,第 69 页。

至德性的生活则是共同体的最终目标。对亚里士多德而言,最重要的德性莫过于正义与友爱。具体而言,亚里士多德的共同体具有以下特征:

1. 正义是维护共同体秩序的基础

亚里士多德认为,正义是共同体存在的基础。共同体的秩序、规则都由正义衍生而来。在亚里士多德看来,共同体由不同的利益集团构成,每个人的利益、需求也不同。为了均衡集团与个人的利益分配,需要正义来维持。正义区分为两种类型,一种是普遍正义,另一种是特殊正义。普遍正义处理的是个人与城邦、共同体之间的关系,它维护的是整体利益;特殊正义处理的是城邦中个人与个人之间的关系,它维护的是个体利益。亚里士多德正是通过普遍正义和特殊正义来协调共同体与个人之间的利益,从而保证共同体的正常运行。

关于普遍正义,亚里士多德似乎从未给出一个确定的定义。麦卡锡认为,亚里士多德的普遍正义是一种整体的正义,它关涉社会的本质,包括实现共同体的最高善所需要的一切事物。它主要涉及人们对道德的认识。因而,普遍正义代表的是整体的德性。卡斯托利亚蒂斯认为,普遍正义的本质是法律。法律产生作为整体之正义,通过教育使人们学会关心共同体,关注整体发展,使之成为一个真正的政治生活的参与者。

然而,社会生活的交往过程中,更多涉及的是个体之间的利益关系,尤其是经济利益。麦卡锡指出,认识到经济在共同体构建中的根基性与必要性是亚里士多德的天才所在。特殊正义处理的正是基于经济的,当下最直接的社会交往形式。亚里士多德将其分为分配正义和矫正正义。分配正义强调对初次分配的平等,而矫正正义倾向于对二次分配的调节。由于社会商品分为可等分与不可等分,因此分配正义旨在将可等分的社会商品,分配给平等的人;而将不可等分的社会商品,分配给德性上不平等的人。亚里士多德认为,每个人应得的社会财富应该与其对共同体的贡献成正比。在社会财富经过初次分配后,存在多得与少得的矛盾。这就需要矫正正义进行二次分配。因此,矫正正义主要是对财富的所得与所失之间进行调节。意即多得者将多得的部分补偿给少得者。于是,分配正义与矫正正义共同对共同体中的社会关系,尤其是经济关系进行了重新调节与平衡,矫正个体间的分配不均,建立公平的经济交换基础。

总之,普遍正义与特殊正义通过平衡共同体中不同主体的利益诉求,使社会机制运行的规则有章可循、有法可依。正义,成为共同体社会秩序得以建立的基石。

2.友爱是维系共同体成员的纽带

亚里士多德认为,每一种共同体中,不仅有正义,而且还有友爱。友爱是普遍存在且十分必要的。

其一,友爱使人与人之间互相帮助。人不是孤立存在的动物,人在人生的每一个阶段,都需要他人的援助。嗷嗷待哺的婴儿需要母亲的乳汁得以成长、无所畏惧的青年人需要朋友的帮助避免失误、年华垂暮的老人需要儿女的照顾颐养天年。麦金太尔对此深有同感,他也认为,人是一个具有依赖性的理性动物。这种相互的依赖性在笔者看来,体现的正是亚里士多德所言的友爱。

其二,友爱是政治生活的黏合剂。亚里士多德认为是友爱将城邦连接起来。立法者们认为友爱甚至比公正更重要。因为,"城邦的团结就类似于友爱,他们欲加强之;纷争就相当于敌人,他们欲消除之"①。在这里,亚里士多德将团结视作政治的友爱。亚里士多德认为,团结意味着共同体成员对共同利益有所共识,并促使共同体成员在行为选择上主动趋向实现共同利益的共同行为。团结在认识和实践的双重维度下实现了共同体的发展。正如麦卡锡所认为的那样,"在亚里士多德那里,是友爱提供了社会框架和社会纽带,方使互相分享和共同体得以可能"②。

总之,"友爱是一种德性,或者赋有德性的东西"③。在亚里士多德看

---

① ［古希腊]亚里士多德:《尼各马可伦理学》,廖申白译,商务印书馆2011年版,第229页。

② ［美]麦卡锡:《马克思与古人》,王文扬译,华东师范大学出版社2011年版,第112页。

③ ［古希腊]亚里士多德:《尼各马可伦理学》,廖申白译,商务印书馆2011年版,第227页。

来,友爱是一种品质,是获得幸福人生的必要德性。友爱使共同体成员之间互相帮助、互相信任,拥有共同利益和共同期望。依靠友爱,共同体成员之间联系得更加紧密,城邦正义的实现更有保证。依靠友爱,共同体成员拥有共同的期许,共同走向具有德性的、善的、美好幸福生活。

三、共同体自由与个人自由

自由,不是自由主义的专属名词。无论是社群主义思想家还是自由主义思想家,他们从未放弃对自由的追求。但是,当回答如何实现自由时,他们的主张却迥然有别。从前文对共同体的概念与起源的回溯中不难发现,社群主义对自由主义的批判主要集中在自由主义的个人主义思想,并且提出以共同体来对抗个人主义。社群主义思想家对共同体如此重视,尤其是倡导共同体的利益优先于个人权益。这是否意味着,共同体成员没有个人自由?共同体的自由与个人自由之间存在矛盾与冲突?换言之,共同体的自由是否意味着个人需求被淹没在共同体的共同期望之中?或是个人意志被消弭在共同体的普遍意志之中?要回答这些问题,就必须弄清楚个人与共同体的关系。

关于个人与共同体的关系问题,自由主义认为,社会不过是个人的竞技场罢了。人们在其中追逐自己的利益,社会则负责提供一套法制和制度的框架加以保护。人们集结成社会的目的,不过是需要政府提供保障,保护他们的财产、生命与自由。而以黑格尔为代表的近代社群主义者对此表达了不同的观点。

黑格尔认为,个人与共同体的关系是部分与整体的关系。整体由部分组成,部分不能脱离整体而存在。黑格尔将这种关系用人的身体来比喻。比如,作为身体器官之一的手,如果被砍下来后,虽然还是一只手,但是,由于已经丧失了手应具有的功能,因而不能再称其为真正意义上的手了。同理,共同体由个人结集而成。个人如果离开了共同体,就不再是共同体的一员,也就意味着他什么都不是了。因此,与自由主义强调个体存在的优先性不同,黑格尔强调的是共同体的优先性。然而,这并不意味着个人意志、个人自由不再重要。相反,共同体的存在保障了个体的权利主张和要求。

　　对于个人和共同体的关系,黑格尔主张用普遍性与特殊性的统一来理解。黑格尔指出:"现实性始终是普遍性与特殊性的统一,其中普遍性支分为特殊性,虽然这些特殊性看来是独立的,其实它们都包含在整体中,并且只有在整体中才得到维持。"①在黑格尔看来,这种普遍性与特殊性的统一,其现实性的表现为权利与义务的统一。黑格尔认为,"只有在个人属于伦理性的现实中,才能得到实现"②。意即,个人与共同体实现伦理精神上的同一,才能实现个人的权利主张。而这就是黑格尔所言的普遍意志和特殊意志的同一。黑格尔接着指出:"在普遍意志与特殊意志的这种同一中,义务和权利也就合而为一。通过伦理性的东西,一个人负有多少义务,就享有多少权利;他享有多少权利,也就负有多少义务。"③对黑格尔而言,权利与义务是统一的。共同体成员在享有权利的同时,也应尽相同的义务。这是共同体的基本特征。只有当共同体的个人享受的权利与承担的义务相统一时,其个人的财产、生命与自由才能得到保障,如是才能实现个人的自由。

　　尽管黑格尔强调共同体或整体的优先性,但是,他并没有忽略特殊性在共同体中的作用。在黑格尔看来,这种特殊性主要表现为个人的主观自由,而这种主观自由一直以来却受到忽视。因为在古代世界,人们的主观目的与国家意志是完全一致的。即使基督教提倡主观自由,但是,在现实社会中仍然没有其一席之地。直到现代世界,人们才有了自己的意志和良心,也才实现了主观自由。黑格尔认为,国家是自由的概念的组织,国家要求个人承担的义务,其实也是个人所拥有的权利。④ 与古代世界不同,现代国家是"作为主观自由现实化的国家"。在现代国家中,个人

---

① 　[德]黑格尔:《法哲学原理》,贺麟译,商务印书馆1961年版,第280页。
② 　[德]黑格尔:《法哲学原理》,贺麟译,商务印书馆1961年版,第172页。
③ 　[德]黑格尔:《法哲学原理》,贺麟译,商务印书馆1961年版,第172—173页。
④ 　[德]黑格尔:《法哲学原理》,贺麟译,商务印书馆1961年版,第263页。

的主观自由得到承认。人们在个性、情感、偏好的发挥中,通过主观自由的实现,达到某种普遍性。在黑格尔的共同体观念中,普遍性与特殊性都得以展开与实现。正如查尔斯·泰勒所言,"国家是具体的自由。具体的自由在于,个人的个体性及其特殊利益不但获得充分的发展,并且个人的权利获得了明白的承认"①。但是个人的自由与共同体自由并不冲突。因为,个人的自由"通过自身过渡到普遍物的利益",并且"认识和希求普遍物,甚至承认普遍物作为它们自己的实体性的精神,并把普遍物作为它们的最终目的而进行活动"。② 换言之,共同体中个人的自由与共同体的自由是统一的。个人作为共同体的成员之一,只有通过希求普遍性,即共同体的善,才能实现自己的权利与自由。

　　总而言之,个人构成共同体不可分割的一部分,个人自由的实现也必须以共同体的自由为前提和条件。个人自由与共同体自由的关系是普遍性与特殊性的统一。一方面,个人自由要在共同体中才能得以展开与实现,没有共同体的自由,也就不存在个人的自由。另一方面,共同体的共同善是个人自由所希求的普遍性,它具有优先性和至上性,任何个人自由的实现都要趋于共同体的共同善的完成。维护共同体的自由,并不意味着以牺牲个人自由为代价。相反,共同体为个人自由的实现提供了保障。因此,共同体的自由与个人的自由并不存在矛盾与冲突。强调共同体的自由的同时,实际上也凸显了对个人权利与自由的强调。其实,社群主义者们并不排斥个人自由,只是在他们看来,共同体的价值更应具有至上性而已。

第二节　麦金太尔的多元共同体观

　　麦金太尔的共同体概念尽管充满了许多的不确定性,但是,他仍然向

---

① ［加］查尔斯·泰勒:《黑格尔》,张国清等译,译林出版社 2002 年版,第 674 页。
② ［加］查尔斯·泰勒:《黑格尔》,张国清等译,译林出版社 2002 年版,第 674 页。

人们展示了他心目中理想的共同体类型,一种是亚里士多德伦理学意义上的德性共同体,另一种是基督教修士的宗教共同体。

一、亚里士多德式的德性共同体

亚里士多德时代的城邦(polis),一直以来都是麦金太尔心目中共同体的典范。麦金太尔在对西方传统德性的追根溯源中,表达了对古典传统丢失的痛惜,尤其对亚里士多德的"城邦"定义的消失无法释怀。对于亚里士多德而言,城邦既是生活的共同体,也是政治的共同体,而且还兼具德性共同体的特征。在亚里士多德时代,城邦的现实样态即指希腊城邦,一种是雅典的民主制的共同体,另一种是斯巴达的军事专制性共同体。① 这两种共同体形式都带有亚里士多德的德性共同体特征,即将德性视为维系共同体的纽带,而"善"则是共同体及共同体成员共同追求的目标。

为了揭示现代性所释放的道德灾难,麦金太尔在《追寻美德》一书中追溯了西方政治传统德性的起源及其演化。亚里士多德成为麦金太尔抨击自由主义的主要批判武器,他不仅被麦金太尔"看作是一个单个的理论家,而且还视其为一个悠久传统的代表,阐明了许多先驱者与后继者在不同程度上也已阐明了的问题"②。因此,亚里士多德的德性伦理学成为麦金太尔理想共同体的理论基石,亚里士多德的德性理论理所当然地被麦金太尔赋予了核心地位。

麦金太尔认为,亚里士多德并没有"发明一种德性理论,而只是明确表述了一种隐含在有教养的雅典人的思想、言谈与行为中的德性观点"③。"善"是亚里士多德德性理论的核心概念。但是,在如何界定"善"的问题上,麦金太尔认为亚里士多德留下了太多的空白。因为在麦金太尔看来,"善"的概念具有宇宙性与普遍性。尽管城邦是亚里士多德所认为的能真正得以充分展现德性的唯一政治形式,但是,城邦是一个具

① 参见龚群:《自由主义与社群主义的比较研究》,人民出版社 2014 年版,第 163 页。
② [美]A.麦金太尔:《追寻美德》,宋继杰译,译林出版社 2008 年版,第 164 页。
③ [美]A.麦金太尔:《追寻美德》,宋继杰译,译林出版社 2008 年版,第 166 页。

有地方性与特殊性的概念。如果依据城邦的特征来对"善"加以定义,是否足以为这样一种普遍的"善"提供说明?敏锐的读者对于城邦与"善"之间的这种张力关系,在《尼各马可伦理学》中随时都能察觉得到。

麦金太尔继续追问:"善"对人类而言究竟意味着什么呢?亚里士多德没有简单地将"善"归之为金钱、荣誉与快乐,而是称其为"当一个人自爱并与神圣的东西相关时所拥有的良好的生活状态以及在良好的生活中的良好的行为状态"①。比如,幸福。他进一步指认:"那构成对人而言的善的,是一种处于最佳状态的、完美的人类生活,诸德性的践行则是这种生活的必要的、核心的部分。"②在此,亚里士多德的德性预设了一个至关重要的区分,即对于一个个体而言,在一个特定时刻,对他而言何为善,和对他作为一个人而言什么是真正的善?麦金太尔辩解道:"正是为了获得这后一种善,我们才践行美德,并且,我们是通过选择用以获得那一目的的手段来做到这一点的。"③因此,德性的践行要求一种合宜性,即需要有能力判断何为合宜的时间、地点,以合宜的方式进行判断和做事情。这种德性实践并不是规则的常规应用。服从规则的道德,通常被视为服从城邦的法律。

因而,城邦作为一种共同体形式,具有两种组成要素,其一是德性,其二则是法律。要阐明德性与法律之间的道德关系,需要考察建立共同体所涉及的东西。麦金太尔列举了不同时代关于共同体筹划的例子。比如,古代世界的宗教团体、远征队或城邦的建立与发展;现代世界的医院、学校或展览馆的建立与发展。参与筹划共同体的人都默许两种不同类型的评价性实践。一方面,将益于实现共同体共同善的行为与品格视作德性,并加以赞扬;另一方面,将阻碍实现共同善的行为或危及共同体秩序的行为视作恶,是不可容忍的。关于德性的论述前文已经阐明,在此着重讨论第二种类型的评价性实践。

---

① [美]A.麦金太尔:《追寻美德》,宋继杰译,译林出版社 2008 年版,第 167 页。
② [美]A.麦金太尔:《追寻美德》,宋继杰译,译林出版社 2008 年版,第 167—168 页。
③ [美]A.麦金太尔:《追寻美德》,宋继杰译,译林出版社 2008 年版,第 169 页。

共同体成员之间以共同善为纽带进行联结。任何阻碍实现共同体共同善的行为都将视为对联结纽带的破坏。此类行为通常被视作违法行为。违法者对共同体纽带的侵犯，一旦得到共同体的确认，便会遭受惩罚。换言之，违法者在进行违法行为的同时，便已经将自己驱逐出共同体。一个共同体内总会存在个别成员不能担当其成员资格的角色。在麦金太尔看来，有两种角色使之无法成为共同体成员，即不够善的人与违法者。虽然，这两种角色都对共同体的共同善的实现产生了阻碍，但是，其阻碍的性质，或者说是产生危害的结果是截然不同的。对此，麦金太尔做了详细区分。麦金太尔认为，尽管不够善的人与违法者都在某种程度上对共同体造成了损害，但是，之所以对违法者的惩戒比不够善的人力度要大，是因为没有行善与有意作恶具有本质上的区别。不够善的人，或许在德性方面有所缺失，以至于对达到共同体的共同善的贡献微不足道。或许正是由于他的某种德性缺失，致使他不会做违法的行为。例如，他可能会因为胆小而不敢去行凶杀人。与之相反，违法者不仅阻碍共同体共同善的获得，而且还使共同体对善的共同追求的可能性减小，使共同体的共同筹划更加不可能。总而言之，这两种角色都是对共同体的破坏，都剥夺了共同体的共同善，都属于恶。[1]

从中我们不难发现，在亚里士多德看来，德性与法律并不是两个分离的领域。亚里士多德的德性理论正是因为有了法律的补充与说明，才使得其自身完整。一个共同体兴盛与否的社会前提也因此成为双重的，那就是只有真正拥有德性的人才有可能知道如何应用法律，而这种德性正是亚里士多德所强调的正义德性。然而，城邦的法律是普遍的。因此，在对待特殊案例时，人们应该如何应用法律，如何判断是否正义呢？亚里士多德提出"依据正确的理性"[2]（kata ton orthon logon）。麦金太尔认为，人

---

① 参见［美］A.麦金太尔：《追寻美德》，宋继杰译，译林出版社2008年版，第171页。

② ［美］A.麦金太尔：《追寻美德》，宋继杰译，译林出版社2008年版，第172页。（麦金太尔在文中指出罗斯将此短语误译为"依据正确的规则"，它反映了现代道德哲学家对于规则的普遍的非亚里士多德式的成见。）

们正是通过"依据正确的理性",才将最初的天赋性情转变成品格德性,这种"依据正确的理性"判断便是亚里士多德的实践理智。在亚里士多德看来,实践理智与品格德性之间密切关联,以至于无法提供判断个体具体善恶的明确标准,但是却提供了另一种复杂的尺度。麦金太尔认为,城邦预设了对善及诸德性的广泛认同,也正是这种认同使得共同体的联结成为可能。这本质上就是城邦的镜像。麦金太尔接着指出:"这种联结是友谊的联结,而友谊本身就是一种美德。"它"体现了对一种善的共同的承认与追求",①麦金太尔在这种共享的公共生活中,定义了他的"共同体"概念。他的政治共同体显然是亚里士多德所言的城邦,它关注的是共同体的整体生活,关注的是人之为人的本身的善。亚里士多德所言的友谊也并不是局限于现代社会私人生活领域中所谓的友情,它是对共同筹划创建城邦与维系城邦生活的分享。"这种将政治共同体当作一项共同筹划的观念与现代自由个人主义世界格格不入。"②现代自由政治社会,在麦金太尔看来,只不过是"一群为了共同防卫而捆在一起的'乌有乡'公民的集合体而已"③。在现代自由政治社会中生活的公民也不过是"乌有乡"的公民,是灵魂的流放者,是以互利为基础的低级友谊联结而成。麦金太尔所认为的理想的城邦公民间的关系典范是亚里士多德所谓的第三种友谊,即"对善的共同关切的友谊"④。只有对善的追求,才能使人获得理性沉思的自足。因此,最好的城邦,就是建立在正义与友谊之上,并且能够使其公民过上沉思的形而上生活的城邦。

　　尽管麦金太尔深受亚里士多德城邦概念的影响,但是,他仍然诚实地指出了亚里士多德城邦的不足。麦金太尔认为,首先,亚里士多德的德性理论背景是以古代雅典城邦为模型,那么,在没有古代城邦的现代世界里,是否还存在亚里士多德的德性呢? 换言之,在缺乏城邦的现代社会语

---

① ［美］A.麦金太尔:《追寻美德》,宋继杰译,译林出版社 2008 年版,第 175 页。
② ［美］A.麦金太尔:《追寻美德》,宋继杰译,译林出版社 2008 年版,第 176 页。
③ ［美］A.麦金太尔:《追寻美德》,宋继杰译,译林出版社 2008 年版,第 176 页。
④ ［美］A.麦金太尔:《追寻美德》,宋继杰译,译林出版社 2008 年版,第 178 页。

境下,亚里士多德的德性理论是否还能发挥其作用? 其次,亚里士多德对冲突与对立的忽略,致使他没有认识到德性的重要来源和德性实践的重要环境。在亚里士多德看来,悲剧的发生是因为缺乏某种德性而产生的实践理智的缺陷。但是,这一观点在麦金太尔看来是亚里士多德对索福克勒斯的误解。按照索福克勒斯的观点,悲剧的产生,并不是由于人们缺乏德性。相反,大多数悲剧都是由于相遇的人们所表现出来的善与善的冲突而导致的。最后,麦金太尔引用约翰·安德生的告诫,为我们指明了何为一种好的社会制度。"对一种社会制度,不要问'它适合什么目的或目标?'而要问'它是什么冲突的舞台?'"①正是冲突的存在,才让我们明白什么才是一个共同体存在的真正的目的和目标。

二、基督教修士的宗教共同体

麦金太尔在分析了亚里士多德的德性共同体之后,发现亚里士多德的城邦概念是个非常理想的共同体模式,并以此为模型构建了自己的共同体理论。但与此同时,他也意识到在现代社会语境下,城邦已经消失,随之消逝的还有亚里士多德的德性传统。尽管回归亚里士多德的德性传统是麦金太尔拯救现代性的一条路径,构建地方性共同体是麦金太尔挽救现代性的一种方案。双管齐下,才是对现代性进行救赎的最好诠释。但是,如何在现代自由主义世界重回亚里士多德的德性时代、重拾亚里士多德的德性传统,已经成为我们不得不面对的现实困境。重建城邦已然不可能,还有谁是比戈多更值得期待的呢? 麦金太尔在《追寻美德》一书的结尾,以一种不无悲伤,却又满怀希望的声音告诉我们:"我们正在等待的不是戈多,而是另一个——无疑是非常不同的人——圣·本尼迪克特。"②这是继亚里士多德之后,麦金太尔为我们燃起的另一束希望火焰。

麦金太尔在《追寻美德》中,将现代西方社会与罗马帝国相对照,意

---

① [美]A.麦金太尔:《追寻美德》,宋继杰译,译林出版社2008年版,第184页。
② [美]A.麦金太尔:《追寻美德》,宋继杰译,译林出版社2008年版,第298页。

指二者都处于走向黑暗时代衰微的时期。如何拯救现代性,似乎可以从罗马帝国黑暗时代的救赎中管窥一二。罗马帝国时代的人们在那个野蛮与黑暗的时代里,通过建构与维系各种新的共同体形式,得以保存道德与文明,意即亚里士多德的德性传统。那么,在新的野蛮与黑暗时代,即现代性的毁灭中,麦金太尔认为最紧迫的任务便是"建构文明、理智与道德生活能够在其中历经已经降临的新的黑暗时代而继续维持下去的各种地方性的共同体形式"①。这种地方性的共同体形式之一便是历经罗马帝国的黑暗时代,由圣·本尼迪克特②创建的修道院。

圣·本尼迪克特创建修道院的背景正是麦金太尔所言的罗马帝国遭受蛮族入侵的时代。大概在公元一世纪到公元五世纪期间,农业地带北部的游牧与半游牧民族便陆续开始向西部迁移。这些民族包括匈奴、日耳曼、斯拉夫和阿伐尔人。由于黑海与乌拉尔山之间的门户洞开,他们很快进入欧洲,逼近罗马帝国边境。罗马人将这些处于原始社会末期的尚未开化的民族称为"蛮族"与"野蛮人"。③ 在"野蛮人"对罗马帝国的伺机进犯下,希腊道德与文明生活已是摇摇欲坠,社会局势动荡不安,民众纷纷转向宗教寻求心灵慰藉。基督教在这一时期得以广泛传播。

最初的隐修活动始自埃及。为了通往天国,隐修士们往往选择离群索居的独修方式,在远离尼罗河的荒漠地区进行苦修。约在公元 315 年或公元 320 年左右,埃及人帕可米亚斯创建了第一所修道院。从此,隐修士们告别独修,转而以群修的方式,在一起集体修行,并且遵守共同的宗教仪式。④ 至此,群修逐渐成为基督教世界中主要的修行方式。公元 529 年,圣·本尼迪克特在卡西诺山的神庙遗址上创建了本笃会的第一所隐修院。这是一个有着共同的宗教价值目标:绝财、绝色、绝意的宗教共同

---

① [美]A.麦金太尔:《追寻美德》,宋继杰译,译林出版社 2008 年版,第 298 页。

② 圣·本尼迪克特:Saint Benedict of Nursia,480—547 年。又译圣本狄尼克或圣本笃,意大利天主教教士、圣徒,本笃会的创建者。他被誉为西方修道院制度的创立者,于1220 年被封为圣徒。

③ 参见陈曦文:《基督教与中世纪西欧社会》,中国青年出版社 1999 年版,第 87 页。

④ 参见[英]罗素:《西方哲学史》,马元德译,商务印书馆 1976 年版,第 462 页。

体。圣·本尼迪克特为这个宗教共同体制定了严苛的院规,强调纪律和绝对服从,对善恶奖罚有着共同认可。虽然不提倡过分苦修,但是却格外重视体力劳动与读书。在圣·本尼迪克特看来,懒惰会腐蚀灵魂。因此,他倡导修士们每天要有固定作息时间进行读书与劳作,以此方式进行灵修。许多珍贵的古希腊罗马及拉丁文献,都是当时的修士们手抄经典得以留存至今。美国基督教史学家布鲁斯·雪莱(Bruce Shelley)认为在罗马帝国衰落的末期,本笃会的修士们对古代文明在中世纪的延续作出了不可磨灭的贡献。他指出:"由于本尼迪克会遍布欧洲乡村,中世纪将基督教和古代世界的大量精华部分保存下来了。正是因为它们,中世纪才有机会研习、在频仍的战火中保存与休养生息。"①麦金太尔同样认为,圣·本尼迪克特对古代传统的继承正是通过这样一种手抄与阅读的体验得以持续。

此外,圣·本尼迪克特创建的本笃会修道院制度对基督教隐修院的发展也产生了不容忽视的影响。布鲁斯·雪莱认为圣·本尼迪克特为西方的隐修制"提供了章程"②。首先,在圣·本尼迪克特的修道院中,修士们不似东方隐修士那般远离社会、脱离现实,也不是独立的、孤寂的个体。本笃会的修士们有着共同的生活原则,共同劳作、生活,是一个自给自足的经济共同体,这样使得本笃会的院规在战火纷飞的年代也能得以传播与推广。其次,本笃会修士们遵守严苛的宗教纪律,以约束个体行为。虽然摒弃了早先隐修士们独行苦修的修行方式,但是仍然提倡体力劳动,并鞭策修士们通过体力劳动使自己的灵魂得到修行。麦金太尔认为,"僧侣生活的戒律,尤其是圣·本尼迪克特规则所重建的僧侣生活的改革,提供了一种宗教理想"③。最后,本笃会修士们有着共同的宗教信仰,即对基督教教义的信守。通过对善恶奖罚的广泛认同,以共同的宗教信仰为

---

① 〔美〕布鲁斯·雪莱:《基督教会史》,刘平译,北京大学出版社2004年版,第135页。
② 〔美〕布鲁斯·雪莱:《基督教会史》,刘平译,北京大学出版社2004年版,第132页。
③ 〔美〕A.麦金太尔:《三种对立的道德探究观》,万俊人、唐文明、彭海燕等译,中国社会科学出版社1999年版,第95页。

纽带将修士们集合在一个宗教共同体内。这在麦金太尔看来与亚里士多德的德性共同体非常类似。在亚里士多德的德性共同体内，人们也是因由对善的广泛认同而集结在一起建立城邦。每个人都是城邦的一部分，每个人所追求的善与城邦的善是一致的。个体只有在城邦中才能确定自己的身份，脱离城邦生活的个体不是野兽，就是神祇。

麦金太尔认为，圣·本尼迪克特的本笃会修道院在罗马帝国的黑暗时代，主要就是通过以上两种方式继承了古代道德与文明传统。其一是通过修士们对古代经典文献的阅读与手抄，保留了大部分古代世界的文明精华与传统；其二是圣·本尼迪克特创建的本笃会修道院及其组织化、制度化的院规，为基督教传统的发展提供了一种宗教理想，并且延续了亚里士多德的德性共同体的生活传统。这些都让麦金太尔看到了在现代性的黑暗中复兴亚里士多德德性传统的希望。而要想复兴亚里士多德的德性传统，就必须重建共同体。但是，麦金太尔也没有提供具体的共同体的政治理论。只是模糊地提到回归到圣·本尼迪克特。然而，这另一个圣·本尼迪克特是否值得等待呢？

三、另一个圣·本尼迪克特的希望

麦金太尔在《追寻美德》的结尾处，意味深长地提醒人们："这一次，野蛮人不是远在边界上伺机进犯；他们已经统治了我们很长时间。"[1]因为，这次的"野蛮人"不是罗马帝国时代入侵的蛮族，而是西方社会的现代性危机，即自由个人主义。更为严峻的是，"我们对这一点缺乏意识，恰恰是我们陷入困境的部分原因"[2]。如何挽救现代性危机，摆脱现代性困境，麦金太尔为我们指明了一条路径，即等待另一个圣·本尼迪克特。换言之，麦金太尔将救赎现代性的希望寄托在地方性共同体的重建之上。这是现实的希望，还是乌托邦的幻想？

---

① ［美］A.麦金太尔:《追寻美德》，宋继杰译，译林出版社2008年版，第298页。
② ［美］A.麦金太尔:《追寻美德》，宋继杰译，译林出版社2008年版，第298页。

1.自由主义批判与地方性共同体传统的回归

在麦金太尔看来,西方社会的现代性危机主要表现为自由主义与亚里士多德的德性传统之间的道德对立。现代自由主义打破了亚里士多德"人不能只追求个人的善或践行德性"的观念。现代自我在现代性的鼓吹下脱离共同体,变得愈加膨胀,并逐渐演变成为戈夫曼眼中悬挂角色之衣的"衣架",以及萨特眼中的"自我是无"。在他们看来,自我与共同体之间已经没有了任何瓜葛。作为亚里士多德传统的最终对手,尼采试图解开来自现代道德语言的伪概念,然而,由于"超人"被共享活动的传统切断,尼采对亚里士多德传统的挑战也失败了。因为"它代表了个人主义想要避免其本身的各种后果的最后努力"①。麦金太尔认为,现代自由主义者,如罗尔斯和诺齐克等人的著作中,共同体的叙述被排除在外。他们都强调自由的个人主义,认为共同体不过是个人为了保障个体权益集合而成,忽视了存在于普遍社会实践的现存地方形式的丰富的共同体叙述。值得注意的是,后现代学者利奥塔等人,在寻求尼采和海德格尔的庇护下,也开始反抗启蒙运动的道德和政治霸权。麦金太尔虽然也跟随后现代反抗现代理性主义,反对现代政治秩序,但是,从某种意义上而言,他脱离了后现代,并且驳斥后现代主义者们对所有古典传统和中世纪基督教伦理的谴责。相较而言,麦金太尔更关注自由的个人主义与亚里士多德传统之间的道德对立。

麦金太尔认为,现代性的道德危机不能依靠对"未知革命"的哭喊解决,只要承认现代性的"新黑暗时代",亚里士多德传统的复兴便是可能的且必要的。因此,麦金太尔建议回归共同体的叙事,个人不再承载分离的自我,而是根据一个未来的某种共同概念而分享彼此的关系。换言之,自由主义的"权力政治"会被一种新的"共善政治"所取代。它与典型的马克思主义的社会主义共同体乌托邦不同,麦金太尔不相信一些过分热心的革命者能够一夜之间建起共同体。相反,麦金太尔建议共同体已然

---

① 　[美]A.麦金太尔:《追寻美德》,宋继杰译,译林出版社 2008 年版,第 293 页。

存在,只不过在现代世界的人类想象空间里罢了。在《追寻美德》的结尾,麦金太尔发起向所谓自由的"野蛮人"的野蛮攻击,因为是他们合谋使不道德的资本主义社会秩序永存。值得注意的是,麦金太尔对当代自由秩序的拒绝不是后现代虚无主义的,而是植根于一个真正乐观的复苏,即尊重和保护仍存在于许多地方的各种小社区的旧道德概念。显然,麦金太尔瞄准了非暴力的共产主义社会者们推翻占统治地位的多元主义意识形态。这种多元主义意识形态目前是自由共和党世界政治与社会制度的关键。为了击败自由的"野蛮人",麦金太尔寻求回归古典德性概念和一种源于亚里士多德哲学和雅典城邦的生活方式。他向人们描绘了这种传统的道德概念,并且相信这种传统既优越也可以替代现代秩序,而且对帮助重建世界提供了一种辩护。因此,当麦金太尔以一种充满激情的呼吁作为本书的结论时,人们毫不惊讶。因为按照麦金太尔的理解,现代世界的黑暗会迫使那些同意他观点的人们退出世界,从而进入更小的共同体,成为一个不同类型的特殊修道者。在那里,德性与善的概念的互相分享能够保持活力,并且逆转,直到现代世界摆脱自由主义道德秩序的邪恶。① 麦金太尔认为:"既然德性传统能够在从前的黑暗时代的恐怖中幸存下来,那么我们也不是完全没有根据地怀抱这种希望。"②只是,这一次,麦金太尔让我们等待的并不是戈多,而是援引了一种非常特别的圣·本尼迪克特的信仰。

2.重建地方性共同体的可能性

另一个圣·本尼迪克特值得等待吗? 换言之,另一个圣·本尼迪克特能如麦金太尔所希望的那样"如期而至"吗? 麦金太尔的回答是肯定的。

首先,麦金太尔认为,即使现代社会与传统发生了断裂,但是有的传统,如亚里士多德的德性诸概念,仍然以碎片化的形式存在于现代性之

---

① 参见 Ashwani Kumar,"Macintyre:requiem for modernity or return to monastic community?",*The Indian Journal of Political Science*,Vol.67,No.4(OCT.-DEC.,2006),pp.927-938。

② [美]A.麦金太尔:《追寻美德》,宋继杰译,译林出版社 2008 年版,第 298 页。

中。"这一传统也还以一种相对完整、较少扭曲的形式，存活在某些与其过去保持牢固的历史联系的共同体的生活之中。"①这一古老的道德传统可以通过爱尔兰天主教徒、希腊正教徒和正统派犹太人辨识出来，由此人们发现，"这些共同体都不仅通过他们的宗教，而且从他们的父辈在现代欧洲的边缘所赖以栖居的农庄和家庭结构中，继承了其道德传统"②。对这些信仰较小的共同体和亚文化，麦金太尔提议："现阶段最要紧的，是建构文明、理智与道德生活能够在其中历经已经降临的新的黑暗时代而继续维持下去的各种地方性的共同体形式。"③虽然，麦金太尔和汉娜·阿伦特都试图通过回归古典的德性诸概念以恢复共同体，但是，与汉娜·阿伦特不同，麦金太尔并不是通过强调个人的不朽来表现希腊怀旧的悲痛。麦金太尔认为，这种回归德性的共同体，将恢复当代道德和社会有关态度与承诺的可理解性与合理性。

其次，托马斯·阿奎那（Thomas Aquinas）对亚里士多德传统的继承与发展，让麦金太尔看到了重建地方性共同体的可能。阿奎那自5岁起开始在本尼迪克特隐修院接受教育，19岁加入多明我会，并受教于多明我会的创始人之一——大阿尔伯特。在大阿尔伯特的影响下，阿奎那开始研习亚里士多德。当时的亚里士多德主义在路德的改造下，"只留下对道德成就和无偿恩赐的绝望"④，但是在阿奎那看来，这种充分修正了的亚里士多德主义对道德生活提供了丰富翔实的解释。因此，阿奎那对基本德性的阐述，一方面是运用《圣经》和奥古斯丁来超越亚里士多德和柏拉图的局限；另一方面则运用亚里士多德来表达道德生活的某些细节局部，从而取得奥古斯丁无法达到的效果。⑤ 麦金太尔认为，阿奎那对道

---

① ［美］A.麦金太尔：《追寻美德》，宋继杰译，译林出版社2008年版，第285页。
② ［美］A.麦金太尔：《追寻美德》，宋继杰译，译林出版社2008年版，第286页。
③ ［美］A.麦金太尔：《追寻美德》，宋继杰译，译林出版社2008年版，第298页。
④ ［美］A.麦金太尔：《三种对立的道德探究观》，万俊人、唐文明、彭海燕等译，中国社会科学出版社1999年版，第142页。
⑤ 参见［美］A.麦金太尔：《三种对立的道德探究观》，万俊人、唐文明、彭海燕等译，中国社会科学出版社1999年版，第142页。

德生活的细节处理有两个重要的特征。其一,关于上帝的知识是道德探究发展的肯綮。对阿奎那而言,自然法包括古老法律,即《摩西十诫》的道德律令以及如何看待上帝和在上帝面前应该如何行动的戒律。因此,"我们都既是拥有特殊圣史即以色列史和教会史的共同体成员,又是拥有世俗政治史的共同体成员"①。其二,阿奎那的政治维度。由于神圣共同体与世俗共同体的历史会有某些关键性的重叠,而且两种共同体的内在结构,即道德生活的冲突与现实社会生活的政治秩序的冲突有着密切关联。因此,在阿奎那构筑的共同体传统中,"个体的道德生活继承和拓展了传统,而传统则向它提供了反复挪用和拓展各种各样的往昔生活之教益的初始语境。因此,个体道德生活的探究与过去的传统一起延续,而这种生活的合理性既体现在传统之中,又通过传统来传承"②。阿奎那成功化解了奥古斯丁传统与亚里士多德传统的矛盾与冲突,并使亚里士多德关于善与共同体的理念得到传承与发展。这一切都让麦金太尔对回归亚里士多德德性传统和重建地方性共同体充满了信心。

尽管圣·本尼迪克特和阿奎那使亚里士多德的德性传统得以继承与发展,并成功地筹划了共同体模式。但是,在现代社会重建地方性共同体并没有麦金太尔想象得那么乐观,至少目前看来依然是困难重重。

首先,麦金太尔之所以认为现代社会最紧迫的任务是建构各种地方性的共同体形式,而不是一个大共同体模式,恐怕正是因为他也意识到在现代社会回归亚里士多德的德性共同体是一件比较困难的事情,甚或是一种乌托邦的幻想。亚里士多德的德性共同体主要根植于"城邦"这片土壤,城邦概念本身就意涵着小规模的政治共同体形式。因而,麦金太尔提倡在现代社会回归亚里士多德的德性共同体,也必然是暗指一种小规模的政治共同体形式。所以,才会有麦金太尔所认为的成功的共同体筹

---

① 　[美]A.麦金太尔:《三种对立的道德探究观》,万俊人、唐文明、彭海燕等译,中国社会科学出版社1999年版,第143页。

② 　[美]A.麦金太尔:《三种对立的道德探究观》,万俊人、唐文明、彭海燕等译,中国社会科学出版社1999年版,第143页。

划,比如圣·本尼迪克特与阿奎那。然而,在现代社会重建这些小规模的地方性的政治共同体是否符合现实? 圣·本尼迪克特与阿奎那的共同体模式是否能在现代社会重新复制? 这些都是有待商榷的。

其次,麦金太尔所谓成功的共同体筹划,如圣·本尼迪克特与阿奎那,他们虽然都成功地继承并发展了亚里士多德的德性传统,但是值得注意的是,他们都属于宗教共同体。宗教共同体在现代社会中并不属于主流共同体,而是边缘共同体。这就会导致一个问题,麦金太尔所企盼的亚里士多德的德性传统的回归与地方性共同体的重建无法适应现代社会的主流发展趋势,而只能在边缘化群体中徘徊。这种边缘共同体是否足以对抗现代自由主义的主流意识? 因此,有学者宣称,麦金太尔在《追寻美德》文末呼唤人们等待另一个与众不同的圣·本尼迪克特,并不是一种乐观的预言,而是一种无奈的希望。无论是戈多,还是圣·本尼迪克特,都是人们对美好的一种希冀。这也隐喻了麦金太尔自知重建地方性共同体只是学理上的一种企盼,而不是现实中真正的希望。无怪乎,斯蒂芬·霍尔姆斯称《追寻美德》含蓄地表达了麦金太尔的悲观主义倾向。

尽管很多人质疑麦金太尔对亚里士多德的捍卫是"一项堂吉诃德式的事业,而且是自相矛盾的"①。但是,麦金太尔本人并不以为然。麦金太尔深知现代自由主义的顽疾根深蒂固,要想真正对其批判推翻不是朝夕之事。虽然,重建地方性共同体的希望渺茫,但是,麦金太尔仍然觉得需要向此方向努力,并将此作为一种对自由主义的修正和值得期待的社会理想,继续坚守下去。

第三节　麦金太尔的地方性共同体构想

对现代自由资本主义世界的现代性批判始终贯穿于麦金太尔的所有

① ［美］A.麦金太尔:《追寻美德》,宋继杰译,译林出版社 2008 年版,第 314 页。

作品之中,成为他的一个独特性标记。麦金太尔认为,由于现代社会道德准则连贯性的缺乏和人们对生活意义目的感的缺失,导致没有任何真正意义上的共同体。与其他杰出的社群主义者,如桑德尔、沃尔泽一样,麦金太尔对自由主义共同体提出了强烈批判,他质疑罗尔斯"正义是社会制度的第一德性"的论点,倡导将对共同善的共识和追求作为社会生活的第一德性。通过对新亚里士多德的德性叙述,麦金太尔提出了一种不同于现代的社会生活方式。这种生活方式所强调的德性、人性的目的只有在地方性共同体内才能得以延续和实现。麦金太尔将此地方性共同体视为一种抵制自由资本主义的破坏性力量,通过构建地方性共同体,完成对现代性的救赎与重建。在麦金太尔的眼中,地方性共同体究竟是一种怎样的社会政治类型? 它是如何完成对现代性的救赎的呢? 是否可以将其视为另一种社会主义呢?

一、道德缺失的政治现实

麦金太尔认为,当今社会道德语言的混乱无序,使人们没有一个关于人类善的概念共识,因而也就无法一起追求共同善。实际情况可能更糟糕,生活在现代社会的大多数人认为没有什么共同善,也不可能存在共同善。这种社会的政治类型是怎样的呢? 麦金太尔认为:"政治上先进的西方现代社会是由寡头政治政府伪装成的自由民主国家。那些居住在这些国家的大多数人被排除在精英之外,这些精英们在"哪些选民能被允许选择"中间确定替代方案的范围,最根本的问题被排除在这一系列的替代方案之外。"①这个"最根本的问题"在麦金太尔看来,就是对于人类个体及将人类共同体作为一个整体而言,何为最好的生活方式,以及每一个人如何安排以便能够使他人得以实现幸福。显然,现代政治没有这样的话题空间。

2004 年美国选举之际,麦金太尔在互联网上发表了一篇简文。他在

---

① Kelvin Knight, *The MacIntyre Reader*, Indiana: University of Notre Dame Press, 1998, p.237.

文中指出,关于"最根本的问题"缺乏有意义的替代方案。鉴于此,他建议人们不要参与投票。原因在于,所有公民在思考何为最好的生活方式的问题时,都自觉或不自觉地参阅了现代性观念。换言之,现代公民普遍认为,现代政治关于这个根本问题没有达成共识,也没有能力解决这个根本问题,它必须留待每一个公民自己来决定。对于这种现代性观念,麦金太尔与其他自由主义的批判家们一样,认为这不过是情感主义的政治表现罢了。自由主义表面上声称对这"最根本的问题"保持中立,并将此问题的争论从公共领域转嫁到私人领域。他们声称国家对什么是好生活不应该持有立场。然而,这在麦金太尔看来,这种在中立名义下对国家及生活的影响,实际上是现代世界的另一种欺骗。因为自由主义声称,每一个个体有权利以自己的方式追求幸福,因而每一个个体所追求的幸福便会存在差异,甚至会互不相容。比如,对战争、堕胎、正义的理解,每一个人的道德倾向是不同的。① 这就是麦金太尔为什么会认为现代政治在道德上无法达成真正的共识。也正如麦金太尔所言,"现代政治是借助其他手段而得以展开的内战"②。

麦金太尔在《追寻美德》的结尾,就曾告诫人们,在新的现代性的黑暗时代,野蛮人不像早期黑暗时代那样只是远在边界上伺机进犯,而是已经统治了我们很长时间。在麦金太尔看来,现代社会陷入困境的部分原因正在于我们对这种野蛮统治的毫不自知。道德与文明在新黑暗时代如何继续存活是摆在人们面前最紧迫的任务。在道德缺失的社会语境下,表现为恶习的事物也有可能会变成美德,这可能会导致社会道德语言体系的紊乱,使人们无法产生对美德的广泛认同。比如,麦金太尔视为最重要的美德之一——诚信。在当今社会,诚信常常在实践者身上产生消极后果,并且成为有效实现目标的阻碍。因此,人们不但不责备不诚信的人,反而赞美他们应形势所需的应变能力,并称之为"适应性"美德。在

① 参见 *Political and Philosophy of Alasdair MacIntyre*[*J/OL*]。
② 〔美〕A.麦金太尔:《追寻美德》,宋继杰译,译林出版社 2008 年版,第 287 页。

摆脱了道德的现代性社会中,政治不再是寻求真理,而是操纵他人以追求权力。如果政治是一种实践,在缺乏内在善与德性的可能性时,只具有外在善,就会产生问题。[①] 这让人不禁想起马基雅维利对君主的建议,即关于适应的需要和相关的标准是那些成功或失败。列奥·斯特劳斯认为,马基雅维利的《君主论》使政治哲学与古希腊罗马传统发生了决裂,尤其是与亚里士多德发生了决裂,它表现了一种全新的特性。这种全新的特性在马克思看来,便是将政治学的基础由道德转向了权力。麦金太尔也同意这个观点,在他看来,现代世界的特征就是马基雅维利主义的权谋政治。

麦金太尔认为,如果现代政治不可能在道德上达成共识,那么,另一种美德也将被置换掉。这种美德就是爱国主义。因此,麦金太尔认为现代政治没有爱国主义,因为它没有祖国。尽管会有民族主义、沙文主义,但不可能有真正对国家或同胞有利的影响,因为我们缺乏将国家或同胞与我们联系起来的共享的筹划。按照麦金太尔的理解,"爱国主义作为一种美德,它现在或过去之被奠立,首先缚系于一个政治的或道德的共同体,其次才缚系于该共同体的政府"[②]。然而,在如今缺乏道德共识的社会中,政府并不代表公民的道德共同体,而是一系列制度安排,一个科层化的统一体——国家。这时,爱国主义的观念变得不再清晰和单一。一方面,现代社会的人们对国家有一种依恋,国家作为纯粹的工具,用来推进个人规划,使人们能够分享诸如安全秩序的公共利益;另一方面,国家需要人们这种爱国的依恋,因为它需要人们愿意担当士兵、警察和消防员以提供安全保障,甚至在需要的时候,还要他们为之献出生命。为了创造这样一种依恋,国家揭示了它自身的性质及其荒谬:"现代国家……的行为,有时候是指向那些服从它的人,就好像它无非是一个巨大的、垄断的公用事业公司;有时候,它好像是最神圣的守护者,是最值得重视的。一

---

① 参见 *Political and Philosophy of Alasdair MacIntyre*[*J/OL*]。
② [美]A.麦金太尔:《追寻美德》,宋继杰译,译林出版社 2008 年版,第 288 页。

方面,它要求我们填写相应的表格一式三份;另一方面,它偶尔地又要求我们为它而死。"①

现代政治的道德缺失,使其走向了权力的深渊。这在麦金太尔看来,其深层的原因在于以全球资本主义为特征的现代性。首先,现代社会过多强调追求个人偏好,强化情感主义特征,从而促进了虚假的幸福观。虚假的幸福观以金钱为生活的唯一目标。相较之下,真正的幸福观应该是麦金太尔所描述的依据传统德性的客观标准而生活,而不是简单的财富积累。金钱虽然在德性生活中也扮演着一种角色,比如慷慨。没有金钱不可能或至少非常困难地进行生活。但是,金钱不是生活的主要目的。对此,麦金太尔赞同马克思主义的观点,认为追求金钱的生活就是浪费生命。其次,资本主义作为一种意识形态,促进了人的工具性操纵。在商品生产活动中,资本主义管理者操纵他们的员工;在市场领域,操纵消费者,迫使他们去消费那些商品。自由市场经济"事实上,无情地施加市场条件,强行剥夺了许多工人的生产工作,迫使部分大都市国家和整个欠发达地区社会的劳动力陷入无法挽回的经济剥夺的境地,而且还扩大了财富和收入的不平等与分化,从而组织社会走向了竞争的和对抗的利益"②。资本主义对利益的这种竞争和对抗构成了现代政治,而金钱在现代政治中由于提供了维持政治权力的资源,成为现代政治的关键因素。然而,金钱及其对政治进程的弊端不会从政治中移除,除非人们选择追求内在善而不是外在善。因此,资本主义制度不仅仅对其本身有害,而且对政治也产生了不利影响。③ 这无疑传导出一个信息,即世界需要彻底改变。

二、依赖性的理性动物

要改变世界,首先就要回答麦金太尔所提出的那个"最根本的问题",即对于人类个体和共同体而言,何为最好的生活方式? 在麦金太尔

①　Kelvin Knight,*The MacIntyre Reader*,Indiana:University of Notre Dame Press,1998,p.227.

②　Kelvin Knight,*The MacIntyre Reader*,Indiana:University of Notre Dame Press,1998,p.249.

③　参见 *Political and Philosophy of Alasdair MacIntyre*[*J/OL*]。

看来,雅典的城邦提供了一种好生活的参考,它以共同体对善与诸德性的广泛认同为前提,并被理所当然地认为每个人都参与了关于何为德性、为何需要德性的辩论。麦金太尔在《追寻美德》中考察了四种关于这场辩论的声音:柏拉图、智者、索福克勒斯以及亚里士多德。最终,麦金太尔选择了亚里士多德的德性立场。因为亚里士多德的"德性理论把古典传统建构成一个道德思想的传统"①。目的论则是亚里士多德哲学的核心。

按照亚里士多德的观点,人类是一种特殊的生物,其终极目的是依循德性而快乐地生活。这也是人类生活的本质目的。如果人类不通过有德性的行为追求幸福生活的终极目的,那么就不可能成为一个有德性的人。由此可见,目的论为事物的评价提供了标准规范。对那些分享终极目的的人及其表达共享终极目的的共同体而言,道德具有语境与意义。作为人类,虽然不会一直倾向于过有德性的生活,致力于对德性的追寻,但是,这是一种应该倡导的生活。麦金太尔将此称作"偶然所是的人性"与"实现其目的而可能所是的人性"的区别。② 伦理学的作用就是将人们从前者转化为后者,教会人们如何克服人性的弱点,成为能够成为的样子,以及为什么这应该是人类的善。然而,现代世界的人们却不相信任何固定的终极目的:没有什么是注定要成为的,也没有什么与生俱来的目标是需要前行的。麦金太尔将霍布斯与"利维坦"视作这一哲学信仰的例子及其后果。

值得注意的是,麦金太尔在《追寻美德》中,曾经反对亚里士多德的生物学目的论。而在他的后续作品《依赖性的理性动物》中,麦金太尔又重新接受了亚里士多德生物学目的论的观点。但是,与亚里士多德认为只有人类具有语言和理性的能力不同,麦金太尔认为,其他智能物种也具有这种能力,并且,我们可以从它们如何追求个体与集体的善之中学习有关人类如何追求共同善。麦金太尔指出,对人类而言,实现幸福的关键是

① [美]A.麦金太尔:《追寻美德》,宋继杰译,译林出版社 2008 年版,第 165 页。
② 参见[美]A.麦金太尔:《追寻美德》,宋继杰译,译林出版社 2008 年版,第 60 页。

成为独立的实践推理者。从嗷嗷待哺的婴儿成长为独立的实践推理者，包括三个维度。第一个维度，从拥有理由发展到能够评价理由，从而改变行动的理由，进而改变行动。在这种过渡中，伴随着各种危险与障碍，它包括身体上的疾病、饥饿，还有威胁儿童语言、理性评价等能力发展的因素，比如智障、自闭症和不安全感。第二个维度，涉及小孩欲望和激情的转变。麦金太尔认为，学会摆脱欲望，并评价它们，这是对行动理由进行合理推理的必要条件。在这一过渡的历史中，必须承认包括自己在内的所有人都处于能力欠缺的等级体系中，他者的出现与介入是至关重要的。第三个维度，从对当下的意识发展到对想象中的未来有所意识。作为实践推理者，需要想象自己有不同的可能未来，各种未来呈现了不同的好，以及实现幸福的不同方式。重要的是，不同的行为方式在未来产生的结果具有或然性。此时，知识和想象力是关键。①

从以上三个维度，可以发现，从婴儿时期过渡到独立的实践推理者，人类的存在具有三重特征，即依赖性、理性与动物性。麦金太尔指出，人们尤其注重第二重特征——理性，却忽略了第一重和第三重特征。麦金太尔将关注点更多集中在人类与非人类动物的联系之上，尤其是人类理性与非人类动物智能的可类比性。麦金太尔认为，人类以一种重要的方式保留他们的动物本性。事实上，"人类和一些非人类动物在相互陪伴和相互合作的过程中追求各自的好"②。因而，相比于人类的理性特征，麦金太尔更强调人类的依赖性与动物性。

麦金太尔认为，人类的依赖性贯穿人的一生。作为动物的我们，在面临困境与缺陷时，会表现出脆弱性。这种脆弱性的本能会驱使我们寻求他者的帮助。无论是为了生存还是实现幸福，对他者的依赖始终存在。人们在婴儿褓褓期，甚或孩提时代，这种依赖性体现得最明显，也最好理解。随着年龄的不断增长，到了老年时期，又会重新对他者产生身体上的

①　[美]A.麦金太尔：《追寻美德》，宋继杰译，译林出版社2008年版，第60—63页。
②　[美]A.麦金太尔：《依赖性的理性动物》，刘玮译，译林出版社2013年版，第52页。

依赖。然而,麦金太尔强调的依赖性并不仅仅指的是身体上的依赖,他更多意指的是如何依赖他者,学习成为有理性、有道德的人。比如,父母需要教育儿童学习如何克制自己的欲望,明白在整个人生的语境下,什么对他们是最好的,而不是仅仅盯着眼前的利益和欲望。即便超越童年时代,我们也需要朋友的监督与提携。他们为我们提供了洞察力与自我理解力,使我们不断反思自己的动机与目的,以便能够以朋友理解的方式解释它们。于是,在他者的帮助下,我们的理性得以发展,也因此对他们产生依赖。总而言之,人无法凭借一己之力成为有理性者。同样,人们也会发现,他者在不同时期,以不同方式也依赖于我们。我们有义务帮助他们发展理性,形成德性,如同他们帮助我们一样。

因此,每一个人自身作为共同体的一部分,接受他者的帮助,同时也给予他者以帮助,这是一个给予和接受的社会关系,也是一个责任与义务的关系网络。但是,这样一种给予和接受的社会关系也会存在系统性的缺陷和潜在的危险。正如马克思、福柯等人所提醒的那样,"给予和接受的制度化网络也总是权力不平等分配的结构,这种精心设计的结构既是为了掩饰也是为了保护这些不平等的分配"①。只要参与这个社会关系网络,就会存在统治与剥削。但是,只有意识到这一点,才能真正发挥德性的作用。因而,只有在给予和接受的社会关系网络中,才有可能使人成为理性者,并拥有德性的行为。这种社会模式意味着它服务于一种共享的善,即使人拥有德性,过上德性生活。这恰巧也符合麦金太尔所理解的城邦。

按照麦金太尔的理解,人类作为一种依赖性的理性动物,首先,要承认人的本质是一种特殊的动物;其次,要承认对他者的依赖性;再次,依赖他者发展理性,成为独立的实践推理者;最后,人们需要运用自己的理性去帮助其他依赖者。如前所述,德性使人们参与到给予和接受的社会关系中,并帮助人们实现成为独立的实践推理者的目的。

---

① [美]A.麦金太尔:《依赖性的理性动物》,刘玮译,译林出版社 2013 年版,第 84 页。

给予的德性，预设了人的独立性。正义的慷慨是给予德性的核心，它贯穿于三种关系之中：其一是人们为共同体付出情感的共同关系；其二是超越共同体成员的长期关系，延伸到对陌生人的好客关系；其三是运用怜悯（misericordia）①的德性，扩展自己的共同关系，将那些对共同体成员提出迫切需要的人也包括其中。② 麦金太尔认为，就某种意义而言，正义的慷慨是一种明智的计算。它要求人们在"获取时勤奋"，这样就有能力去进行给予；在"储蓄时节俭"，当他者有迫切需要时，有资源可以帮助；在"给予时明辨"，将资源给予那些确实有迫切需要的人。③ 这些要求实际上反映了人们的节制德性。

除了给予的德性外，还需要对接受的德性予以关注。接受的德性，包含着对依赖性的承认。麦金太尔认为，承认依赖性也是一种德性，正如独立是一种德性一样。承认依赖性的德性，重点是要学会运用接受的德性。比如，知道如何恰当地表达感激之情又不让它成为负担、对给予者的无礼还以礼貌、对给予者的不充分表示宽容。换言之，如果没有接受的德性，就不会承认自身的依赖性。这在麦金太尔看来是一种坏品格。然而，亚里士多德却对否认自身依赖性的人给予赞美，并将他们称作"豪迈的人"（megalopsychos），对他们而言，"接受好处是可耻的，因为给予好处是优越的标志，而接受它们是低下的标志"④。豪迈的人只记得他所给予的东西，而擅于忘记他所接受的东西。这种对自身依赖性的否认产生了"自足的幻觉"⑤，使他们从共同体的共同关系中被排除出去。也正是由于亚

① Misericordia，拉丁文。阿奎那说 misericordia 的出现伴随着恰当的理性判断，在这个意义上，它指的是一种德性而不是一种激情。它满足了共同生活本身需要超越共同生活界限的德性的要求。它使我们的给予关注于需要本身，而不是人际关系。参见［美］A.麦金太尔：《依赖性的理性动物》，刘玮译，译林出版社2013年版，第102页。
② 参见［美］A.麦金太尔：《依赖性的理性动物》，刘玮译，译林出版社2013年版，第104页。
③ 参见［美］A.麦金太尔：《依赖性的理性动物》，刘玮译，译林出版社2013年版，第105页。
④ ［美］A.麦金太尔：《依赖性的理性动物》，刘玮译，译林出版社2013年版，第105页。
⑤ ［美］A.麦金太尔：《依赖性的理性动物》，刘玮译，译林出版社2013年版，第105页。

里士多德对人类依赖性经验的否认,使麦金太尔从亚里士多德转向了阿奎那。阿奎那对人类终极目的与德性的论述包括共同体中的每一个成员,而不仅仅是亚里士多德所谓的一小部分精英。

因而,在麦金太尔看来,一方面,人们需要通过某些共同关系学会给予的德性与接受的德性;另一方面,人们需要这些德性来维持这些共同关系。承认依赖性的德性,就是承认个人在共同关系网络中得到认可,并且成为"思虑性共同体"(deliberative community)①的一员。那么,究竟何种类型的政治社会才能体现出给予和接受的共同关系,从而实现每一个人的善及共同体的共同善呢?

三、社会主义的未来走向

麦金太尔在《追寻美德》开篇便表明了自己著作的主旨是为了批判现代性,反抗现代世界,包括现代政治。他指出,"现代系统的政治观,无论自由主义还是保守主义,无论激进主义还是社会主义,从一种真正忠于美德传统的观点来看,都必须被拒斥,因为现代政治本身以其制度性的形式表达了对于这一传统的系统拒斥"②。因此,在该书结尾处,他表达了对理想中的社会类型——地方性共同体的期待,但是却没有对此政治理论作出具体的描述。取而代之的是一种模糊地、周期性地回归到圣·本尼迪克特。然而,这种回归却不足以解释"无尽的政治之海"③。或许当时的麦金太尔已经意识到,真正的共产主义政治的机会在目前现代性的结构中是没有指望的,因而他没有提供任何具体的共同体政治理论。在"回应共同体"的信中,麦金太尔表达了这种忧伤:"尽管有相反的传言,但我不是也从来不是一个社群主义者。因为我的判断是,这个国家先进现代性的政治、经济和道德结构,正如别处一样,排除了有实现任何有价

---

① [美]A.麦金太尔:《依赖性的理性动物》,刘玮译,译林出版社 2013 年版,第 106 页。

② [美]A.麦金太尔:《追寻美德》,宋继杰译,译林出版社 2008 年版,第 289 页。

③ Ashwani Kumar, "Requiem for Modernity or Return to Monastic Community?", *The Indian Journal of Political Science*, Vol.67, No.4(OCT.-DEC., 2006), p.936.

值的政治共同体类型的可能性，它在过去的不同年代曾经实现过，即使是不完美的形式。"①正是基于这样的认识，麦金太尔有关地方性共同体的构建必须打破现代性的政治结构——资本主义，才有可能实现其政治诉求与价值目标。换言之，地方性共同体可能预示着另一种社会主义。②

关于这样一个共同体的社会究竟是何种政治社会类型，在时隔近二十年后的《依赖性的理性动物》一书中，麦金太尔为我们描绘了这种共同体蓝图的具象。在麦金太尔看来，现代政治的重建必须依靠地方性共同体。这种地方性共同体因其特有的气质与蕴含承担起救赎现代性的重责。

第一，共同参与的需要。政治不应该是以某种内战的形式展开，它是一个共享的筹划，为所有成年人所共享，而不是局限于一小部分精英通过操纵获得权利，并且利用权利为自身谋取利益。政治不再是人们为一己之私争夺权利与金钱，而是"将政治活动当作每个有能力参与其中的成年人日常活动的一个方面"③。因此，"这种共同体的政治便不是现代国家政治中的那种竞争性的利益关系"④。它体现更多的共享与共同参与。

第二，对"正义的慷慨"的德性关注。在地方性共同体中，特别关注"正义的慷慨"这种德性。因为它是给予和接受关系网络中的核心德性之一。马克思在《哥达纲领批判》中指出的社会主义社会的正义公式——按劳分配，是对独立的实践理性者而言的正义。但是，对那些有能力给予的独立者，尤其是需要接受的依赖者而言，更好的正义则是马克思所说的共产主义社会的正义公式——各尽所能，按需分配。尽管第二个公式的实现还需要一个漫长的未来，但是麦金太尔认为，在地方性共同体

① Daniel Bell, *Communitarians and Critics*, Oxford: Clarendon Press, 1993, p.17.
② 本书所讨论的"社会主义"特指以英国新左派为代表的有关社会主义的思想。麦金太尔作为英国新左派早期的代表人物，其关于社会主义人道主义等思想为后期新左派人物的社会主义思想发展奠定了道德基础。因而，在英国新左派的语境下讨论社会主义，有其历史的承继性与一贯性。
③ ［美］A.麦金太尔：《依赖性的理性动物》，刘玮译，译林出版社2013年版，第117页。
④ ［美］A.麦金太尔：《依赖性的理性动物》，刘玮译，译林出版社2013年版，第119页。

中,我们可以用有限的经济资源,以一种不完美的方式去应用它。这样既承认了实践推理者的独立性,又承认了人类的依赖性,从而实现对独立者与依赖者的正义。

第三,共同思虑的德性。每一个人必须"都可以在这些正义的规范所要求的共同思虑中拥有发言权"①。这是地方性共同体重要的政治诉求。政治作为一种实践存在,必将追求内在善,而非外在善。"通过给予和接受的网络构建起来的共同体之中必然会有某种共同的道德承诺,正因为有这些承诺,共同的思虑才有可能,对那种思虑以及它构成其中一部分的生活方式进行共同的批判性探究才有可能。"②当共同体成员共同思虑何为最好的生活方式时,就是在为共同体选择一个终极目的,即共善的政治。这种共善的政治将会反映所有共同体成员的需要,无论独立者,还是依赖者。麦金太尔强调共同思虑的德性,也就是要求共同体每一个成员对共同思虑都拥有发言权,尤其是如何保障依赖者的有效发声。他提出通过依赖者的代理人承担此角色。需要注意的是,麦金太尔认为代理人的角色并不是为了表达依赖者群体的特殊利益,而也应该是有关对共同体终极目的的共同思虑。

麦金太尔认为,对共同体的共同善的思虑,必然要求一种地方性共同体的社会政治模式,而不是现代国家,或是家庭。在麦金太尔看来,国家最大的政治职能是提供公共安全,但是公共安全的重要性也不能遮蔽一个事实,那就是"人们分享的现代民族国家的公共利益并不是一个真正的国家范围的共同体的共同善,而当民族国家将自己伪装成这种共同善的护卫者时,其结果必然是荒谬可笑的或灾难性的,也可能二者兼有之"③。换言之,公共利益与共同善不能混为一谈。承认依赖性的德性,

① ［美］A.麦金太尔:《依赖性的理性动物》,刘玮译,译林出版社2013年版,第108页。
② ［美］A.麦金太尔:《依赖性的理性动物》,刘玮译,译林出版社2013年版,第133页。
③ ［美］A.麦金太尔:《依赖性的理性动物》,刘玮译,译林出版社2013年版,第110页。原文译者将common good译为公益,笔者以为,"公益"在中文语境下所蕴含的意义与common good表示的内涵有所偏差,容易引起误解。在现行的伦理学及政治学著作中,对此概念的理解更趋向于一种共同的善,故笔者将此称作"共同善"。

要求对共同善有广泛的认同。尽管国家是实现某些人类目标的有效手段，如制定并通过《未成年人保护法》，但是，现代国家的政治框架中由于缺乏"正义的慷慨"的德性，因而无法实现给予和接受的社会关系网络。此外，家庭由于缺乏自足性，因而也无法实现承认依赖性的德性所要求的对共同善的认同。因此，麦金太尔认为，通过承认依赖性的德性产生和维持的共同善，不能在国家和家庭这样的团体形式中实现，而只可能是某种形式的地方性共同体。尽管不是每一个地方性共同体都是良好的，但是一种良好的政治只有可能发生在地方性共同体之中。麦金太尔没有精确指定这种地方性共同体的规模，但是肯定它的规模将处于国家与家庭之间。

　　基于给予和接受的社会关系网络的地方性共同体，是麦金太尔对重建现代性的一种政治构想，并用以反抗现代资本主义制度的具体政治主张，其充分体现了对资本主义的批判。同时，他还认为，"人类已经经历了所有其他社会形态，社会主义则是他们将要生活于其中的社会形态"①。由此看来，如果在现行社会形态下无法实现地方性共同体，那么，在麦金太尔心目中，地方性共同体应该是某种社会主义的政治形式。这不仅仅因为地方性共同体是麦金太尔关于未来社会政治模式的筹划，而且还因为地方性共同体也确实蕴含着社会主义的关键特质。

　　首先，推翻资本主义制度是社会主义的基本任务。乔瑞金教授在《英国新左派的社会主义政治至善思想》一文中指出，"推进政治解放运动，尤其是社会制度方面的变革，是迫切的任务"②。对此，新左派倡导："必须恪守马克思主义的原则，即如果没有同制度的内在可能性结合起来的话，寻求社会变迁在实践上就没有什么作用。正是借助于该原则，马

---

① 张亮等编：《伦理、文化与社会主义——英国新左派早期思想读本》，江苏人民出版社2013年版，第84页。

② 乔瑞金：《英国新左派的社会主义政治至善思想》，《中国社会科学》2014年第9期，第27页。

克思才使自己与乌托邦主义鲜明地区别开来。"①结合制度,新左派设计了许多关于未来社会主义的理想模型。麦金太尔的地方性共同体可以看作是这种制度预设的成果之一。

资本主义制度由于对共同善的忽视,削弱了任何类型的共同体。"市场关系如果要对整体的幸福有所贡献,而非像它们事实上经常的那样损害和腐蚀共同的纽带,那么市场关系的维系就必须内嵌于某些本地的非市场关系——即那种不加计算的给予和接受关系——之中。"②这种给予和接受的关系正是地方性共同体所具备的社会关系。在此关系中,人们生活的目的不再仅仅是获取财富,社会的福祉也不再仅仅由经济因素衡量。由于"美德传统与现代经济秩序的各主要方面——尤其是它的个人主义、它的贪得无厌和它的将市场价值观抬高到社会的核心地位——格格不入"③。因而,在麦金太尔的地方性共同体中,制度形式"并不推动经济增长,并且在很大程度上需要被隔离和保护起来,免于外部市场力量的冲击"④。地方性共同体的组织结构要尽可能限制竞争性利益关系的出现,关键在于缩小收入或财富的不平等。同样,分析的马克思主义者柯亨在平等主义的社会主义构想中也提出:"收入的巨大差别导致了社会缺陷的巨大差别,这些社会缺陷也就破坏了共同体。"⑤因此,麦金太尔在关于地方性共同体的经济体系重建的思考中,与其他的左派社会主义者一样都不再将资本作为第一要素。因为在麦金太尔看来,对财富的追求是对外在善的关注,而不是内在善。它不符合地方性共同体将共同善作为优先的生活方式原则。

其次,共享思想是社会主义的核心价值观。它体现了社会主义的共

---

① 参见安东尼·吉登斯:《现代性的后果》,田禾译,译林出版社2000年版,第136页。

② [美]A.麦金太尔:《依赖性的理性动物》,刘玮译,译林出版社2013年版,第96页。

③ [美]A.麦金太尔:《追寻美德》,宋继杰译,译林出版社2008年版,第289页。

④ [美]A.麦金太尔:《依赖性的理性动物》,刘玮译,译林出版社2013年版,第119—120页。

⑤ 乔瑞金:《英国新左派的社会主义政治至善思想》,《中国社会科学》2014年第9期,第30页。

同体文化特征。在柯亨看来，共同体文化是一种互惠性文化，是非市场的原则。人们不是为了获取回报才提供服务，而是因为人们需要才进行的服务。① 这一观点与麦金太尔所强调的给予和接受的社会关系相契合。在给予和接受的社会关系网络中，给予的德性要求人们不加计算地给予对方以帮助，而不是计算自己得到多少回报。接受的德性则暗含了人们对依赖性的承认，也就是承认了依赖者在共同关系网络中得到认可。独立性和承认依赖性的德性，使人们能够充分重视共同体每一个成员的需要。尤其是对那些依赖者需要的重视，使人们充分意识到这也有可能是他们将会遭遇的境况，从而形成对共同需要和共同善的认识。这也是地方性共同体的显著标志之一。

共享思想不仅体现在互惠性的共同体文化方面，而且还体现在共同参与的政治需求方面。麦金太尔所设想的地方性共同体不再是现代国家政治中竞争性利益关系的角逐场，而是每一个人都对共同思虑拥有发言权的政治共同体。简言之，地方性共同体是一个共享的筹划，共同体成员有着共同善的政治目标和平等的政治话语权。

最后，无论麦金太尔的地方性共同体构想是否是一种社会主义形态，它都是对未来美好社会的一种愿景。无论这种未来社会是社会主义还是共产主义，地方性共同体在性质上无疑是与资本主义社会迥异的，而且也非常不同于目前存在的各种社会主义社会。如果希望实现社会主义的美好愿景，麦金太尔建议人们从地方性共同体的筹建开始。因为面对自由资本主义制度，地方性共同体有能力保留实践与德性，使它们免受现代国家和现代资本主义制度的破坏。在《三种对立的道德探究观》中，麦金太尔提出通过修改大学及其课程，可以更接近于他所鼓励的共同体。

麦金太尔对资本主义制度的拒斥，受到马克思主义的影响。马克思主义对资本主义制度无情的批判，尤其是对资本主义私有制下，人们对财

---

① 参见乔瑞金：《英国新左派的社会主义政治至善思想》，《中国社会科学》2014 年第 9 期，第 30 页。

富赤裸裸追求的批判,让麦金太尔对现代资本主义社会失望至极。因此,他高声拥护亚里士多德的德性观,期待地方性共同体能够在现时代社会语境下重现亚里士多德的德性光辉。然而,对这样一种未来的社会愿景,许多学者都提出了自己的诘问。比如,麦金太尔对地方性共同体的经济体系规制为对市场关系的控制与限制。从亚当·斯密到哈耶克,再到冯·米塞斯,他们都曾认为,试图控制或限制市场将不可避免地成为试图控制和限制人类的结果,这种方式导致了古拉格(集中营,即极权政治),而不是德性。并且,麦金太尔通过抑制经济增长来缩小贫富差距的希望不仅不会实现,而且还会使穷人陷入持续贫穷的境地并阻止整体生活水平的增进。与此同时,对那些为人们提供生活所需,又从中获利的人给予的是惩罚而不是鼓励。这些都会扼杀人们的主动性和创新性,从而导致社会发展的停滞。[①]

尽管麦金太尔的地方性共同体构想存在着上述种种不足,但值得欣慰的是,人们对共同体应该追求何种生活方式的讨论仍在继续。或许麦金太尔的地方性共同体无法照亮现实性的黑暗,但是也绝不像其他学者所言,麦金太尔对现代性的拯治方案,不过是在资本主义社会边缘进行修补而已。麦金太尔的目标是要努力说服人们改变对资本主义的忠诚,并且彻底改变资本主义,使人们相信还有一种更好的社会主义存在。

为"共同体"寻求清晰定义是学术界所公认无法完成的任务。无论是社会学家滕尼斯,还是社群主义者塞尔兹尼克都没有给出令人满意的答案。麦金太尔也不例外。正是由于共同体概念具有的极大不确定性和丰富性,因此,与其抱怨麦金太尔没有对其地方性共同体作出明确界定,还不如细细思考麦金太尔的地方性共同体的必要性与可能性。

地方性共同体是麦金太尔面对现代性政治危机所做的一次伦理思考。对麦金太尔而言,地方性共同体的必要性不言而喻。在他看来,现代

---

① 参见 *Political and Philosophy of Alasdair MacIntyre*[*J/OL*]。

政治的道德缺失,使现代社会无法对德性达成广泛认同。自由主义标榜下的国家中立性,不过是现代世界的另一种欺骗。由于现代政治无法在道德上达成共识,因此恶行容易伪装成美德,而美德却常常被置换。于是,麦金太尔重提"最根本的问题"——对人类和共同体而言,何为更美好的生活? 地方性共同体是麦金太尔目前给出的最满意的答案。麦金太尔倡导将对共同善的共识与追求作为社会生活的第一德性,并且这种强调德性和人性目的的生活方式只有在地方性共同体内才能得以延续。

通过三个问题的回答,地方性共同体构建的可能性得以充分证明。

首先,地方性共同体中个人的自由与共同体的自由并不冲突。共同体并不排斥个人自由,它所提倡的是共同体自由的至上性。对共同体自由的强调,实际上也凸显了个人自由与权利。因此,共同体为个人自由的实现提供了保障而不是阻碍。

其次,地方性共同体值得期待。虽然麦金太尔没有对地方性共同体作出明确定义,但是从其文本中依然可以找到他所理想的地方性共同体模型——亚里士多德式的德性共同体和圣·本尼迪克特的宗教共同体。尽管这两种共同体模型都属于前现代社会,似乎与现代社会相隔遥远,无法复制。但是,麦金太尔也看到这两种共同体模型的重要特征在现代社会以碎片化的形式呈现,比如,规模小、边缘化、有共同信念,等等。这些都暗指麦金太尔所倡导的共同体是地方性共同体,而不是大共同体。同时,也隐喻了麦金太尔对重建地方性共同体更多的是一种学理期盼的无奈。然而无论如何,麦金太尔的地方性共同体对修正自由主义的尝试,都值得人们将它视作一种社会理想充满期待。

最后,地方性共同体表达了社会主义的未来走向。麦金太尔在《依赖性的理性动物》中再次表达了重建地方性共同体的重要性,并且具体阐述了地方性共同体的社会关系网络。麦金太尔指认,地方性共同体的社会关系呈现"接受—给予"式的网络模式。其中,接受的德性与给予的德性同等重要。承认依赖性的德性,就是承认个人在共同体关系中得到认同。只有在接受和给予的社会关系网络中才能实现个人的善与共同体的共同善。此外,地方性共同体对共同参与的强调、"正义的慷慨"的德性关注、共同思虑的考量都暗含着它将是麦金太尔对未来社会政治模式的筹划雏形。地方性共同体所担当的颠覆资本主义世界的重责也表明它将是麦金太尔心目中某种社会主义的政治形式。

　　总而言之,麦金太尔所构想的地方性共同体对现代政治社会而言是必要的,同时也是可能的。通过地方性共同体,麦金太尔完成了对现代性政治的批判与重建。

第五章 A.麦金太尔的现代性批判特征

麦金太尔对现代性的道德批判和政治批判的共同思想资源,除了亚里士多德主义之外,还有一个重要的思想来源,即马克思主义。从麦金太尔的现代性批判思想起源就可窥探一二。早在麦金太尔的早期著作中,他就已经运用马克思主义理论对现代性之弊展开批判与反思。哪怕是后期的道德转向,麦金太尔也始终将马克思主义理论视为其重要的理论资源。因此,在他的现代性批判思想中,无处不蕴含着马克思主义的思想理念。它主要表征为融合了亚里士多德色彩的马克思主义的创造性批判继承了马克思主义革命传统的革命性批判以及回应了马克思主义现实吁求的建设性批判。

第一节 现代性批判的创造性:融合亚里士多德色彩的马克思主义

综观麦金太尔的哲学生涯,他以研究马克思主义的思想为学术起点,对马克思主义与基督教的关系进行比较、探讨,而后转向亚里士多德主义的马克思主义,寻求德性人生的意义。其间的几经辗转与转变,都标记着麦金太尔不寻常的学术轨迹。从中,我们可以更加清晰地看到作为马克思主义的麦金太尔和作为亚里士多德式的马克思主义的麦金太尔是多么的与众不同。而令人感兴趣或是疑惑的也正是,看似与现代世界不合时宜的亚里士多德主义是如何渗透入马克思主义,并与之融合共同对现代性进行批判的? 为了理解这个问题,就必须将麦金太尔的学术历程置于整个哲学发展传统的历史中进行考量,那么,首先需要弄清楚现代马克思主义的文化背景。

一、现代马克思主义的文化背景

19世纪末,欧洲文化被一团悲观主义迷雾所笼罩。正如H.斯图亚特·休斯所言,这种悲观采取的是启蒙批判的形式,尤其对马克思主义产生影响。它明确地聚焦于一些概念,比如弗洛伊德的"无意识"和尼采的"权力意志"。斯图亚特·休斯提出:"心理过程和更换外部现实为最紧迫的研究课题。真正存在的似乎不再是最重要的:人们所认为的存在才是最重要的。人们在潜意识层面的感受变得比他们曾经有意识地合理化更加有趣。"[1]由此,斯图亚特·休斯认为,这种现象应该被看作是同一过程的一部分,这个过程产生了各种各样的精英理论以替代马克思主义。

第一次世界大战后,知识分子普遍的悲观情绪并没有消散,然而,却为下一代马克思主义知识分子的形成提供了重要背景。1945年后,马克思主义队伍中的知识分子比例逐步提高。但是,正如佩里·安德森发现的那样,知识分子的政治经验并没有消除这种悲观情绪:阿多诺和霍克海默的政治理论的形成受法西斯主义影响,萨特和阿尔都塞由于西班牙内战变得激进,德拉·沃尔佩和科莱蒂分别在20世纪40年代末和50年代初开始接触马克思主义。这些事件都发生在工人阶级失败的时期或处在斯大林主义共产党的影响下。上述这些人物都或多或少地转向了文化或哲学方法中最抽象的问题。近年来,更多的马克思主义研究者也开始了

---

① H.Stuart Hughes, *Consciousness and Society*: *The Reorientation of European Social Thought 1890–1930*, London: MacGibbon & Kee Ltd, 1959, p.66.

社会科学研究,他们都直接或间接地被更广泛的哲学文化元素所塑造。

如果我们详细地考察一下这个时期的西方马克思主义者,就会发现一个有趣的现象,比如:卢卡奇和马尔库塞的黑格尔转向;萨特向克尔凯郭尔的存在主义转向;德拉·沃尔佩和科莱蒂则转向康德和罗素;阿尔都塞转向斯宾诺莎,以及葛兰西的马基雅维利转向。这些现象的共同点都是"在欧洲思想里,求助于更早期的哲学上的权威"①,用以补充马克思的思想。或许,麦金太尔也是从此受到启发,将他对马克思主义的理解转向亚里士多德。但是,这种现象何以会普遍发生呢?

众所周知,马克思主义者是19世纪早期德国后康德主义哲学的直接继承者,尤其是黑格尔主义。然而,他们与其他哲学家不同。自康德以来,大多数的哲学家都普遍遵循着某种康德的重要假设。但是,这群马克思主义者显然是站在19世纪和20世纪受康德影响的哲学家之外。而且,他们还成为康德主义的主要批评者。正如梅吉奥所指出的:"大多数后康德主义者毫无顾虑地重新确立了形而上学的思辨。"②费希特、谢林,尤其是黑格尔,他们试图对康德知识的局限性作出回应。首先,费希特不同意康德关于物自体存在问题的论述,而更倾向于笛卡尔。他提出绝对自我的概念,以抛弃物自体。这个绝对自我是所有自我意识中的先验要素,并将自我意识作为解释经验的唯一源泉。叔本华认为费希特将认识问题归于理智直观的做法,是一种"绝妙的灵感"。其次,谢林从斯宾诺莎的泛神论中获得灵感。他认为,费希特将绝对自我视作哲学最高本原的观点,忽视了客观自然的重要性。于是,谢林提出他的同一哲学,其根本任务便是要求对绝对的理智直观。最后,黑格尔批评康德、费希特等人的哲学不是真正的哲学,是主观的反思哲学,是需要克服的片面性哲学。他摒弃了斯宾诺莎关于全体拥有思维属性和广延属性的见解,将复杂万状的全体称之为"绝对"。黑格尔将"绝对精神"视作世界的本原,并依此

---

① Perry Anderson, *Considerations on Western Marxism*, London: New Left Books, 1976, p.60.

② Peter McMylor, *Alasdair MacIntyre: Critic of Modernity*, New York: Routledge, 1994, p.50.

此建设了他的客观唯心主义王国。黑格尔对"逻辑"与"辩证法"的强调，使他区别于其他的形而上学。马克思反对黑格尔带有理想主义的形而上学，却维护其把握事物本质的野心，以更好地理解事物的发展趋势。

19世纪中叶，哲学的思考传统开始变得猜疑。尤其是在1848年大革命失败以后，西方出现了反黑格尔的阵营，其中的代表人物有：克尔凯郭尔、尼采、维尔何姆·文德尔班、斐迪南·滕尼斯、乔治·齐美尔和韦伯。他们所展示的不仅是对历史展开进步的怀疑，而且还伴随着一种持续增长的疑问，即究竟何为伯格纳所称的"充分理解整体的可能性"？新康德主义对此宣称，要把握事物的本质是完全不可能的。滕尼斯、齐美尔和韦伯等人承认，他们没有在理论上揭示历史转变背后的过程。没有内在的意义和目的，只不过是人类思想强加给历史的形式而已。这样一种观点，否认任何事物的名称和事物本身之间的必然联系。这也正反映了当时的马克思主义渴望更现实的社会科学的描述。

1968年后的阿尔都塞，沿着一条更为适宜的路线，重新解读了马克思。首先，阿尔都塞认为，马克思作品中带有明显的黑格尔的形而上学的精神包袱，因此，需要激进的认识论突破前科学的马克思和马克思的真正科学，因为在成熟的马克思看来，"不再有任何原初的本质，只有一个预先给予性。然而，目前的知识深入研究它的过去。不再有任何简单的统一性，只有结构上复杂的统一性。……如果是这样的话，可以明确的是，黑格尔的辩证法的'子宫'已被废止，并且它的有机类，只要是具体的和明确的，肯定不能幸存下来"①。其次，阿尔都塞发起的运动与新康德主义和实证主义十分相似。他指出，由于我们完全侵吞了事实，在真实与过程之间制造了一条巨大的，最终都无法逾越的鸿沟。因为卡林科斯已经提出："他所要做的就是区分现实和我们所了解的现实的过程。思想对象是后者过程的先决条件。它包括在预先存在的概念和理论中，其科学

---

① Peter McMylor, *Alasdair MacIntyre: Critic of Modernity*, New York: Routledge, 1994, p.52.

设置的转变,是为了提供一个更严格的真实的知识。"①众所周知,对阿尔
都塞理论的重视,导致西方智识工作的严重瘫痪。自诩为该理论的保卫
者,都在痛苦地思虑,这个新的理论是否可能与现实性有一种真实的关
系。20世纪70年代末,占主导地位的阿尔都塞主义,终于在80年代走
上了一条马克思主义之外的理想主义路径。

　　紧接着,根植于分析哲学传统的柯亨、埃尔斯特和罗蒙,对马克思主义提
供了更强有力的保卫。他们被视作是"更宽泛的学术马克思主义和社会科学
过程中的一部分"②。1978年,柯亨的著作《卡尔·马克思的历史理论:一个
辩护》一经面世,便受到许多左翼知识分子的追捧。在书中,柯亨第一次提
出了分析的马克思主义的基础。值得注意的是,在此阶段,马克思主义遭
到来自各方的质疑。一方面,阿尔都塞的马克思主义从内部瓦解;另一方
面,许多英国学者,由于受到来自法国激进理论家的影响,比如,福柯、拉康
和德里达,他们纷纷放弃了马克思主义。霍尔甚至将"福柯主义洪水"欲翻
译为:"被证明在20世纪80年代到90年代的有先见之明的预测。"③

　　柯亨的出现,为马克思提供了一个辩护。柯亨对马克思的重建和保
卫基于分析的哲学传统,立足于有关马克思历史理论的概念基础之上,系
统地剥离了那些短语和假设的理论。这可能被认为是将其与思辨的形而
上学和本质主义的传统相连。因此,柯亨很有可能以明确的命题形式来
定义马克思主义。比如,柯亨认为马克思主义有两个中心观点:其一,有
生产力扩大的趋势;其二,有生产力决定生产关系的趋势。所以,任何扩
大生产力要求的机构和关系,实际上都与其现实相"对应"。这种表达方
式很明显是技术决定论的形式。正如柯亨所明确的,它建立在功能解释
的形式基础之上。斯科特·米克尔对此评价道:"柯亨采取了马克思的
纲领性的话语,总结了他如何看待事物,并在此基础上独自重构了马克

---

① Alex Callinicos, *Althusser's Marxism*, London: Pluto Press, 1976, p.33.

② Peter McMylor, *Alasdair MacIntyre: Critic of Modernity*, New York: Routledge, 1994, p.54.

③ Peter McMylor, *Alasdair MacIntyre: Critic of Modernity*, New York: Routledge, 1994, p.54.

思。唯一明智的做法是学习完成式的资本;如果做得恰当,那就会表明大纲和总结的真实含义。将完成式仅仅看作是概括的附带说明的起源,这是一个荒谬的过程。"①除此而外,虽然,柯亨认为他对马克思理论的呈现方式与20世纪的分析哲学不同,但是,肖恩·塞耶斯却巧妙地指出,柯亨的工作实际上是用一种非常传统的方式进行分析:"像17世纪和18世纪的哲学家一样,柯亨依靠分析方法。他坚持对他所考虑的组成部分全部进行分析。他坚持对具体的总体性的不同元素和部分进行剥离,并思考和定义这些剥离。这种方法的作用是产生一个支离破碎的雾化的现实图景。"②正如皮特·麦克迈耶尔所认为的,"对风格和阐述的命名,只不过是对马克思的作品使用分析过程意味着什么的更深层观点的遮蔽"③。毫无疑问的是,柯亨认为传统的辩证方法过于偏重解释,因此,他建议,需要用分析原则,专业、严谨地建立马克思主义。

至此,我们已经发现马克思主义在现代发生了重要的社会科学转向。这就造成了后来的马克思主义学者容易以科学的形而上学的形式来理解马克思主义。加之政治上的失败,使马克思主义学说不断地被主流文化反对和侵蚀。这就是它的现实和文化背景。然而,仍然有许多哲学家致力于从各个方面汲取智识,对马克思进行辩护。这一点也是毋庸置疑的。麦金太尔便是其中的一员。

二、马克思与亚里士多德主义

事实上,马克思主要研究的是黑格尔和亚里士多德,通过借鉴和改造这些本质主义思想家的概念,从中形成自己的派别。马克思与黑格尔的关系众所周知,但是,对马克思与亚里士多德主义的关系探究,相比之下就逊色许多。然而,西方许多学者已经将马克思视为,至少在本质范畴

---

① Peter McMylor, *Alasdair MacIntyre : Critic of Modernity*, New York : Routledge, 1994, p.55.

② Sean Sayers, "Marxism and the Dialectical Method : A Critique of G.A.Cohen", *Radical Philosophy*, No.36, Spring 1984, p.4.

③ Peter McMylor, *Alasdair MacIntyre : Critic of Modernity*, New York : Routledge, 1994, p.56.

内,与亚里士多德主义有关的人。

斯科特·米克尔认为,本质主义和原子论之间的冲突可以追溯到古希腊。米克尔在他的博士论文中就曾经讨论过亚里士多德和原子论者之间的冲突。到中世纪,本质主义占主导地位。随后,在笛卡尔和休谟那里,原子论又成主导。伴随着黑格尔及其追随者,包括马克思在内,本质主义又出现了。由此可见,米克尔是将马克思放置在一个可解释的哲学传统中。并且将马克思置于本质主义的血统中,在克里普克的本质主义的基础上理解马克思的辩证法,这样便能够清晰地阐释马克思辩证法的含义。他认为:"辩证法是对社会运动规律的追求,是一种自然的历史过程。其中最重要的是人类社会的发展规律,即从一种形式向另一种形式的转变。"①

哲学家艾伦·伍德在《卡尔·马克思》的著作中对米克尔做了一个非常有价值的补充。她写道:"马克思的辩证法和人性观或多或少都公然基于,亚里士多德认为事物有其本质的概念。科学的任务是根据本质去理解事物属性和行为。马克思的异化概念涉及进一步的亚里士多德概念。对男人和女人而言,充实的生活是他们可以运用独特的人的能力。马克思的历史唯物主义运用目的论的解释,显然预设了这些解释是合理的⋯⋯也适用于社会组织。辩证法,通过其意图穿透事物的表面外观,反映运动的内在结构,相当清楚地保证,马克思以某种科学现实主义的形式反对最常见的经验主义的形式。"②

米克尔指出,亚里士多德主义有三个关键行为对黑格尔和马克思产生影响。

第一,从实体本质出发,排除了作为现象基础的机会。

第二,亚里士多德主义的行为是,"他认为在整个就潜能的实现而言,法的形式有其本质,并且也是能实现那些潜能的本质"③。

---

① Peter McMylor, *Alasdair MacIntyre: Critic of Modernity*, New York: Routledge, 1994, p.64.

② Allen Wood, *Karl Marx*, London: Routledge & Kegan Paul, 1981, p.235.

③ Scott Meikle, *Essentialism in the Thought of Karl Marx*, London: Gerald Duckworth & Co. Ltd, 1985, p.31.

第三,"历史源于一个整体,其本质经历形式的转化,拥有结果或目的。对黑格尔而言,历史的本质是'精神的自由,它是人性的本质',世界历史的目的是'这种自由的现实化',黑格尔将其定义为'世界的终极目的'"①。

米克尔认为,对马克思而言,黑格尔对亚里士多德作出的最重要的进步在于,他在自然变化与历史变化之间作出区分。黑格尔认为,有机进程在必要的发展路线方面,更容易追溯。因而,它比历史进程要简单得多。历史进程相较有机进程,发展更为内在,更为复杂。因为,它的组成部分之间的关系,会以不可预见的方式阻碍其发展。"这是它本质的一个方面,是一个辩证的过程,发展的必要路线并不只是通过外部的物质的意外,是直接的、无效的。它的发生,'由潜力转化为现实,是通过意识和意志'而发生的。"②

自然与历史的重要区别在于,自然有一个不变的本质与发展,比如,生物进化。而历史,并不具有相同性质的发展,而是有许多新的自然形式,因此,在历史本质上的冲突空间,阐释了人类发展的明显回归。"历史进程……不是通过一代又一代的方式保护自然,而是通过连续的形式发展自然。"③

充分理解黑格尔的阐释,对我们而言困难重重。剥离黑格尔晦涩的语言和对精神的强调,米克尔阐释的关键在于,他认为马克思继承了黑格尔派的形式。米克尔认为,对马克思而言,黑格尔体系的真正问题在于,他忽略了构成整体的部分的实在性,取而代之的是,加强了一个外部体系,它来自一个逻辑系统,一个必须要加以研究和理解的真正的发展范式。这正是马克思在批判黑格尔的国家主义时所获得的。因此,米克尔

---

① Scott Meikle, *Essentialism in the Thought of Karl Marx*, London: Gerald Duckworth & Co. Ltd, 1985, p.32.

② Scott Meikle, *Essentialism in the Thought of Karl Marx*, London: Gerald Duckworth & Co. Ltd, 1985, p.35.

③ Scott Meikle, *Essentialism in the Thought of Karl Marx*, London: Gerald Duckworth & Co. Ltd, 1985, p.36.

指出,马克思的明确目标必须追寻何为"具体的普遍性"或人类社会与历史的本质。在《黑格尔的国家主义批判》中,马克思指出它是"社会化的人";而在《经济学哲学手稿》中,它又被确定为人类劳动。"通过一系列具体的形式,每一种形式有其特定的法则或是可实现的发展潜能,并最终实现社会主义,其本质的最大潜力是实现一种适合人自身的社会形式。"[①]米克尔确信,马克思将此框架视为共产主义的历史基础。这显然是根植于受目的论支配的真正本质的实现。对马克思而言,历史是人类社会发展通过特定形式来实现其最大潜能的方式。除此之外,马克思还认为,人是自然的一种,即"一种哺乳动物之列,其本质与其他动物不同,人具有意识和社会的本质属性"[②]。这样一种观点,带有高度的亚里士多德式的特征。

　　和米克尔一样,科尼利厄斯·卡斯特洛狄斯在他的论文《从马克思到亚里士多德,从亚里士多德到我们》中提出,亚里士多德对马克思的重要性和黑格尔一样。他论证的基础是:马克思的概念和范畴是亚里士多德派的核心。比如,就劳动的概念而言,"在一个纯粹的亚里士多德的准则中,物质与能力,起初是在于生产的人,只有通过将人转变成生产者,才能完全唤醒人的潜能、实现人的终极目的"[③]。卡斯特洛狄斯认为,在《尼各马可伦理学》一书的开始便提出:最高的人性善,是自然还是法律? 关于这个问题,在任何一部亚里士多德的著作中,都没有被最终解决。而正是这种歧义,也最终萦绕在马克思的作品中。对卡斯特洛狄斯而言,亚里士多德存在一种关于自然与法则的紧张关系,这种张力也存在于自然人与社会人之间。正如他所言,每个人都是为了实现其最终目的。但是,德性作为人的终极目的,几乎不可能有人真正达到。这就是自然的人与目

---

①　Scott Meikle, *Essentialism in the Thought of Karl Marx*, London: Gerald Duckworth & Co. Ltd,1985,p.47.

②　Scott Meikle, *Essentialism in the Thought of Karl Marx*, London: Gerald Duckworth & Co. Ltd,1985,p.58.

③　Peter McMylor, *Alasdair MacIntyre: Critic of Modernity*, New York: Routledge,1994,p.70.

的的人之间的问题,即人的自然目的如何被实现?

　这或许是麦金太尔起初拒绝亚里士多德的"形而上学的生物学"的原因所在。但是,问题在于,麦金太尔为什么没有在马克思主义的危机和企图以哲学重述其传统形式之中来寻求他的现代性解决方案,而是通过《追寻美德》,通过人类社会特征的叙事来恢复我们文化中目的论的概念,而不是通过实在性的发展或本质的发展呢?在《追寻美德》中,麦金太尔似乎给出了一个答案,即他不相信亚里士多德的自然主义的目的论,或他所谓的亚里士多德的"形而上学的生物学",但是,他并没有作出任何争辩,以解释为什么不接受这些概念。然而,根据麦金太尔的后期著作——《谁之正义?何种合理性?》和《三种对立的道德探究观》,可以明显察觉到他对某种亚里士多德本质主义形式的更清晰的承诺。皮特·麦克迈耶尔认为,这可能是由于某种政治上的原因,使得麦金太尔最终选择了一种叙事,而不是亚里士多德的自然主义的目的论。①

三、麦金太尔与亚里士多德式的马克思主义

　麦金太尔与马克思主义的关系一直伴随着他整个的哲学生涯。早在大学期间的麦金太尔便加入了英国共产党,但随后因不满组织效率而退党。然而,诚如前文所述,麦金太尔从未停止过对马克思主义的思考。无论是马克思主义与基督教的关系,还是对斯大林主义的人道主义的道德批判,他都努力地思考着马克思主义的价值。尤为重要的是,在此期间,麦金太尔将人的"欲望"引入道德之中。他把握住了从黑格尔以来,到费尔巴哈,再到马克思的对人的本质的理解与追求,认为共产主义道德并不是未来主义,它是人的欲望与人性的结合,是人的本质的最终实现形态。因此,关于人的本质和自由的探讨,始终是麦金太尔关注的话题,亚里士多德、康德、基督教和马克思主义则是麦金太尔早期研究的视域范围。

---

① 参见 Peter McMylor, *Alasdair MacIntyre: Critic of Modernity*, New York: Routledge, 1994, p. 70。

首先，麦金太尔认为，马克思主义是一门关于社会实践的学问。

马克思明确反对那些"无聊的虚伪的道德说教"①，认为类似阶级斗争的问题都不能诉诸道德原则，也不要妄想向人们提出诸如互爱的道德要求。麦金太尔对此一直有所抱憾。他认为，工人阶级除了要推翻资产阶级的道德之外，更应该发展出属于自己的道德。"虽然无产化迫使工人必然反抗，但是它也剥夺了一些使工人能够发现同反抗的道德相适应的善及德性观念的实践形式。"②可惜的是，工人阶级并没有将这种道德形式当成自己的实践武器。麦金太尔认为，马克思意识到工人阶级必将成为资本主义社会的掘墓人，因而，"他从未讨论应当给工人运动提供什么行为原则的问题"，也没有明确指出"道德在工人运动中的作用问题"③。同时，麦金太尔将此视为马克思放弃哲学的先兆④。后来，哲学在马克思主义的复活，在麦金太尔看来，不可避免地带有"普列汉诺夫的

①　《德意志意识形态》（节选本），人民出版社2003年版，第120页。
②　［美］阿拉斯戴尔·麦金太尔：《马克思的〈关于费尔巴哈的提纲〉一条未走之路》，乔法容译，《国外社会科学》1995年第6期，第26页。
③　高国希：《麦金太尔：亚里士多德式的马克思主义?》，《马克思主义与现实》2011年第1期，第57页。
④　关于马克思是否放弃了哲学的话题，高国希在论文《麦金太尔：亚里士多德式的马克思主义?》结尾处曾针对此问题进行商榷。在高国希看来，麦金太尔关于马克思在《关于费尔巴哈的提纲》后放弃了哲学的论断是不公允的。麦金太尔认为："随着他在1845年对哲学的放弃，他就没有机会再来系统地发挥这些思想，也失去了对理论与实践关系的含义进行理解的机会。在他放弃的时候，撇下了未竟的哲学事业。"高国希对此不以为然，他指出，马克思随后的《德意志意识形态》，不仅是对以前的哲学信仰的清算，而且也阐述了新的学说。他在文中还进一步指出，关于历史唯物主义新世界观的写作，其主要工作都是由马克思而不是恩格斯完成的。这也间接说明了，马克思仍然对哲学有所思考，而不是如麦金太尔所言，完全放弃了哲学。因此，对马克思放弃哲学一说，高国希是不敢苟同的。尽管高国希看到了马克思后期工作的哲学要素，然而，他却忽略了麦金太尔在《马克思的"关于费尔巴哈的提纲"：一条未走之路》中所明确申言的，麦金太尔所说的马克思离开哲学的探索，并没有否定马克思后来关于历史、经济分析本身的哲学前提，并且承认如果否认的话将会是很荒谬的。无疑，麦金太尔对高国希的论据已经给出了反驳的理由。麦金太尔在文中进而解释道，他所指的马克思离开哲学的探索，意即哲学已不再是他探讨的对象，或换言之，马克思所关注的问题已经不再是哲学问题了。正是在这个意义上，麦金太尔说马克思从哲学探索中离开、转向。

辩证的和历史的唯物主义"和"青年卢卡奇的理性意志论"①色彩。其中,前者源于恩格斯对马克思和费尔巴哈之间关系的误解,它是对社会经济决定论的强调;后者则接续了马克思 1844 年巴黎手稿的思想谱系,强调的是精神意识作用的发展。无论是恩格斯、普列汉诺夫的哲学,还是青年卢卡奇的哲学,在麦金太尔看来,它们"都没有理解马克思《关于费尔巴哈的提纲》的意义"②。原因有两点:其一,当马克思主义者面临道德争辩时,他们所求助的都是功利主义的观点;其二,只有站在历史和社会学的视角下,道德概念和原则在实践中才能加以阐释。③ 这是马克思主义者们的共识。

麦金太尔将马克思的观点理解为"基于阶级的实践理性观念"。尤其是青年马克思,他关注"实践理性以社会实践形式的表达"④。麦金太尔认为,从资产阶级和无产阶级的斗争实践中,马克思提出了一种类似亚里士多德式的德性观,并假设"无产阶级行动者涵养着一种替代资本主义的德性"⑤。但是,令人扼腕的是,马克思忽视了工人阶级本身可以发展出自己的道德。马克思认为道德不是理论自洽的体系,而是一个关于实践的问题、一种关于变革的话语。⑥ 麦金太尔指出:"在这些实践类型中,道德思考被放到相关的实践验证中并实现其客观性。只有在这样的情境中,'人类思维是否具有客观真理性'的问题才能从道德思想方面得

---

① ［美］阿拉斯戴尔·麦金太尔:《马克思的〈关于费尔巴哈的提纲〉一条未走之路》,乔法容译,《国外社会科学》1995 年第 6 期,第 26 页。

② ［美］阿拉斯戴尔·麦金太尔:《马克思的〈关于费尔巴哈的提纲〉一条未走之路》,乔法容译,《国外社会科学》1995 年第 6 期,第 27 页。

③ 参见［美］阿拉斯戴尔·麦金太尔:《马克思的〈关于费尔巴哈的提纲〉一条未走之路》,乔法容译,《国外社会科学》1995 年第 6 期,第 27 页。

④ 高国希:《麦金太尔:亚里士多德式的马克思主义?》,《马克思主义与现实》2011 年第 1期,第 58 页。

⑤ 高国希:《麦金太尔:亚里士多德式的马克思主义?》,《马克思主义与现实》2011 年第 1期,第 58 页。

⑥ 参见高国希:《麦金太尔:亚里士多德式的马克思主义?》,《马克思主义与现实》2011 年第 1 期,第 58 页。

到回答,这样的问题也才不是一个'理论问题,而是一个实践问题'"①。

正如赖特所言,麦金太尔在《追寻美德》及其后述的著作中,都未曾抛弃马克思"革命的实践"的观念,抛弃的只是"第二、第三、第四国际的马克思主义"②。麦金太尔试图通过对社会实践形式的探索,寻找出替代资本主义德性的根基。因此,在对马克思"实践"观念的理解方面,麦金太尔显然比当代其他学者观察得更加深刻与细致。

其次,麦金太尔对市民社会的看法更多倾向于亚里士多德,而不是黑格尔。

"市民社会",起初所表达的是亚里士多德的"公共政治"。19世纪早期,关于"市民社会"的用法,学界尚未统一。洛克认为,社会先于国家,国家则受制于对社会的承诺;孟德斯鸠与托克维尔则倾向于社会的三权分治和相互制衡;亚当·弗格森认为,"市民社会"是为了满足个体的需要,其间包含着社会、经济、法律等关系。黑格尔则借鉴了亚当·弗格森的观点,将"市民社会"指谓"一个完满的、内部相互依存的关系,在其中,个人的生活、幸福和法律状况是与所有人的生活、幸福与权利息息相关的"③。当然,黑格尔的"市民社会"也融入了洛克和孟德斯鸠的观点。因为,在黑格尔看来,"市民社会"中所包含的一系列社会关系,首先表现为一种契约关系。它既是个人达到自己目的的手段,也使身处其中的每一个成员成为其他个体实现目的的手段。麦金太尔认为,这种市民社会中的个体,为了避免自己成为他人追逐目的的手段,便不自觉地带有破坏性。于是,市民社会中的人际关系表现为以功利、契约和个人权利为中心。人与人之间必然是相互算计、孤立无援、彼此冷漠的。因此,道德和

---

① ［美］阿拉斯戴尔·麦金太尔:《马克思的〈关于费尔巴哈的提纲〉一条未走之路》,乔法容译,《国外社会科学》1995年第6期,第27页。

② 高国希:《麦金太尔:亚里士多德式的马克思主义?》,《马克思主义与现实》2011年第1期,第58页。

③ ［美］阿拉斯戴尔·麦金太尔:《马克思的〈关于费尔巴哈的提纲〉一条未走之路》,乔法容译,《国外社会科学》1995年第6期,第21页。

法律规范的作用显得尤为重要。

　　麦金太尔指出,马克思一直无法摆脱与黑格尔、青年黑格尔派和费尔巴哈有关市民社会批判的哲学论争。马克思在《关于费尔巴哈的提纲》中的立场是:"市民社会仅借助理论本身是不可能克服的,其局限也不可能被恰当地理解和批判。这一理论是脱离了实践的理论,它只能被一种特殊的实践所克服,这种实践是由植根于该实践中的特定的理论所决定的。哲学家们试图去理解它,但他们的理解并不是为了以必需的方式去改造这一社会的和自然的世界。提纲第十一条并没告诉哲学家们放弃去理解世界的企图,而是告诉他们,指导他们理解任务的则是一个特定目的的实现。"①这个目的就是马克思在《关于费尔巴哈的提纲》的第一条中所说的"客观的活动"。正是有了这种客观性的活动,个体才能实现普遍性的价值。他们通过合作的形式,在某种特殊的实践形式中体现出来,使个体的实现既是目的本身,又包含着自身的目的。麦金太尔认为,这种被特征化的实践,与市民社会的实践生活截然不同,这种区分,"与其说是用黑格尔概念来表述的,还不如说是用亚里士多德术语来表述的"②。

　　麦金太尔进一步指出,市民社会宰制下的活动,由个体欲望驱使,没有目的、没有共同善。市民社会下所谓的共同善不过是对满足各个个体欲望、偏好的善的抽象,与之相反,马克思认为在客观性活动的实践中,个体从实践中发现自身的善,是内在于共同善中的善。个体可以通过践行改变自己的欲望。因此,麦金太尔认为,在这一践履的过程中,个体发生了知识德性与伦理德性的改变,而这些改变反过来又会促进共同善的实现。正如马克思在《关于费尔巴哈的提纲》的第三条中所言的"环境的改变与人类自我改变活动的一致性"③。在这样一种表述中,马克思似乎用

────────────

① [美]阿拉斯戴尔·麦金太尔:《马克思的〈关于费尔巴哈的提纲〉一条未走之路》,乔法容译,《国外社会科学》1995 年第 6 期,第 22 页。

② [美]阿拉斯戴尔·麦金太尔:《马克思的〈关于费尔巴哈的提纲〉一条未走之路》,乔法容译,《国外社会科学》1995 年第 6 期,第 22 页。

③ [美]阿拉斯戴尔·麦金太尔:《马克思的〈关于费尔巴哈的提纲〉一条未走之路》,乔法容译,《国外社会科学》1995 年第 6 期,第 23 页。

的是亚里士多德的语言。因为在亚里士多德主义中,目的论意指的就是要实现共同善的实践理念。

　　同时,麦金太尔也发现,马克思的"《关于费尔巴哈的提纲》的论证的关键特性,将不得不以极似亚里士多德用语的方式去阐述,黑格尔的用语是难以胜任的"[1]。高国希在《麦金太尔:亚里士多德式的马克思主义?》中,也提供了同样的证明:"自我实现、甚至对个人身份的确定以及在世界中的方向感,都依据于某一共同的事业。这种共同的变化过程就是公民生活,而公民生活的根存在于与他人的相互关系之中。……相互依存就是公民资格的根本观念。……在具有共同语言方式的共同体之外,可能还存在着作为逻辑抽象的生物学意义上的人类,但却不可能有真正的人。政治共同体在本体论的意义上优先于个体。……直接地讲,城邦使人之为人成为可能。"[2]

　　由此看来,亚里士多德的城邦共同体显然比黑格尔的市民社会要优越得多。马克思在《德意志意识形态》中指出:"市民社会这一名称始终标志着直接从生产和交往中发展起来的社会组织,这种社会组织在一切时代都构成国家的基础以及任何其他的观念的上层建筑的基础。"[3]马克思对市民社会所作出的这种科学解释也更多地倾向于亚里士多德,而不是黑格尔。

　　最后,麦金太尔向我们抛出了一个问题:为什么对马克思而言,不能用黑格尔式的用语去拒绝市民社会呢?

　　麦金太尔认为,马克思对黑格尔主义,尤其是青年黑格尔派,主要是关于社会变革的纯理论探究的拒绝。马克思认为,青年黑格尔派对现代社会秩序的支离破碎性揭露得不够深刻。现代国家一方面作为全体人民的神圣保护者出现,另一方面又要求所有臣民为之牺牲。现代社会统治

---

[1]　[美]阿拉斯戴尔·麦金太尔:《马克思的〈关于费尔巴哈的提纲〉一条未走之路》,乔法容译,《国外社会科学》1995 年第 6 期,第 23 页。

[2]　高国希:《麦金太尔:亚里士多德式的马克思主义?》,《马克思主义与现实》2011 年第 1 期,第 59 页。

[3]　《马克思恩格斯选集》第 1 卷,人民出版社 2012 年版,第 211 页。

原则的这种不协调揭示了现代国家的虚伪。马克思对费尔巴哈的批判，主要是对费尔巴哈所依赖的个体概念的批判。麦金太尔注意到，"市民社会中的事物是各个个体和个体的各个组集之间的事物，这些个体通过对社会环境的意向活动而偶然联系着，社会关系也只是他们碰巧在任一特殊的时刻都能居处其中的。"①于是，人类个体成为抽象的概念，人类的本质的阐明也只能借助于脱离社会关系的个人的性质。正是这种个体的概念，导致个体与社会关系的分疏。

马克思在《关于费尔巴哈的提纲》第六条中明确指出，人的本质不能视为彼此分离的单个人的属性，"在其现实性，它是社会关系的总和"②。麦金太尔也看到了市民社会中这一"分裂与自我矛盾"的社会镜像。它使得人们丧失了对自身及其与社会关系的正确理解，它是费尔巴哈所诊断出的虚幻的根源。对这种幻象矫正的唯一良药，只能选择与市民社会立场不相容的实践形式。③ 这一实践形式，在麦金太尔看来，不可能是关注社会结构改良的实践，只有超越理论家的实践范围才有可能被解决。

马克思在《关于费尔巴哈的提纲》第六条中，将善知识教育活动与另一种截然不同的实践活动进行了对比。马克思认为，凡是从事善知识教育活动的人们，通过自我改造，既改变自身又教育了自身，也就达到了将自身的善内在于实践的善的目的。麦金太尔指出，在此，"对马克思反对黑格尔和反对费尔巴哈的论纲进行阐释，就又不得不用亚里士多德的术语。……只有用亚里士多德提及的内在于这种活动的善，它才能被称作'革命的'，才能被恰当地赋予特征"④。

---

① [美]阿拉斯戴尔·麦金太尔:《马克思的〈关于费尔巴哈的提纲〉一条未走之路》,乔法容译,《国外社会科学》1995 年第 6 期,第 24 页。
② [美]阿拉斯戴尔·麦金太尔:《马克思的〈关于费尔巴哈的提纲〉一条未走之路》,乔法容译,《国外社会科学》1995 年第 6 期,第 24 页。
③ 参见[美]阿拉斯戴尔·麦金太尔:《马克思的〈关于费尔巴哈的提纲〉一条未走之路》,乔法容译,《国外社会科学》1995 年第 6 期,第 24 页。
④ [美]阿拉斯戴尔·麦金太尔:《马克思的〈关于费尔巴哈的提纲〉一条未走之路》,乔法容译,《国外社会科学》1995 年第 6 期,第 26 页。

综上所述,麦金太尔关于马克思主义的早期探究侧重于与基督教的关系张力之中,相较之下,麦金太尔后期对马克思主义的关注,更多地融入了亚里士多德主义的思想内涵,包括实践、德性、共同体、共同善等理念。本书不仅试图厘清马克思与亚里士多德和黑格尔之间的关系承继与区分,而且也尝试将麦金太尔对马克思主义和亚里士多德主义的态度,尽量不失公允地呈现在读者面前。麦金太尔既对二者有所接受,同时也有所保留,甚至还有所批判。但是,这仍然不妨碍我们将麦金太尔对现代性批判所采纳的基本理论腔调定义为亚里士多德式的马克思主义,这也符合卢兹对他的评价。①

第二节　现代性批判的革命性:继承 马克思主义的革命传统

麦金太尔将对自由主义的批判作为现代性批判的主题,对围绕自由主义民主制下的资本主义社会制度给予了严厉的批判。这种将现代性批判矛头直指资本主义社会制度的批判与马克思对资本主义社会的批判理路及其立场是一致的。可以说,麦金太尔与马克思都共同体现了反自由主义的思想旨趣和反资本主义的革命目标,但是,麦金太尔在继承马克思革命传统的同时,对其革命传统及革命实践也进行了批判与反思。

一、革命的批判:神化的马克思主义

马克思曾经预言:资本主义的深刻危机,必将导致资产阶级与无产阶级之间的尖锐矛盾。无产阶级势必会通过革命斗争消灭资本主义,并逐步走向更高级的历史阶段,从而最终实现共产主义。马克思的这一预言

---

① 前文已经引述过,在此不再引述。详见本书导论部分。参见 Chistopher Stephen Lutz, *Tradition in the Ethics of Alasdair MacIntyre:Relativism,Thomism and Philosophy*,Maryland: Lexington Books,2004,p.2。

饱含胜利的激情,满怀乐观主义情绪,鼓舞了几代马克思主义者为之奋斗。然而,在麦金太尔看来,这一乐观预言需要被谨慎对待。他在早期关于马克思主义的著作中曾指出,马克思的乐观主义具有积极的实践意义,但同时也带来了许多实践的阻碍。① 事实上,马克思在《共产党宣言》中为人们所描绘的未来图景已经暗示着马克思理论从"实质解释论"向"范式论"的转变。易言之,马克思根据资本主义社会所表征的各种危机现象和其所隐藏的阶级对立,得出资本主义将自我毁灭的结论。这种根据实际情境所推理出的结论本身是没有错误的。但是,在马克思较成熟时期的著作中,他在"实质解释论"的基础上得到资本主义社会将自我毁灭的结论后,还直接作出另一个"范式论"的结论:所有的社会秩序最终都将自我毁灭,与此同时,创造一种新的社会秩序。麦金太尔认为尚不清楚马克思是否意识到,对某一特定的社会秩序作出适当解释的正当理由与对一般历史哲学作出解释的正当理由是不同的。② 但是,可以肯定的是,这一转变直接导致马克思模糊了对"规律"和"趋势"的划分,错将资本主义自我毁灭的"趋势"当作一般的社会"规律"。

马克思所揭示的现代社会的经济规律表明,资本主义的自我扩张是永无止尽的。一方面,企业家为了获得更多的利润,不断压榨工人的剩余价值,降低原料成本;另一方面,为了扩大交易市场,产品数量不断激增,导致供过于求的局面。与此同时,工人的工资无法维持最低生活水平,无力购买剩余产品。于是,生产与需求之间的矛盾逐步尖锐。由于资本主义的逐利本性,根本无法解决这种矛盾,只会加深社会矛盾,迫使工人阶级开始反抗资产阶级。最终以工人阶级的反资产阶级革命的胜利而告终,资本主义制度也将被下一个历史阶段所代替。然而,麦金太尔对此经济规律的必然性表示怀疑,他认为马克思的预测没有得到证实。马克思认为,在资本主义经济体系中,资本家和工人阶级的角色是固定的。剥削

① 参见[美]A.麦金太尔:《追寻美德》,宋继杰译,译林出版社2008年版,第297页。
② 参见 Alasdair MacIntyre, *Marxism and Christianity*, Indiana: University of Notre Dame Press, 1968, pp.81-82.

是资本家的本性,他们无法改变自己的行为以废除或至少修正此行为的自我破坏性。问题在于,马克思何以认为资本家无法修正自己的行为?是因为意识不到《资本论》中的真理?还是因为即使意识到《资本论》的真理,也无法期待他们改变自己的行为?麦金太尔指出:"虽然我们不清楚马克思是怎么回答这些问题的,但非常明显,只要资本家没有以一种使自己能够修正那些真理的方式去意识到那些真理,那么,马克思在《资本论》中对资本主义的分析才是正确的。从中不难看出,马克思的分析不过是因为他对资本主义的错误预言才受到质疑。即在假设他所描述的体系不会受到外界干涉的基础上,预测了一个必然结果"①。这个必然结果就是,资本主义必将被工人阶级推翻,资本主义制度必将被另一个历史阶段替代。

　　麦金太尔认为,当马克思使用一种"实质解释论"的语言阐述其对资本主义的预言时,才可以免受指摘。"实质解释论"的正确与否取决于是否满足它的先决条件。问题正在于,马克思理论的先决条件并没有被满足。资本家不仅认识到了《资本论》的真理,而且还依此修正了自己的行为。比如,资本家们会适当地改变工资制度,将利润的一部分投入到社会公共服务中去。相反,工人阶级反而没有认识到《资本论》的真理,他们的革命目标不是消灭资产阶级,而是要成为资产阶级。这些都是马克思没有估算到的。他之所以会武断地认为资本家和工人的行为角色是固定不变的,资本家不会为改变资本主义而修正自身行为,工人也不会丧失革命自觉性,甚至成为革命的叛徒。② 原因在于马克思理论的"范式论"转变。在马克思看来,历史发展不管经历多少个阶段,其最后阶段就是共产主义。麦金太尔向这个"范式论"结论提出质疑:"为什么他会这么认为?马克思自己再一次没有提供明确答案。在《共产党宣言》和《资本论》中,

① Alasdair MacIntyre, *Marxism and Christianity*, Indiana: University of Notre Dame Press, 1968, p.84.

② 参见 Alasdair MacIntyre, *Marxism and Christianity*, Indiana: University of Notre Dame Press, 1968, p.92。

每当提及向社会主义过渡的本质问题时,就会出现一个令人惊讶的缺陷:修辞代替了理论。在《共产党宣言》中,马克思曾将阶级斗争的结果描述为要么一个阶级战胜另一个阶级,要么'斗争阶级覆灭'。而在他致俄罗斯杂志编辑委员会的一封信中,他明显地允许历史序列的替代结果。但是,为什么在资本主义制度下的阶级斗争却不可能会有其他结果,而只可能先是社会主义,然后是无产阶级的共产主义社会?"①麦金太尔认为,马克思肯定资本主义社会发展最终将会向社会主义过渡,并走向共产主义,原因在于马克思的理论变成了波普尔所指控的科学的理论。"当马克思写道,人类从未阐述过问题,直到他们有资源来解决这个问题。这时他将社会史想象成与科学史类似,并且和科学家一样自信地认为没有不能解决的问题。但是,正如科学家可以指定方案的某些特性,却无法提前提供一个解决问题的权威方案一样,任何解决方案在马克思看来,尽管不能事先提出针对当代社会问题的具体解决内容,却仍然可以指明某些必要的特征。因此,在马克思的著作中很少有关于社会主义或共产主义的本质讨论。"②显然,麦金太尔对马克思通过社会科学的方法来研究人类未来的做法感到非常失望。并且,麦金太尔对马克思理论的这种"范式化"提出了担忧,并将此视为对马克思主义神化的开始。

在麦金太尔看来,马克思理论的"范式化",容易产生历史决定论的危机。历史决定论认为历史的发展是必然的,未来的方向是确定不疑的。这种对革命的未来和方向的坚定信念便是对马克思主义理论神化的开始。罗莎·卢森堡(Rosa Luxemburg)和格奥尔格·卢卡奇(Georg Lukács)是历史决定论的拥护者。卢森堡作为"更接近于马克思自身道德实质立场的人,都没有发现在对资本主义经济发展的预测和对社会主义未来的信念之间存在着一座桥梁。她有的只是对工人阶级的自发性必

---

① 波普尔对马克思的指控是:马克思混淆了"规律"和"趋势"。Alasdair MacIntyre, *Marxism and Christianity*, Indiana: University of Notre Dame Press, 1968, pp.85-87。

② Alasdair MacIntyre, *Marxism and Christianity*, Indiana: University of Notre Dame Press, 1968, p.90.

将推动他们去行动的信仰"①。同样,卢卡奇也为马克思主义理论的真理性辩护,并坚称马克思主义的真理独立于他的预言能力。无产阶级实质上是一种符合某种理想的无产阶级意识,而不是真的意指实践中的工人和穷人。真正的无产阶级意识体现在共产党内。因为在卢卡奇看来,"一方面,共产党是一个对历史保持开放性的组织,并且不断地召唤无产阶级塑造自己的未来。另一方面,他将符合他理论的理想的共产党指认为现实存在的第三国际"②。然而,卢卡奇却被第三国际的理论家们指责为"主观主义、唯意志论和革命的浪漫主义"。卢卡奇对马克思主义理论的辩护最终败给了斯大林主义。按照斯大林的逻辑,"无论我们是否愿意,历史都会向前发展。我们所能做的要么是支持它,要么是试图阻止它,但都不能改变它的方向和目的"③。至此,马克思主义理论被完全神化。历史决定论对革命未来和方向的笃信,完全忽视了历史发展过程中不可预测性和偶然性的因素。麦金太尔指认,这种神化实质上是马克思主义理论的退化,使马克思主义退回到一种被马克思所批判的宗教系统中去。"马克思曾指出费尔巴哈的失败在于没有将黑格尔祛魅,而黑格尔的失败也在于没有将基督教祛魅。他将这两种失败都归因于他们无法超越属于他们的社会秩序。然而,斯大林又重蹈覆辙,再塑了一个神秘的虚构。以马克思的眼光来看,斯大林在苏联的社会秩序中所创造的斯大林主义的根基不是社会主义,也不是共产主义,而是官僚国家资本主义。"④这是一个非常危险的信号。因为它将预示着被神化后的马克思主义理论有可能演变为极权主义,被少数人当作操纵社会的权威。事实也

①　Alasdair MacIntyre, *Marxism and Christianity*, Indiana: University of Notre Dame Press, 1968, p.96.

②　Alasdair MacIntyre, *Marxism and Christianity*, Indiana: University of Notre Dame Press, 1968, pp.99-100.

③　Alasdair MacIntyre, *Marxism and Christianity*, Indiana: University of Notre Dame Press, 1968, p.100.

④　Alasdair MacIntyre, *Marxism and Christianity*, Indiana: University of Notre Dame Press, 1968, p.102.

证明,这种担忧不无道理。正是在这一意义上,麦金太尔对斯大林主义提出批判,并与之决裂。

二、革命的反思:自下而上的社会主义模式

战后的东欧通过俄国坦克完成了向社会主义的成功过渡,并且被引证为在没有革命、没有无产阶级专政的条件下,也可以走向社会主义。麦金太尔批判其为不人道的行为,是一种改良主义的政治,剥夺了马克思的革命本质。实际上,在20世纪20年代晚期,英国共产党就已经不再是革命的组织,其革命的表象遮蔽了社会实践中的改良主义政治。1951年,英国共产党的新纲领《英国的社会主义之路》提出:"共产党第一次明确地从革命政治转向改革策略。"①它标志着英国共产党对共产主义的思考转折。换言之,当时的英国共产党认为通过议会就可以过渡到社会主义,而不需要革命。但是问题在于,如果英国政党采取改良主义的政治策略,为什么还要固守高度集权的组织形式呢?英国新左派认识到共产党的组织与其政治思想之间的这种互相矛盾。这种矛盾在现实中表现为20世纪50年代的英国共产党采取的是高度集权的政党组织形式,虽然号称为列宁主义的政党,但是又拒斥列宁思想中的革命内涵。这种列宁主义的政党一旦夺权,便容易使"革命蜕变为某种极权主义形式"②。于是,20世纪50年代的英国共产党员普遍得出结论:一方面,马克思已经过时,马克思的革命策略也已成为历史的多余,现实社会主义的政治策略已经从革命转向改良主义;另一方面,列宁及其列宁主义的政党也面临被否定的境地,甚至有人认为列宁政党还将成为后资本主义政权中社会主义民主堕落的原因。③ 这就是20世纪50年代的马克思及马克思主义在英国所

---

① [英]保尔·布莱克雷治:《道德和革命:英国新左派中的伦理论争》,林育川、林清新、林菁菁译,《现代哲学》2007年第1期,第30页。

② [英]保尔·布莱克雷治:《道德和革命:英国新左派中的伦理论争》,林育川、林清新、林菁菁译,《现代哲学》2007年第1期,第31页。

③ 参见[英]保尔·布莱克雷治:《道德和革命:英国新左派中的伦理论争》,林育川、林清新、林菁菁译,《现代哲学》2007年第1期,第31页。

面临的诘难。马克思模式遭到普遍质疑,革命策略发生改变,以及政党组织形式遭受否定。这似乎预示着英国新左派要与马克思主义决裂。然而,麦金太尔对马克思主义的意见却与这种普遍观点相左。

首先,麦金太尔认为革命是马克思主义理论的本质核心。

丢掉革命的武器,无异于抛弃马克思主义。英国改良主义的社会策略显然背离了马克思主义的初衷。因此,麦金太尔并不认同新左派关于以东欧通过俄罗斯的坦克得以实现社会主义和平过渡的非人道的做法。马克思在《关于费尔巴哈的提纲》中已明确提出革命的现实要求,这是作为一个正统的马克思主义者必须坚持的原则。并且,麦金太尔认为,工人阶级反抗资本主义的斗争,就是为了争取自由。而"关于自由的话题便是革命的话题"①。没有革命,就无法实现真正的自由。工人阶级要想真正获得领导权,就必须从推翻资产阶级的斗争转入到革命的行动中去。也只有在追求自由的革命中,工人阶级才能真正打破他们与社会之间的异化束缚。因此,当斯大林主义将马克思主义理论还原为简单粗糙的经济决定论时,就已经背叛了马克思的革命本质,背离了马克思主义的核心理论。这在麦金太尔看来是批判斯大林主义的首当其冲的理由。

其次,麦金太尔支持"民主集中制"的政党组织形式。

虽然麦金太尔与爱德华·汤普森(Edward Thompson)都一致对斯大林主义加以批判,认为斯大林主义扭曲了马克思主义关于"经济基础与上层建筑"的政治隐喻,使马克思主义理论走向了经济决定论。但是,与汤普森不同的是,麦金太尔认为斯大林主义国家并不具有社会主义的性质,因而也不能成为拒斥列宁主义的政党组织形式的原因。当汤普森指责民主集中制的僵化时,麦金太尔却认为在通往社会主义的道路上,民主集中制是不可或缺的。在反对资本主义的社会主义斗争中,麦金太尔十分强调革命的领导权,并且认为"通往自由的道路必须通过某种组织来

① Alasdair MacIntyre, "Freedom and Revolution", *Labor Review* (February-March), 1960, p.22.

实现,这一组织并不致力于建构自由,而是推动工人阶级自身去建构。其必要性也是一个有领导力的政党的必要性"①。麦金太尔并不是在为斯大林主义的官僚组织机构辩护,实际上,他超越了汤普森对斯大林主义的批判。他不局限于对斯大林主义的机械批判及连带地对列宁主义的怀疑,而是正在努力区分列宁对马克思主义的贡献与斯大林主义关于列宁主义的传说。② 在麦金太尔看来,无产阶级反抗资产阶级的斗争只有依靠社会主义的政治组织形式才能实现,这一政治组织形式在当时官僚机构统治的局面下,最好的选择便是民主集中制。

最后,麦金太尔坚持"自下而上的社会主义模式"。

尽管麦金太尔有关民主集中制的看法在新左派内部引发了争鸣,但是就算在为数不多的民主集中制的支持者中,也存在着不同的意见。克利夫·斯劳特(Cliff Slaughter)便是其中一员。斯劳特虽然赞同民主集中制,但是他的民主集中制模式与麦金太尔的民主集中制模式有着明显的区别。最显著的分歧就在于政治的领导权如何获得的路径问题上。斯劳特主张一种自上而下的社会主义模式以获得领导权,认为领导力是从"外部"转移到工人阶级身上的③。与之相反,麦金太尔则认为真正的马克思的社会主义模式,是与费边主义及所有"自上而下的社会主义"主张相对立的。社会主义革命只能依靠无产阶级的意识自觉才有可能发生。这种观点得到了国际社会主义知识分子汤尼·克利夫(Tony Cliff)的支持。克利夫指出:社会主义的领导应该时刻保持与工人阶级的对话,而不是高高在上的指挥与鼓动。同时,还应承认工人阶级的智识与革命自觉性,警惕对领导性的绝对权威和绝对服从。坚持从群众运动中吸取经验、总结归纳,而不是自上而下地凭空虚构政策。麦金太尔也认为,如果知识

---

① Alasdair MacIntyre, "Freedom and Revolution", *Labor Review* (February-March), 1960, p.23.

② 参见[英]保尔·布莱克雷治:《道德和革命:英国新左派中的伦理论争》,林育川、林清新、林菁菁译,《现代哲学》2007年第1期,第33页。

③ 参见[英]保尔·布莱克雷治:《道德和革命:英国新左派中的伦理论争》,林育川、林清新、林菁菁译,《现代哲学》2007年第1期,第34页。

分子期望通过理论宣传改造工人阶级,提高工人阶级的革命觉悟和革命意识,那么唯一的方法就是学会从工人阶级的革命实践中去学习经验,并将此经验转化为自己的观念,尔后再传输回工人阶级的头脑中。① 因此,"自由社会不可能成为政治上有意识的个体目标,除非与工人阶级一起进入有意识的政治行动。"②这种自下而上的社会主义模式真正体现了"从人民群众中来,到人民群众中去"的执政方针,这才是真正意义上的马克思社会主义模式。

概而言之,麦金太尔在对资本主义的批判斗争中,始终坚持马克思的革命性,认为实现社会主义与民主集中制的组织形式不可分割;并在实际的工人阶级反抗资产阶级的斗争中,坚定地支持"自下而上的社会主义模式",强调工人阶级革命意识与革命自觉性的必要性与重要性。

然而,在此还需要强调一点,虽然麦金太尔的"自下而上的社会主义模式",充分尊重工人阶级的革命意识与革命自觉性,但是在他看来,工人阶级反抗资本主义的革命仍然存在缺陷,需要用道德观念加以补充与完善。

麦金太尔认为,工人阶级反抗资本主义的革命运动,始终遵循的是资本主义的逻辑,不是提高工资,就是争取更多福利。这些革命运动不过是囿于马克思对作为一种谋生手段的劳动的批判,而没有真正实现追求自主劳动的革命目标。因此,这样的工人阶级革命方式显然不是马克思理想的反抗资本主义的革命实践。那么,这种理想的革命实践是否存在呢?麦金太尔认为它确实曾经发生过,马克思本人也曾亲历过。那就是1844年发生在纽纶堡的西里西亚纺织工人的起义。但遗憾的是,马克思似乎并未理解那场斗争引发的生活方式,也就使他在日后未能理解:虽然无产化迫使工人必然反抗,但是它也剥夺了一些使工

---

① 参见[英]保尔·布莱克雷治:《道德和革命:英国新左派中的伦理论争》,林育川、林清新、林菁箐译,《现代哲学》2007年第1期,第35页。

② Alasdair MacIntyre, "Freedom and Revolution", *Labor Review* (February-March), 1960, p.23.

人能够发现同反抗的道德相适应的善及德性观念的实践形式。① 因此,麦金太尔认为,正是由于缺乏关于善及德性的观念,才使得工人阶级反抗资产阶级的革命始终未能跳出资本主义的逻辑,而无产化不过是他们反抗的前提要件。可惜的是,马克思过于强调无产化的重要性,将无产化视为工人阶级奋起反抗的重要动力,而将工人反抗所需要的善及德性的观念直接过滤掉。这在麦金太尔看来,正是马克思主义的工人阶级革命的缺陷所在。

或许有人会提出,难道工人的道德观念比欲望与需要更能激发工人的反抗精神吗? 麦金太尔的回答是肯定的。如果工人阶级的革命实践缺乏有关善和德性的道德观念,其反抗资产阶级的革命也会丧失有效性。因此,麦金太尔正确地指出马克思理论未所涉及的两个问题②:

第一,道德在工人阶级运动中的重要性。马克思相信,工人阶级是资本主义的掘墓人,资本主义的经济发展必然会使工人阶级成为它自觉的反抗者。对这一点的笃信,使马克思从未讨论过应当给工人阶级革命运动提供何种行为准则的问题。因此,人们就无法理解,马克思何以认为在一个充斥道德个人主义的社会,可以认识并超越道德个人主义?

第二,社会主义和共产主义社会的道德问题。马克思对共产主义的道德问题论述极少,这为后来的马克思主义者提供了思考的空间。爱德华·伯恩斯坦(Edward Bernstein)和卡尔·考茨基(Karl Kautsky)针对社会主义的道德问题提出了他们自己的见解。其中,伯恩斯坦力图为社会主义的道德寻找一个康德主义的基础,他不相信社会主义会在可预见的未来到来;考茨基虽然批判伯恩斯坦诉诸一种超越阶级、超越社会的道德

---

① 参见[美]阿拉斯戴尔·麦金太尔:《马克思的〈关于费尔巴哈的提纲〉一条未走之路》,乔法容译,《国外社会科学》1995 年第 6 期,第 26 页。
② 参见[美]阿拉斯戴尔·麦金太尔:《伦理学简史》,龚群译,商务印书馆 2014 年版,第281—282 页。

是马克思所反对的,但是他本人所提供的方案也不过是一种粗陋的功利主义而已,而这却成为当今马克思主义的软肋。

在麦金太尔看来,由于马克思忽略了工人阶级运动的道德问题,于是便有了马克思主义的后继者不断地尝试为其添加道德哲学的基础。但是,麦金太尔相信,如果工人阶级不具备善和德性的道德观念,那么就无法有效地对抗资本主义,也无法有效地摆脱自由主义的个人主义和粗陋的功利主义。马克思主义最终将会和自由主义的个人主义一样患上现代性的独特精神气质——"道德贫困症"。

总之,麦金太尔在继马克思主义被神化后,对马克思主义革命传统的这种反思,不仅丰富了当时英国新左派对马克思主义理论的贡献,而且也为当今社会对资本主义进行规范性批判提供了一个唯物主义的理论框架。此外,他对马克思主义"道德贫困症"的忧虑迫使人们重新思考如何对马克思主义进行道德建设,弥补工人阶级革命理论的缺陷。

第三节　现代性批判的建设性:回应马克思主义的现实吁求

麦金太尔在对现代性的政治批判与重建中,表达了对地方性共同体的期求。地方性共同体对其成员内在善和德性的强调,对共善的共同追求,以及对"接受—给予"的社会网络模型的建构,实际上都含蓄地表达了对人的全面、自由的发展诉求。在这个意义上,麦金太尔的现代性批判思想回应了马克思主义的现实吁求,即解放全人类和对共产主义社会必将到来的信心。

一、人的异化与内在善

麦金太尔在《追寻美德》中指出:"马克思主义的社会主义骨子里其实是一种乐观主义。因为,无论它对资本主义和资产阶级的制度的批判可能是多么彻底,它都深信不疑地断言,在由那些制度所构成的社会里,一个更加美好的未来所全部需要的一切人与物的前提条件都正在积累之中。"①麦金太尔对马克思主义的这种乐观主义提出了自己的疑问,如果资本主义的道德贫困如此严重,那么未来社会需要的资源从何而来?更为关键的是,马克思主义在现代也患上了"道德贫困症"。如果真是这样,马克思主义所憧憬的未来图景还能实现吗?麦金太尔的回答是,如果能够为马克思主义理论填补上道德的空白,那么就可以弥补马克思主义理论的缺陷,为其"道德贫困症"提供一剂良方。

麦金太尔在论及工人阶级革命时,曾经指出对善与德性观念的缺乏使工人阶级革命始终难逃资本主义的逻辑,无法实现工人真正的自主劳动。因此,麦金太尔为马克思主义"道德贫困症"献上的良方便是对工人阶级的道德强调,即对内在善和德性的强调。

马克思理论图景下的共产主义社会中的人是自由人的联合。这个"自由人"是对自身异化的扬弃。但是,关于"自由人"的具体特性,马克思却没有表述过多的言辞。何谓马克思的"自由"呢?麦金太尔认为:"这是一种创造自身生活的自由,类似于艺术家创造自己的生活。马克思在1844年写道'人类也会依据美的准则来创造',而且在马克思的词汇中有许多关于谢林曾描述的作为浪漫主义运动艺术家的理想条件的回忆。目前,生产性工作构成世界上人类的中心活动,并且限制和阻碍着人们大部分的创造力;异化的终结将会把生产性工作转化为依据审美标准进行评判的创造性活动。"②简言之,要成为共产主义社会中的自由人,首先需要克服异化。马克思的这种异化概念可以追溯至黑格尔。黑格尔相信,"社会系统的结构特征能够释放某种人类能量并可能实现特定目标,但与此同时,它又能够挫败其他的可能性及抑制其他能量。参与这些行为模式的行为者,却无法识别出这种挫败的来源就存在于自身活动的形

---

① [美]阿拉斯戴尔·麦金太尔:《追寻美德》,宋继杰译,译林出版社2008年版,第297页。

② Alasdair MacIntyre, *Marxism and Christianity*, Indiana: University of Notre Dame Press, 1968, pp.92–93.

式之中。其中包括他们自身的异化"①。基于黑格尔的异化概念,马克思加深了对异化的理解。在马克思看来,新社会"通过对旧社会中各种矛盾的解决和挫败的破坏,通常允许表达迄今为止被压抑的可能性"②,它是对人类自身异化的克服。在这个意义上,新社会是旧社会的进步。

麦金太尔认为,黑格尔和马克思的异化概念中表达着一种希望,即相信人类在面对挫折和阻碍的时候,能够有能力将它们摒除掉。但是,关于人类如何克服异化,实现自由的问题,麦金太尔给出了自己独特的见解。

马克思提出"劳动创造了人本身",首先意味着是劳动而不是上帝创造了人;其次意味着人与动物的区别是劳动,而不是理性。简言之,人是劳动的动物,而不是理性的动物。因此,马克思肯定人性在于生产力,从最根本的层面而言,即劳动力。于是,马克思巧妙地将人的异化与劳动相结合,认为正是由于社会分工,导致劳动异化,劳动异化使人的类本质、人与人之间的关系都发生了异化。私有制既是异化的结果,又是异化产生的土壤。因此,马克思提出消除分工和私有制,才能真正消除异化,才能最终解放工人阶级和全人类。这一系列克服异化的逻辑进程中,马克思始终相信工人阶级在高度异化的资本主义社会,其人性的本质被剥夺到忍无可忍的地步后,就会奋起反抗,以革命的形式推翻资本主义,建立新社会。然而,正如前文所述,麦金太尔认为这有可能只是马克思的一厢情愿。现实的工人阶级革命由于被降低到资本主义的逻辑当中,他们的革命目标与诉求已经发生了改变,不再是推翻资本主义,而是单纯追求福利与工资的提升。这一革命诉求的转变揭示了工人阶级革命的缺陷。这个缺陷就是麦金太尔所指认的工人阶级善与德性观念的缺乏。

麦金太尔通过亚里士多德关于人性和德性的道德思想资源,完善了工人阶级的善与德性的观念,填补了马克思主义理论的道德内涵。在麦

---

① Alasdair MacIntyre, *Marxism and Christianity*, Indiana: University of Notre Dame Press, 1968, p.89.

② Alasdair MacIntyre, *Marxism and Christianity*, Indiana: University of Notre Dame Press, 1968, p.89.

金太尔看来,亚里士多德德性论的核心概念是"善"。在人类的实践活动中,"善"又被区分为"内在善"与"外在善"。"外在善"指的是偶然地依附于实践活动的善,诸如金钱、权势、名望与地位。某人占有"外在善"越多,就意味着其他人占有的越少,它始终是个人的所有物。而"内在善"则是实践活动的根本价值。对"内在善"的获得有益于增进参与实践的整个共同体的善。人们只有拥有并践行德性,才能获得实践的"内在善"。因此,在麦金太尔看来,实践活动的根本价值并不是为了得到金钱、权势、名望与地位。换言之,劳动的价值并不在于工资的高低和福利的多少,而是劳动所带来的内心成就感的满足。从这个意义上说,工人阶级革命的根本价值也不能囿于工资与福利的提升,而应是实现自由的解放。要想获得自由的解放这一革命实践的"内在善"就必须使工人阶级拥有德性这一获得性的品质,也就是要为工人阶级补充道德内涵。而这正是马克思主义理论所忽视的地方。

然而,马克思也并不是完全忽略了劳动的内在善。因为他也曾声称单纯为了生存而进行的劳动不是自由的生命表现,而是作为工具、手段的奴隶般的人。遗憾的是,马克思更加强调人性与外在善的关系。当马克思描绘未来共产主义社会蓝图时,他所希望实现的个人真正的自由与人性的全面发展,只有当生产力极大发展,物质财富极大丰富的前提下才具有现实可能性。换言之,马克思认为这种真正的自由与全面发展的前提不是由个人的内在善与德性所决定,而是物质需求得到完全满足才有可能实现。马克思对生产力、物质财富等外在善的强调,使他与亚里士多德的德性观区别开来。因为亚里士多德虽然承认外在善是实践活动的必需,但却是从属于内在善和德性的。所以,在亚里士多德那里,自由与生产力是彼此独立的,自由的实现并不需要极其丰富的物质财富作保证。

由此断言马克思主义与亚里士多德主义不相融还为时尚早。麦金太尔认为,尽管马克思主义与亚里士多德关于实践的外在善的看法不同,但是他们都不约而同地指向一个共同的人类根本目的:人本身应该成为人类的根本目的,而不是生产性的劳动。于是,人类的根本价值就体现在作为目的的人身上。在此,麦金太尔引入亚里士多德的目的论来阐释马克思主义关于人性的看法:人类的实践活动都内蕴于一个共同目的,即至善。这种至善是实现人的自由而全面的发展。这是马克思主义理论为人类的自由解放进行的抽象化描述,在实践生活中,应该通过何种具体的实践方式实现对资本主义制度的反抗? 麦金太尔认为,只有为反抗资本主义的革命添加上道德的内容,才能真正实现马克思主义的共产主义理想。为此,麦金太尔提出一种新的革命任务,即结合亚里士多德对内在善与德性概念的强调和马克思主义对资本主义的批判,建立一种地方性的共同体模式,共同对抗资本主义,对抗现代性之弊。

二、地方性共同体与共产主义

麦金太尔相信,反抗资本主义革命实践的根本动力来自于共同体成员对自身内在善的追求,这种内在善同时又表达了共同体的共善。因此,只有从共同体成员的内在善建塑出发,才有可能真正实现共同体的共善,也才有可能实现未来的理想社会。

麦金太尔在《依赖性的理性动物》中,反对将人视为独立自主的个体存在,强调人的依赖性本质,由此建构了一种新的关于人性的学说。麦金太尔基于依赖性的德性和"接受—给予"式的社会关系网络建立起来的地方性共同体思想丰富了马克思关于共产主义社会是"自由的个人"的联合之设想,并且还进一步回答了"自由的个人"何以能够合作,且以何种方式进行合作。

首先,地方性共同体更关注道德建设,即强调共同体成员的内在善与德性。因为,即使没有革命理论的指导,地方性共同体也在竭力维护传统的生活方式,以他们自身特殊的方式表达着对资本主义的自觉反抗。麦金太尔认为,18 世纪末 19 世纪初兰开夏郡和约克郡的手工纺织工人团体就是这样的地方性共同体。这些手工纺织工人团体的实践"体现了一种特殊的人类善、德性、彼此的责任和人类生活中技术技艺的从属地位这样一些概念",诚实与忠诚的德性在共同体中有着极高的价值。他们进行"花园的开垦、算术和几何的学习、诗歌的阅读与写作",完全实现了汤普森所称为"工作与休闲的韵律"的东西。然而,这种地方性共同体生活模式没有任何理论上的指导,不过是站在市民社会之外的立场上,不被资本主义的外在善所诱惑,自发地进行着对资本主义的反抗。①

其次,地方性共同体的设想是符合现实的,并非乌托邦。麦金太尔指出,我们需要回复亚里士多德视角中关于社会和道德的理论,并重新构建实践。个人主义和苏维埃指令性经济的社会关系已经被证实是多么地缺失和变形,同时也让人更好地理解了是何种共同体能够摆脱这种缺失和变形。麦金太尔坚信,只有社会关系是由人们对共同体之间内在善的彼此分享和忠诚来建立的地方性共同体才符合现实的革命要求。也只有在地方性共同体中,每个共同体成员才能免于沦为各种形式的资本的工具;才能理性地参与其中,批判性地追求自身的内在善和共同体的共善。②

再次,地方性共同体的创建需要从马克思主义理论汲取思想资源。革命的实践,一直以来都是马克思主义理论的核心,但是,1951年英国共产党发表的《英国的社会主义之路》标志着共产党明确宣布以改良的策略代替革命的政治。哪怕是马克思主义者在当今对抗资本主义的事业也不过是韦伯主义的形式。"因为在我们的文化中,我们所知道的有组织地趋向权力的运动无一不是采取了科层制的和管理性的模式,我们所知道的对于权威的合理性论证也无一不是采取了韦伯的形式。如果这一点对于尚在奔向权力途中的马克思主义来说是真实的,那么对于已获得了权力的马克思主义就更是如此了。"③尽管麦金太尔对马克思主义在现代社会表征为韦伯主义充满了失望与悲观,但是他仍然认为反抗资本主义的事业需要继续下去,并且相信马克思主义能够为人们反抗资本主义的

① 参见[美]阿拉斯戴尔·麦金太尔:《马克思的〈关于费尔巴哈的提纲〉—条未走之路》,乔法容译,《国外社会科学》1995年第6期,第26页。
② 参见[美]阿拉斯戴尔·麦金太尔:《关于马克思主义的三种观点:1953年,1968年,1995年》,张言亮译,《马克思主义与现实》2011年第1期,第67页。
③ [美]阿拉斯戴尔·麦金太尔:《追寻美德》,宋继杰译,译林出版社2008年版,第122页。

革命实践提供思想资源。麦金太尔指出："如果由学习并理解基督教和马克思主义及其二者关系的人们去构建地方性共同体，那么地方性共同体的政治体制以及构建和维存这种共同体的努力将会更加有效。"①

最后，地方性共同体有着如共产主义一般的理想愿景。无论是麦金太尔的地方性共同体构想，还是马克思的共产主义设想，他们都在努力为人们描绘一个更加美好的人类社会形态和更加适宜的人类生活方式，并且努力引领人们朝着理想的方向前行。马克思主义曾严厉批判的人的异化现象，在地方性共同体中可以用内在善加以消解；马克思主义将推翻资本主义的希望寄托于工人阶级，在地方性共同体中则将反抗资本主义的希望寄托于追寻德性和共善的共同体成员。

总而言之，在麦金太尔看来，只要为马克思主义理论奠定一个亚里士多德主义的德性观，就能继续马克思主义的革命任务。尽管现代性危机依旧继续吞噬着人性及其根本价值，麦金太尔仍然乐观地相信在新的黑暗时代，只要德性传统能够得以保留、地方性共同体形式能够继续维存，人们就应该怀抱希望，相信马克思的由自由、全面发展的人联合起来的共产主义社会终将来临。

麦金太尔接受马克思主义思想理念，对现代性进行的深刻批判，为人们揭示了一个更加丰满的麦金太尔形象。由于麦金太尔思想极具丰富性，人们不能因他对基督教和托马斯主义的独特情感而拒绝称他为马克思主义者；也不能因他对马克思主义思想的批判而妄断他不是马克思主义者。正如麦金太尔所言，我们应该学习如何对马克思主义进行批评，而批评马克思主义的目的是为了再次向它学习。马克思主义强大的生命力也再次向人们证明了它从未被外部的力量所击败，仍然焕发着勃勃生机。

麦金太尔在早期关于马克思主义的思想研究中，就曾注意到马克思

---

① ［美］阿拉斯戴尔·麦金太尔：《关于马克思主义的三种观点：1953 年，1968 年，1995 年》，张言亮译，《马克思主义与现实》2011 年第 1 期，第 67 页。

的"范式论"转向及其所带来的对马克思主义的神化。麦金太尔对斯大林主义的人道主义批判使他成为英国新左派中对马克思主义神化保持警觉的代表性人物之一。然而,麦金太尔却从未对马克思主义丧失信心,尽管它被质疑过、被抛弃过,麦金太尔始终认为马克思主义的理论资源仍然值得借鉴与学习。

总而言之,麦金太尔的现代性批判思想所具有的创造性、革命性和建设性这三种特征都与马克思主义思想息息相关。麦金太尔的现代性批判思想既是对马克思主义思想的批判吸收,也是对马克思主义思想的创造发挥;既是对马克思主义思想的补充,也是对马克思主义思想的发展。研究麦金太尔的现代性批判思想对马克思主义思想在当代社会的价值具有肯定性的重要意义。

结　　语

麦金太尔坚持以自由主义批判为永恒主题，以对现代社会的道德批判和政治批判为思考路向，接受马克思主义的思想理念并吸纳亚里士多德的德性观，从而完成了对现代性的批判。总体而言，麦金太尔对现代性的深刻批判可以从以下三个逻辑层面加以深入理解。

1.历史主义的方法论

麦金太尔作为一名典型的以史拓论的著作家，在对现代性的批判中，无论是指向社会的批判，还是面向个人的批判，都体现了明显的历史主义的思考逻辑。

麦金太尔对现代社会的批判始终置于历史的镜像之下。在他看来，现代性的道德危机症状起因于现代社会通常忽视了道德思想之起源，将现代与传统割裂，致使现代道德语言支离破碎。因此，麦金太尔反对传统的断裂，认为道德思想深深植根于历史之中，主张用连续性的概念思考道德，关注历史的总体性和同一性。这也形成了麦金太尔现代性批判的特色之一，即回望传统，解密现代性。需要指明的是，虽然麦金太尔推崇亚里士多德的德性传统，但是并不意味着回退历史。麦金太尔提倡回归亚里士多德，并不是真的号召人们回到亚里士多德时代的城邦模式，也无意复制亚里士多德时代的辉煌，他真正的意旨在于提醒人们现代社会对德性的缺失。他所希冀的是在现代社会能够将德性置于一个连贯的历史语境之下，唤起人们对德性的重新认识、重视和实践。

麦金太尔对现代性自我的批判同样运用了历史主义的方法。麦金太尔认为,对自我的完整把握需要将自我放置于一个完整的历史背景关联中来理解。如果将自我从历史的情境中剥离出来,那么,一个人的行为、生活及其目的将是不可理解的。因此,麦金太尔将自我的统一性嵌入到一种叙事性的模式之中,用叙事性的自我抵御现代性的碎片化自我。这种叙事性的自我,不仅将自我的每一个行为片段与生活整体相联,而且还将自我的历史嵌入整个历史叙事背景之中。由此打造了一个具有同一性和连续性的自我。对麦金太尔而言,只有将人生视为一个统一的叙事整体时,才能构成同一性的人格,才能真正抵御现代性碎片化自我的侵蚀。

2.马克思主义的革命观

革命是马克思主义理论的本质核心。没有革命,就没有真正的自由。革命的主体是工人阶级。在马克思主义看来,"只有现代无产阶级才具有'消灭阶级'的阶级意识,……'个性的自由全面发展'也是工人阶级的阶级要求,……马克思主义从工人阶级的解放要求上,找到了实现人类根本利益的通路。"[①]因此,坚持工人阶级的革命主体性,是现代马克思主义必须坚持的原则。麦金太尔充分肯定马克思主义的革命思想,痛斥英国改良主义的社会策略,认为在反对资本主义的社会斗争中,革命的行动更重要。他十分拥护工人阶级的革命主体性地位,并且坚持"自下而上的社会主义模式",但也提出自己的疑问,即工人阶级的革命自觉性何来?

因此,麦金太尔在肯定马克思主义革命思想积极意义的同时,对其进行了批判性地分析与反思。麦金太尔的马克思主义革命观呈现如下三点特性:第一,本土化。麦金太尔对马克思主义革命思想的批判和反思与当时英国新左派的思想动态息息相关。他对革命的支持与对"自下而上的社会主义模式"的认同都基于对英国现实社会中发展社会主义之道的历史背景的考量。第二,德性化。麦金太尔对马克思主义革命思想进行了

---

① 侯惠勤:《纯客观的学术研究无法真正读懂马克思》,《马克思主义研究》2016 年第 12 期。

道德补充。他用亚里士多德主义的德性观弥补了工人阶级的道德缺陷，从而完善了马克思主义关于工人阶级革命自觉性的思想认识。第三，实践化。麦金太尔对地方性共同体的构想，丰富了马克思主义的革命理论，提供了一条通往共产主义的践行之道。毋庸置疑，麦金太尔的马克思主义革命观不仅深化了马克思主义革命的理论内涵，还对其进行了道德建设，并且还为现代性下的马克思主义提供了一种可资参考的革命实践方式。

3. 共善的价值观

麦金太尔的现代性批判思想中最引人注目的特色是对德性的彰显，表征为一种追求善的叙事探寻。面对传统的断裂，他主张回归亚里士多德的德性传统；面对自我的殊离，他主张凸显德性的实践；面对资本主义的异化，他主张构建德性的共同体。所有这些彰显德性的主张共同指向一个目标：共善。

共善的价值观是麦金太尔进行现代性批判的最终价值旨归。在他对现代性政治秩序重建的思考中，地方性共同体是核心。共善则是地方性共同体的价值诉求。在麦金太尔看来，共善的地方性共同体体现在筹划的共享、目标的同一和话语的平等。具言之，地方性共同体是一种"接受—给予"式的社会关系网络，人们需要通过某些关系学会给予的德性和接受的德性，同时也需要这些德性来维持这些共同关系。承认依赖性的德性，则使个人在共同关系网络中得到认可，并成为"思虑性共同体"的一员。在这样一种共同体内，每一个人的善与共同体的善是同一的，每一个人在向自己的目标前行的同时，也在促进整个共同体的目标达成。当共同体成员共同思虑何为最好的生活方式时，就是在为共同体选择一个终极目的，即共善的政治。麦金太尔尤其注重共同体成员对自身内在善的建构与塑造。对麦金太尔而言，反抗资本主义的革命实践动力来自于共同体成员对自身内在善的追求，这种内在善同时也是共同体共善的表达，因此，只有从共同体成员的内在善建构与塑造出发，才有可能真正实现共同体的共善，也才有可能实现未来的理想社会。这种未来的理想社会便是马克思所预言的由自由、全面发展的人联合起来的共产主义社会。

　　总而言之,麦金太尔对现代性的批判,不仅接受了马克思主义的思想理念,而且还吸纳了亚里士多德的德性观;不仅推崇德性的探究传统,而且还构想共善的社会主义模式。或许麦金太尔对现代性的替代方案还有待商榷,但是他对现代性批判的坚决不容置疑。麦金太尔并不是对资本主义社会进行边缘性的修补,而是要彻底改变资本主义,使人们相信还有一种更好的社会主义存在。或许麦金太尔的地方性共同体在现代社会中是否能够得以实现还存在争议,但是他对马克思主义的思想理念在当今社会的价值肯定,则值得人们学习与借鉴,他对实现人类美好生活的乐观憧憬仍然值得期待!

附录：A.麦金太尔著作成果年表

1951 年

The Significance of Moral Judgments.M.A.Thesis,University of Manchester. Unpublished.(《道德判断的意义》)

1953 年

Marxism：AnInterpretation.SCM Press.(《马克思主义：一种阐释》)

1955 年

New Essays in Philosophical Theology(edited,with Antony Flew).Macmillan.(《哲学神学新文集》)

1957 年

Metaphysical Beliefs：Three Essays(with Stephen Toulmin and Ronald W. Hepburn).SCM Press.(《形而上学的信仰：三篇散文》)

1958 年

The Unconscious：A Conceptual Analysis.Routledge and Kegan Paul.(《无意识：一种概念分析》)

1959 年

Difficulties in Christian Belief.SCM Press.(《基督教信仰的困境》)

1965 年

Hume's Ethical Writings(edited).Collier.(《休谟伦理学著作》)

1966 年

A Short History of Ethics.Macmillan.(《伦理学简史》)

1967 年

Secularization and Moral Change. Oxford University Press. (《世俗化与道德变迁》)

1968 年

Marxism and Christianity. Schocken. (《马克思主义与基督教》)

1970 年

Herbert Marcuse : An Exposition and a Polemic. Viking. (《赫伯特·马尔库塞：阐述与争辩》)

1971 年

Against the Self-Image of the Age. University of Notre Dame Press. (《反驳时代的自我形象》)

1972 年

Hegel : A Collection of Critical Essays (edited). Anchor. (《黑格尔：批判散文集》)

1981 年

After Virtue : A study in Moral Theory. Second edition ed. University of Notre Dame Press. (《追寻美德：道德理论研究》)

1983 年

Revisions : Changing Perspectives in Moral Philosophy (edited with Stanley Hauerwas). University of Notre Dame Press. (《修订：改变道德视角》)

1988 年

Whose Justice? Which Rationality? University of Notre Dame Press. (《谁之正义？ 何种合理性？》)

1990 年

First Principles , Final Ends , and Contemporary Philosophical Issues. Marquette University Press. (《第一原则、终极目的和当代哲学问题》)

1990 年

Three Rival Versions of Moral Enquiry : Encyclopaedia , Genealogy , and

Tradition. University of Notre Dame Press. (《三种对立的道德探究观:百科全书派、谱系学和传统》)

1998 年

The MacIntyre Reader, ed. Kelvin Knight. University of Notre Dame Press. (《麦金太尔读本》)

1999 年

Dependent Rational Animals: Why Human Beings Need the Virtues. Open Court. (《依赖性的理性动物——人类为什么需要德性》)

参考文献

一、外文参考文献

1.麦金太尔的英文著作及论文

［1］Alasdair MacIntyre.*Marxism：An Interpretation*［M］.London：SCM Press.1953.

［2］Alasdair MacIntyre.*The Unconscious：A Conceptual Analysis*［M］.New York：Routledge and Kegan Paul,1958.

［3］Alasdair MacIntyre.*Difficulties in Christian Belief*［M］.London：SCM Press,1959.

［4］Alasdair MacIntyre.*Hume's Ethical Writings*（*edited*）［M］.New York：Collier,1965.

［5］Alasdair MacIntyre.*A Short History of Ethics*［M］.New York：Macmillan,1966.

［6］Alasdair MacIntyre. *Secularization and Moral Change*［M］. Oxford：Oxford University Press,1967.

［7］Alasdair MacIntyre.*Marxism and Christianity*［M］.Indiana：University of Notre Dame Press,1968.

［8］Alasdair MacIntyre.*Herbert Marcuse：An Exposition and a Polemic*［M］.New York：Viking,1970.

［9］Alasdair MacIntyre.*Against the Self-Images of the Age*［M］.Indiana：University of Notre Dame Press,1971.

［10］Alasdair MacIntyre.*After Virtue：A Study in Moral Theory*（Third edition）［M］.Indiana：University of Notre Dame Press,1986.

［11］Alasdair MacIntyre.*Whose Justice? Which Rationality?*［M］.Indiana：University of Notre Dame Press,1988.

［12］Alasdair MacIntyre.*Three Rival Versions of Moral Enquiry：Encyclopaedia,Genealogy and Tradition*［M］.Indiana：University of Notre Dame Press,1988.

［13］Alasdair MacIntyre.*First Principles,Final Ends,and Contemporary Philosophical*

Issue[*M*].Milwaukee:Marquette University Press,1990.

[14] Alasdair MacIntyre.*A Short History of Ethics:A History of Moral Philosophy from the Homeric Age to the Twentieth Century*(Second edition)[*M*].New York:Routledge & Kegan Paul L.t.d,1998.

[15] Alasdair MacIntyre.*Dependent Rational Animals:Why Human Beings Need the Virtues*[*M*].Chicago:Open Court,1999.

[16] Alasdair MacIntyre.*The Task of Philosophy:Selected Essays*,*Volume* 1[*M*]Cambridge:Cambridge University Press,2006.

[17] Alasdair MacIntyre.*Ethics and Politics:Selected Essays*,*Volume* 2[*M*]Cambridge:Cambridge University Press,2006.

[18] Alasdair MacIntyre,Paul Blackledge.*Alasdair MacIntyre's Engagement with Marxism:Selected Writings*,1953－1974(*Historical Materialism Book Series*)[*M*].Chicago:Haymarket Books.2009.

[19] Alasdair MacIntyre,"Notes from the Moral Wilderness Ⅰ",*New Reasoner* 7,1958.

[20] Alasdair MacIntyre,"Notes from the Moral Wilderness Ⅱ",*New Reasoner* 8,1959.

[21] Alasdair MacIntyre,"Praxis and Action",*The Review of Metaphysics*,Vol.25,No. 4(Jun,1972).

[22] Alasdair MacIntyre,"After Virtue and Marxism:A Response to Wartofsky", *Inquiry* 27,1984.

[23] Alasdair MacIntyre,"Practical Rationalities as Forms of Social Structure",*Irish Journal of Philosophy* 4,1987.

[24] Alasdair MacIntyre,"Nietzsche or Aristotle?",*In Borradori*,1994.

[25] Alasdair MacIntyre,"The Theses on Feuerbach:A Road Not Taken",*Gould and Cohen* 1994,pp.277－290.Cited to reprinted version in MacIntyre Reader.

[26] Alasdair MacIntyre,"Truthfulness,lies,and Moral Philosophers:What Can We Learn from Mill and Kant?",*In Peterson*,1995.

[27] Alasdair MacIntyre,"What Can Moral Philosophers Learn from the Study of the Brain?",*Philosophy and Phenomenological Research* 58,1998.

[28] Alasdair MacIntyre,"Moral Pluralism without Moral Relativism",*Brinkmann* 1999.

[29] Alasdair MacIntyre,"Social Structures and their Threat to Moral Agency",*Philosophy* 74,1999.

[30] Alasdair MacIntyre,"Theories of Natural Law in the Cultures of Advanced Modernity",*McLean* 2000.

[31] Alasdair MacIntyre, "Once More on Kierkegaard", *Davenport and Rudd* 2001.

2. 研究麦金太尔的英文著作及论文

[1] Kelvin Knight. *The MacIntyre Reader* [M]. Indiana: University of Notre Dame Press, 1998.

[2] Mark C. Murphy. *Alasdair MacIntyre: Contemporary Philosophy in Focus* [M] Cambridge: Cambridge University Press, 2003.

[3] Peter McMylor. *Alasdair MacIntyre: Critic of Modernity* [M] London: Routledge, 1994.

[4] John Horton and Susan Mendus. *After MacIntyre: Critical Perspectives on the Work of Alasdair MacIntyre* [M]. Indiana: University of Notre Dame Press, 1994.

[5] Christopher Stephen Lutz. *Tradition in the Ethics of Alasdair MacIntyre: Relativism, Thomism and Philosophy* [M]. Lanham: Lexington Books, 2004.

[6] Thomas D'Andrea. *Tradition, Rationality and Virtue: The Thought of Alasdair MacIntyre* [M]. Farnham: Ashgate Publishing Limited, 2006.

[7] A · Allen, "MacIntyre's Traditionalism", *Journal of Value Inquiry* 31, 1997.

[8] Julia Annas, "MacIntyre on Traditions", *Philosophy and Public Affairs* 18, 1989.

[9] Richard Bernstein, "Nietzsche or Aristotle? Reflections on Alasdair MacIntyre's After Virtue", *Soundings* 67, 1984.

[10] Jeffrey Bloechl, "The Virtue of History: Alasdair MacIntyre and the Rationality of Narrative", *Philosophy and Social Criticism* 24, 1997.

[11] Emily Gill, "MacIntyre, Rationality, and the Liberal Tradition", *Polity* 24, 1992.

[12] Jennifer Herdt, "Alasdair MacIntyre's 'Rationality of Traditions' and Tradition-Transcendental Standards of Justification", *Journal of Religion* 78, 1998.

[13] Gary Kitchen, "Alasdair MacIntyre: The Epitaph of Modernity", *Philosophy and Social Criticism* 23, 1997.

[14] Ian Markham, "Faith and Reason: Reflections on MacIntyre's Tradition-Constituted Enquiry", *Religious Studies* 27, 1991.

[15] Thomas S. Hibbs, "MacIntyre, Aquinas, and Politics", *The Review of Politics*, Vol. 66, No.3 (Summer, 2004).

[16] Peter McMylor, "Marxism and Christianity: Dependencies and Differences in Alasdair MacIntyre's Critical Social Thought", *A Journal of Social and Political Theory*, No. 116, 2008.

[17] Krishna Mani Pathak, "A Critique of MacIntyrean Morality From a Kantian Perspective", *SAGE Open*, April-June 2014: 1-10.

［18］Ruth Groff, "Aristotelian Marxism/Marxist Aristotelianism：MacIntyre, Marx and the analysis of abstraction", *Philosophy and Social Criticism*, 38, 2012.

［19］Bryan S.Turner, "Alasdair MacIntyre on Morality, Community and Natural Law", *Journal of Classical Sociology* 2, 2013.

［20］M.B.Foster, "Review：Marxism, an Interpretation", *The Philosophical Quarterly*, Vol.5, No.18(Jan, 1955).

［21］Philip Kohlenberg, "Review：Marxism and Christianity", *The Journal of Religion*, Vol.50, No.1(Jan, 1970).

［22］Irving Velody, "Review：Marxism and Christianity", *Sociology*, Vol.28, No.4(November 1994).

［23］David Martin, "Review：After Virtue", *Sociological Analysis*, Vol. 43, No. 1 (Spring, 1982).

［24］William E.Connolly, "*Review：After Virtue*", *Political Theory*, Vol.10, No.2(May, 1982).

［25］Jeffrey Stout, "Review：Whose Justice? Which Rationality?" *The Journal of Religion*, Vol.69, No.2(Apr.1989).

［26］Walter R, " Fisher. Review：Whose Justice? Which Rationality?", *Philosophy & Rhetoric*, Vol.23, No.3(1990).

［27］Jeffrey C.Isaac, "Review：Whose Justice? Which Rationality?", *Political Theory*, Vol.17, No.4(Nov.1989).

［28］Bernard Baumrin, "Review：Whose Justice? Which Rationality?", *Nous*, Vol.24, No.5(Dec.1990).

［29］Wallace I.Matson, "Review：Whose Justice? Which Rationality?", *Philosophy*, Vol.64, No.250(Oct.1989).

［30］Brian Slattery, "Review：Whose Justice? Which Rationality?", *The University of Toronto Law Journal*, Vol.41, No.3(Summer, 1991).

［31］Julia Annas, "Review：Whose Justice? Which Rationality?", *Philosophy & Public Affairs*, Vol.18, No.4(Autumn, 1989).

［32］D. C. Band, "Review：Whose Justice? Which Rationality?", *The American Scholar*, Vol.58, No.4(Autumn 1989).

［33］R.Jay Wallace, "Review：Whose Justice? Which Rationality?", *History and Theory*, Vol.28, No.3(Oct.1989).

［34］Brian Barry, "Review：Whose Justice? Which Rationality?", *Ethics*, Vol.100, No.1(Oct.1989).

［35］Sabina Lovibond, "Review：Three Rival Versions of Moral Enquiry", *Philosophy*,

Vol.66,No.258(Oct.1991).

［36］Stewart R.Sutherland,"Review:Three Rival Versions of Moral Enquiry",*The Philosophical Quarterly*,Vol.42,No.167(Apr.1992).

［37］M.Weston,"Review:Three Rival Versions of Moral Enquiry",*Mind*,New Series,Vol.100,No.3(Jul.1991).

［38］Denis Donoghue,"Review:Three Rival Versions of Moral Enquiry",*The Wilson Quarterly*,Vol.16,No.1(Winter,1992).

［39］Jude P.Dougherty,"Review:Three Rival Versions of Moral Enquiry",*The Review of Metaphysics*,Vol.44,No.2(Dec.1990).

［40］Jean Porter,"Review:Three Rival Versions of Moral Enquiry",*The Journal of Religion*,Vol.72,No.1(Jan.1992).

［41］Charles L.Griswold.Jr,"Review:Three Rival Versions of Moral Enquiry",*Political Theory*,Vol.19,No.3(Aug.1991).

［42］Terry Pinkard,"Review:Three Rival Versions of Moral Enquiry",*Ethics*,Vol.102,No.1(Oct.1991).

［43］Joel J.Kupperman,"Review:Three Rival Versions of Moral Enquiry",*Philosophy and Phenomenological Research*,Vol.52,No.3(Sep.1992).

［44］Ronald M.Green,"Review:Three Rival Versions of Moral Enquiry",*The Journal of Religious Ethics*,Vol.23,No.2(Fall,1995).

［45］Richard A.Beauchamp,"Review:Three Rival Versions of Moral Enquiry",*The Journal of Speculative Philosophy*,New Series,Vol.7,No.4(1993).

二、中文参考文献

1.麦金太尔的中文译著及译文

［1］［美］A.麦金太尔:《追寻美德》,宋继杰译,译林出版社2003年版。

［2］［美］A.麦金太尔:《谁之正义？何种合理性?》,万俊人等译,当代中国出版社1996年版。

［3］［美］A.麦金太尔:《三种对立的道德探究观》,万俊人等译,中国社会科学出版社1999年版。

［4］［美］A.麦金太尔:《伦理学简史》,龚群译,商务印书馆2003年版。

［5］［美］A.麦金太尔:《依赖性的理性动物——人类为什么需要德性》,刘玮译,译林出版社2013年版。

［6］［美］A.麦金太尔:《道德困境》,莫伟民译,《世界哲学》1992年第2期。

［7］［美］A.麦金太尔:《评〈偶然性、冷嘲和协同性〉》,莫伟民译,《国外社会科学》1992年第7期。

[8][美]A.麦金太尔:《三种对立的道德探索观:百科全书、谱系学、传统》,高国希译,《国外社会科学》1992年第12期。

[9][美]A.麦金太尔:《马克思的〈关于费尔巴哈的提纲〉一条未走之路》,乔法容译,《国外社会科学》1995年第6期。

[10][美]A.麦金太尔:《道德与爱国主义》,傅娉译,万俊人校,《开放时代》1995年第6期。

[11][美]A.麦金太尔:《不可公度性、真理和儒家及亚里士多德主义者关于德性的对话》,彭国翔译,万俊人校,《孔子研究》1998年第4期。

[12][美]A.麦金太尔:《关于〈三种对立的道德探究观〉》,《读书》1998年第9期。

[13][美]A.麦金太尔:《论人的脆弱性和依赖性》,《伦理学研究》2003年第3期。

[14][美]A.麦金太尔:《论德性与独立的实践推理者》,龚群编译,《伦理学研究》2003年第4期。

[15][美]A.麦金太尔:《麦金太尔论社会关系、共同利益与个人利益》,龚群编译,《伦理学研究》2004年第3期。

[16][美]A.麦金太尔:《关于马克思主义的三种观点:1953年,1968年,1995年》,张言亮译,《马克思主义与现实》2011年第1期。

[17][美]A.麦金太尔:《道德荒野笔记》,张言亮译,《伦理学与公共事务》2014年第5期。

[18][美]A.麦金太尔:《论20世纪学院派道德哲学之困局》,张言亮译,《世界哲学》2015年第3期。

2. 研究麦金太尔的著作及论文

[1][美]马克·C.墨菲编:《阿拉斯戴尔·麦金太尔》,胡传顺等译,复旦大学出版社2013年版。

[2]高国希:《走出伦理困境——麦金太尔道德哲学与马克思主义伦理学研究》,上海社会科学院出版社1996年版。

[3]秦越存:《追寻美德之路:麦金太尔对现代西方伦理危机的反思》,中央编译出版社2008年版。

[4]王婷:《对于现代性的质疑——麦金太尔社群主义思想述评》,《扬州大学学报》(人文社会科学版)2007年第5期。

[5]李义天:《麦金太尔何以断言启蒙道德筹划是失败的?——兼论道德哲学中的"一"与"多"》,《伦理学研究》2007年第9期。

[6]秦越存:《麦金太尔美德概念的建构及其启示》,《道德与文明》2007年第4期。

［7］秦越存：《麦金太尔美德思想的新进展》，《哲学动态》2008 年第 6 期。

［8］杨述刚：《论麦金太尔与马克思主义实践观的异同——对麦金太尔实践概念三大本质特征的考察》，《内蒙古农业大学学报》(社会科学版)2008 年第 2 期。

［9］万俊人：《关于美德伦理学研究的几个理论问题》，《道德与文明》2008 年第 3 期。

［10］万俊人：《美德伦理的现代意义——以麦金太尔的美德理论为中心》，《社会科学战线》2008 年第 5 期。

［11］骆婷：《完善人格的建塑——麦金太尔人格教育理论微探》，《湖北社会科学》2009 年第 4 期。

［12］龚群：《麦金太尔的德性伦理观》，《伦理学研究》2009 年第 7 期。

［13］张惠娜、卢风：《共同体与道德——试析麦金太尔对共同体伦理传统的追求》，《社会科学》2010 年第 1 期。

［14］韩秋红、杨赫姣：《德性、传统、理解——在麦金太尔的意义上》，《道德与文明》2010 年第 10 期。

［15］佟轶材、谢昌飞：《道德的个体性与道德的社会性——麦金太尔对情感主义的批判》，《道德与文明》2010 年第 12 期。

［16］高国希：《麦金太尔：亚里士多德式的马克思主义?》，《马克思主义与现实》2011 年第 1 期。

［17］张言亮：《国内麦金太尔思想研究现状》，《武汉科技大学学报》(社会科学版)2011 年第 2 期。

［18］张言亮、李义天：《试论马克思对麦金太尔美德伦理学的影响》，《道德与文明》2012 年第 6 期。

［19］马雪影：《浅析希腊传统德性的内在分裂——兼论麦金太尔的德性复兴》，《哲学动态》2012 年第 6 期。

［20］邵永选：《基督教、道德与马克思主义——麦金太尔对马克思主义的人道主义解读》，《理论月刊》2012 年第 10 期。

［21］姚大志：《麦金太尔的自由主义批判》，《社会科学辑刊》2012 年第 1 期。

［22］姚大志：《麦金太尔与传统》，《思想战线》2012 年第 1 期。

［23］姚大志：《麦金太尔的历史主义：三种不同的版本》，《社会科学》2012 年第 2 期。

［24］姚大志：《"小社群主义"——麦金太尔社群主义研究》，《求是学刊》2013 年第 1 期。

［25］姚大志：《麦金太尔的善观念批判》，《四川大学学报》(哲学社会科学版)2013 年第 1 期。

［26］姚大志：《德性与实践——评麦金太尔的德性观》，《社会科学辑刊》2013 年

第 9 期。

[27]马怡、徐朝旭:《麦金太尔自我边界问题探讨》,《理论月刊》2013 年第 5 期。

[28]张晓:《德性与科学的交轨——麦金太尔早期的基督教化马克思主义观评析》,《山东社会科学》2013 年第 6 期。

[29]张晓:《麦金太尔早期的本土化马克思主义探索:历程与归宿》,《马克思主义与现实》2014 年第 9 期。

[30]张晓:《"未知的麦金太尔"及其再发现》,《国外理论动态》2014 年第 12 期。

[31]程颖:《麦金太尔实践范畴解读兼与马克思主义的比较》,《经济研究导刊》2015 年第 1 期。

[32]陈真:《凡是现实的就是合理的吗?——麦金太尔的美德伦理学批判》,《哲学研究》2015 年第 3 期。

[33]刘敬鲁:《论麦金太尔对管理的有效性主张的批判》,《哲学研究》2015 年第 5 期。

[34]张言亮:《基于真理、传统与德行的道德探究——试论麦金太尔为何不是一位道德相对主义者》,《甘肃社会科学》2015 年第 3 期。

[35]姚大志:《麦金太尔的现代道德哲学批判》,《求是学刊》2015 年第 3 期。

[36]姚大志:《麦金太尔的共同体:一种批评》,《哲学动态》2015 年第 9 期。

[37]张永刚、刘卓红:《麦金太尔早期马克思主义伦理思想的批判与建构》,《现代哲学》2015 年第 5 期。

[38]薛勇民、骆婷:《论麦金太尔的移情想象力》,《山西大学学报》(哲学社会科学版)2016 年第 5 期。

[39]黄建军、刘耀东:《麦金太尔新保守主义德性观之检视——兼论其对中国当前道德建设的启示》,《哲学研究》2016 年第 6 期。

3. 其他中文参考文献

[1]《马克思恩格斯选集》(第一卷),人民出版社 1995 年版。

[2]《马克思恩格斯选集》(第二卷),人民出版社 1995 年版。

[3]《马克思恩格斯选集》(第三卷),人民出版社 1995 年版。

[4]《马克思恩格斯选集》(第四卷),人民出版社 1995 年版。

[5][德]马克思:《资本论》(第一卷),人民出版社 2006 年版。

[6][德]马克思:《1844 年经济学哲学手稿》,人民出版社 2000 年版。

[7][德]马克思、恩格斯:《德意志意识形态(节选本)》,人民出版社 2003 年版。

[8][德]马克思、恩格斯:《共产党宣言》,人民出版社 1997 年第 3 版。

[9][古希腊]亚里士多德:《尼各马可伦理学》,廖申白译,商务印书馆 2003 年版。

[10][古希腊]亚里士多德:《政治学》,颜一等译,中国人民大学出版社 2002 年版。

[11][古罗马]奥古斯丁:《论灵魂及其起源》,石敏敏译,中国社会科学出版社 2004 年版。

[12][意大利]阿奎那:《阿奎那政治著作选》,马清槐译,商务印书馆 1991 年版。

[13][荷兰]斯宾诺莎:《伦理学》,贺麟译,商务印书馆 1983 年版。

[14][英]洛克:《政府论》,瞿菊农、叶启芳译,商务印书馆 1982 年版。

[15][苏格兰]休谟:《人性论》,关文运译,商务印书馆 1997 年版。

[16][英]密尔:《功用主义》,唐铖译,商务印书馆 1962 年版。

[17][法]卢梭:《社会契约论》,何兆武译,商务印书馆 1980 年版。

[18][德]康德:《实践理性批判》,韩水法译,商务印书馆 2003 年版。

[19][德]黑格尔:《哲学史讲演录》(第四卷),商务印书馆 1978 年版。

[20][德]黑格尔:《精神现象学》,贺麟、王玖兴译,商务印书馆 1979 年第 2 版。

[21][德]叔本华:《伦理学的两个基本问题》,任立、孟庆时译,商务印书馆 1996 年版。

[22][丹麦]克尔凯郭尔:《论反讽概念:以苏格拉底为主线》,汤晨溪译,中国社会科学出版社 2005 年版。

[23][丹麦]克尔凯郭尔:《非此即彼:一个生命的残片》,京不特译,中国社会科学出版社 2009 年版。

[24][德]尼采:《论道德的谱系·善恶的彼岸》,谢地坤等译,漓江出版社 2007 年第 2 版。

[25][德]尼采:《查拉图斯特拉如是说》,孙周兴译,商务印书馆 2010 年版。

[26][德]马克斯·韦伯:《新教伦理与资本主义精神》,苏国勋等译,社会科学文献出版社 2010 年版。

[27][德]海德格尔:《林中路》,孙周兴译,上海译文出版社 2004 年版。

[28][德]海德格尔:《路标》,孙周兴译,商务印书馆 2000 年版。

[29][德]伽达默尔:《真理与方法》(Ⅰ、Ⅱ)洪汉鼎译,商务印书馆 2010 年版。

[30][德]哈贝马斯:《交往行为理论:行为合理性与社会合理化》,曹卫东译,上海译文出版社 2004 年版。

[31][德]哈贝马斯:《现代性的哲学话语》,曹卫东等译,译林出版社 2004 年版。

[32][加拿大]查尔斯·泰勒:《现代性之隐忧》,程炼译,中央编译出版社 2001 年版。

[33][加拿大]查尔斯·泰勒:《自我的根源:现代认同的形成》,韩震等译,译林出版社 2001 年版。

[34][美]迈克尔·J.桑德尔:《自由主义与正义的局限》,万俊人等译,译林出版

社 2001 年版。

[35][美]罗尔斯:《正义论》,何怀宏等译,中国社会科学出版社 1988 年版。

[36][美]詹姆斯·施密特编:《启蒙运动与现代性:18 世纪与 20 世纪的对话》,徐向东等译,上海人民出版社 2005 年版。

[37][美]马尔库塞:《单向度的人》,刘继译,上海译文出版社 2006 年版。

[38][英]G.A.柯亨:《卡尔·马克思的历史理论——一个辩护》,岳长龄译,重庆出版社 1989 年版。

[39][英]戴维·麦克莱伦:《马克思以后的马克思主义》,李智译,中国人民大学出版社 2004 年版。

[40][意大利]安东尼奥·葛兰西:《狱中札记》,中国社会科学出版社 2000 年版。

[41][意大利]安东尼奥·葛兰西:《葛兰西文选》,李鹏程编,人民出版社 2008 年版。

[42][英]柯林·伍德:《历史的观念》,何兆武、张文杰译,商务印书馆 2009 年版。

[43][英]安东尼·吉登斯:《现代性与自我认同》,赵旭东等译,三联书店 1998 年版。

[44][英]安东尼·吉登斯:《现代性的后果》,田禾译,译林出版社 2011 年版。

[45][英]史蒂芬·缪哈尔、亚当·斯威夫特:《自由主义者与社群主义者》,孙晓春译,吉林人民出版社 2011 年第 2 版。

[46][德]汉娜·阿伦特:《过去与未来之间》,王寅丽、张立立译,译林出版社 2011 年版。

[47][美]安娜·玛丽·史密斯:《拉克劳与墨菲:激进民主想象》,付琼译,江苏人民出版社 2011 年版。

[48][印度]帕沙·查特吉:《我们的现代性》,杜可柯译,上海人民出版社 2012 年版。

[49][美]马歇尔·伯曼:《一切坚固的东西都烟消云散了:现代性体验》,徐大健等译,商务印书馆 2013 年版。

[50]刘小枫:《现代性社会理论绪论》,上海三联书店 1998 年版。

[51]汪行福:《走出时代的困境——哈贝马斯对现代性的反思》,上海社会科学院出版社 2000 年版。

[52]俞吾金、陈学明:《国外马克思主义哲学流派新编》(西方马克思主义卷),复旦大学出版社 2002 年版。

[53]薛勇民:《走向社会历史的深处——唯物史观的当代探析》,人民出版社 2002 年版。

［54］乔瑞金:《马克思思想研究的新话语——技术与文化批判的英国新马克思主义》,太原书海出版社 2005 年版。

［55］陈嘉明:《现代性与后现代性十五讲》,北京大学出版社 2006 年版。

［56］张亮编:《英国新左派思想家》,江苏人民出版社 2010 年版。

［57］贺照田主编:《西方现代性的曲折与展开》,吉林人民出版社 2011 年版。

［58］张凤阳:《现代性的谱系》,江苏人民出版社 2012 年版。

［59］乔瑞金等:《英国的新马克思主义》,人民出版社 2013 年版。

［60］张亮、熊婴编:《伦理、文化与社会主义——英国新左派早期思想读本》,江苏人民出版社 2013 年版。

［61］龚群:《自由主义与社群主义的比较研究》,人民出版社 2014 年版。

［62］姚大志:《正义与善——社群主义研究》,人民出版社 2014 年版。

［63］谢立中:《"现代性"及其相关概念词义辨析》,《北京大学学报》(哲学社会科学版)2001 年第 5 期。

［64］张盾:《克思哲学革命中的伦理学问题》,《哲学研究》2004 年第 5 期。

［65］保尔·布莱克雷治:《道德和革命:英国新左派中的伦理论争》,《现代哲学》2007 年第 1 期。

［66］张亮:《"英国马克思主义"的历史、理论道路与理论成就》,《马克思主义研究》2012 年第 7 期。

［67］张一兵:《谱系研究:总体历史链条断裂中显露的历史事件突现——福柯〈尼采·谱系学·历史学〉解读》,《广东社会科学》2015 年第 4 期。

［68］陈芬、田梦非:《个人的自由全面发展——马克思〈1857—1858 年经济学手稿〉的伦理解读》,《伦理学研究》2016 年第 2 期。

［69］张晓:《英国新左派运动的社会主义人道主义之争及其反思》,《天津社会科学》2016 年第 4 期。

［70］曹刚:《论共同善》,《伦理学研究》2016 年第 5 期。

［71］武铁传:《马克思主义兼容道德、正义的三个理由》,《道德与文明》2016 年第 6 期。

［72］陈真:《何为美德伦理学》,《哲学研究》2016 年第 7 期。

［73］阎孟伟:《正义理念的价值诉求》,《哲学研究》2016 年第 8 期。

［74］侯惠勤:《纯客观的学术研究无法真正读懂马克思》,《马克思主义研究》2016 年第 12 期。

后　记

　　麦金太尔现代性批判思想的研究是笔者四年博士生学习研究的成果。在博士治学阶段，我时刻以导师的教导为明镜，反求诸己，思考哲学，思考人生。现代性的选题正是我对人生与哲学的思考结果。德里克曾指出："现代性不是一件物事，而是一种关系；而且，成为这种关系的一部分正是现代的最终标志。"现代社会的每一个人都身处现代性之中，现代性又给人们带来了什么呢？如今的现代性，虽然是一个核心词汇，但却有极大的模糊性与空洞性。为什么它会如此重要又如此缥缈呢？如今现代社会的极速发展给人们带来物质的丰富性同时，也给人们带来精神上无以名状的不安感。这种人人感同身受的不安，用施特劳斯的观点来看便是相对主义。施特劳斯宣称："'只有生活于当下的我们才能找到当下问题的解决方法。'回归古人的重要性，不是找到当下问题的'直接可用'的答案，而是弄清楚此类答案应该从何等'起点'开始。"无独有偶，麦金太尔对现代性的思考中也明确指出回归亚里士多德德性传统的重要性。当然，回归古典、回归传统，不是为了找到问题的根源，而是为了思考另一种可能。恰巧乔瑞金教授的团队正在研究英国新左派，麦金太尔是英国早期新左派的一个代表人物，又是我硕士阶段的研究对象，因此，我尝试从麦金太尔的视域去研究现代性。在此，我要特别感谢我的导师薛勇民教授。在博士选题方面，导师给予了我极大的自由与空间。在后期的每一个写作阶段，导师都会反复提醒论文的写作注意事项，并对我的论文进行反复修改、润色。我每一次小小的进步,都离不开导师的努力。如果没有导师的信任与支持,我想我的博士论文恐怕无论如何也不会如此顺利完成,当然也不会成就本书的出版。

感谢人民出版社的大力支持,感谢段海宝编辑的鼎力相助,感谢牟世晶编辑、夏青编辑的细心校对。同时,感谢我的硕士导师韩东屏教授一如既往地对我的支持与帮扶。还有我的家人和朋友,是你们一直伴我前行!

谨以此书献给你们!

对现代性的思考并没有因书籍的出版而停止,对麦金太尔的研究还要继续。这是一个开始,而不是终结,今后的路还很长。诚请学界各位前辈、同仁不吝赐教!

多少个不眠之夜,那是对真理的追寻;多少个伏案之日,那是对理想的向往。高高苍天,蓝蓝天空,群星灿烂,它们在永久地歌唱,我们来这个世间是为了什么呢? 西班牙诗人塞尔努达如是说:《我来是为看》——

为此我要绝非固执地,向诸多亲昵的东西致意:

朋友是天空的颜色,

日子是变幻的颜色,

自由是我眼睛的颜色。

你来到这个世界,是为了看些什么呢?

责任编辑:段海宝

图书在版编目(CIP)数据

A.麦金太尔的现代性批判思想研究/骆婷 著. —北京:人民出版社,
2019.8
ISBN 978-7-01-020781-0

Ⅰ.①A… Ⅱ.①骆… Ⅲ.①麦金太尔,A.C.-伦理学-哲学思想-研究
Ⅳ.①B561.299

中国版本图书馆 CIP 数据核字(2019)第 084093 号

A.麦金太尔的现代性批判思想研究
A.MAIJINTAIER DE XIANDAIXING PIPAN SIXIANG YANJIU

骆 婷 著

人民出版社 出版发行
(100706 北京市东城区隆福寺街 99 号)

环球东方(北京)印务有限公司印刷 新华书店经销

2019 年 8 月第 1 版 2019 年 8 月北京第 1 次印刷
开本:710 毫米×1000 毫米 1/16 印张:16.75
字数:225 千字

ISBN 978-7-01-020781-0 定价:50.00 元

邮购地址 100706 北京市东城区隆福寺街 99 号
人民东方图书销售中心 电话 (010)65250042 65289539